DuMont's Bastelbuch der Drachen



studio dumont

Für Sophie

# DuMont's Bastelbuch der Drachen

David Pelham

DuMont Buchverlag Köln

Aus dem Englischen übertragen von Wilhelm Höck
Graphische Gestaltung: David Pelham

Printed in Great Britain ISBN 3-7701-0946-5

# Inhalt

**Danksagungen**

Für die Beschaffung von Informationen und Illustrationen für dieses Buch möchte ich danken: der Royal Aeronautical Society; dem Science Museum, South Kensington; dem Royal Aircraft Establishment; dem R.A.F. Museum; der Science Reference Library; dem Musée de l'Air; der Bibliothèque Sainte Geneviève; der Smithsonian Institution; der National Geographic Society; Mr Robert M. Ingraham, American Kiteflyers Association; Ms Andrea D. Bahadur, Go Fly a Kite Store, Inc.; Mr Domina Jalbert, Aerology Lab. Inc.; und Mr S. N. Harrison von Brookite Ltd. Besonders danken möchte ich meiner Frau Marion für ihre Begeisterung, ihren Rat und ihre große Geduld, dazu Tal Streeter für seine großzügige Mitarbeit. Großen Dank schulde ich auch James Cochrane, Frances Balfour, Anne Lowe, David Bann und David Wood für all ihre Hilfe bei der Vorbereitung dieses Buches.

Unter den vielen Freunden und Enthusiasten, die Material und Informationen beigesteuert haben, möchte ich besonders herzlich Maria Yalopoulos für Nachforschungen, Übersetzungen und Freundschaft, Andrew Holmes für seine hervorragenden Zeichnungen und den Bauern großartiger Drachen, John und Elsie Rose, für ihre Begeisterung und ihren großzügigen Rat danken.

## Vorbemerkung

Drachen gibt es seit etwa fünfundzwanzig Jahrhunderten, und die meisten von uns haben irgendwann im Laufe ihres Lebens einmal versucht, einen Drachen steigen zu lassen – dennoch sind seine Geschichte und Prinzipien auch heute noch verhältnismäßig unbekannt. Der langen und faszinierenden Geschichte der praktischen Anwendung von Drachen, ihres belehrenden und Unterhaltungswerts zum Trotz sind die Herausforderung und der Gewinn des Entwerfens, Bauens und Steigen-Lassens von Drachen nur wenigen Abendländern vertraut, die älter sind als zwölf.

Die Verwendung des Drachens ist vielfältig, und sie ist beträchtlich an dem Bedürfnis des Menschen beteiligt, seinen körperlichen und geistigen Wirkungsbereich zu vergrößern. Abgesehen von seiner religiösen und zeremoniellen Bedeutung und auch davon, daß er als Wahrsageobjekt diente und bei Fruchtbarkeits-, Geburts- und Schicksalsfeiern verwendet wurde, war der Drachen ein viel benutztes Werkzeug des Menschen und mag dies auch wieder werden. Man benutzte ihn zum Signalisieren über weite Entfernungen, zur Beschaffung militärischer Informationen, beim Fischen, zu Messungen und zur Erkundung der Atmosphäre und ihrer Geheimnisse — in tausenderlei Anwendungen war er Transportmittel und Hebegerät.

Zweifellos jedoch bestand die bedeutendste Rolle des Drachens darin, daß er ein Vorläufer des Flugzeugs war. Sir George Cayley, den der französische Historiker Charles Dollfus als den »wahren Erfinder des Flugzeugs und eines der größten Genies in der Geschichte der Luftfahrt« apostrophierte, baute in seinen Drachengleiter von 1804 einen traditionellen englischen Bogenspitzendrachen ein und schuf so »das erste Flugzeug moderner Gestalt in der Geschichte ...«*

Wiewohl Cayleys Drachen sich bis zu seiner höchsten Ausprägung weiterentwickelte, hindert das die Drachenform nicht, dem modernen Menschen eine lohnende, entspannende und geistig befriedigende Sache zu sein. Ja, die merkwürdige Anziehungskraft des Drachens läßt sich zumindest teilweise seiner paradoxen Beschaffenheit zuschreiben, daß er nämlich sowohl dem Geist wie dem Körper Betätigung abverlangt und Entspannung bietet.

Der Drachen ist ein Flugkörper und als solcher den Prinzipien des Flugs von Objekten unterworfen, die schwerer sind als die Luft, und nur durch das Verständnis dieser Grundprinzipien wird es möglich, neue und schöne Drachengestalten zu entwerfen, in denen sich die Anmut und die Leistungsfähigkeit absoluter Einfachheit verkörpern.

* C. H. Gibbs-Smith, *Sir George Cayley (1773–1857),* London 1968, S. 7.

## Geschichte

Auch wenn seine Ursprünge im Dunkel liegen, nimmt man allgemein an, daß der Drachen lange vor Beginn der aufgezeichneten Geschichte zuerst in China erfunden wurde. Allerdings erscheint es wahrscheinlich, daß einige Kulturen die Prinzipien des Drachenflugs völlig unabhängig voneinander entdeckten, während andere schon bestehende Formen weiterentwickelten, um sie ihren eigenen Bedürfnissen anzupassen. Seide wurde in China schon 2600 v. Chr. hergestellt, und da Bambusrohr in Überfülle vorhanden war, dürfte es keine unvernünftige Mutmaßung sein, daß um etwa 1000 v. Chr. Chinesen Drachen steigen ließen.

Darüber, was ursprünglich zum Drachenbau inspirierte, werden viele Theorien vorgetragen, von davonfliegenden Fischerbootsegeln bis zu einem vom Wind weggetragenen Hut eines chinesischen Bauern. Zwar müssen alle Theorien spekulativ bleiben, doch in einem frühen Text wird dem berühmten chinesischen Ingenieur Kungshu Phan aus dem 4. Jahrhundert v. Chr. bescheinigt, er habe einen hölzernen Vogel erfunden, der drei Tage geflogen sei, ohne niederzugehen. Von diesem gilt allgemein als ausgemacht, daß es sich um einen Drachen gehandelt habe; ein anderer gut belegter Bericht aus dem 2. Jahrhundert n. Chr. wiederum spricht von dem hölzernen Vogel des Chang Hêng, einem Gebilde, das offenbar ein rudimentäres Schwingenflugzeug mit mechanisierten Flügeln war. Es ist interessant, diese Geschichte in Zusammenhang mit dem ersten abendländischen Bericht über das Drachenfliegen zu bringen, den Aulus Gellius im 2. Jahrhundert n. Chr. aufzeichnete; er bezog sich auf die »fliegende Taube« des Archytas von Tarent, und hier ist der gleiche Grundtypus eines Flugkörpers beschrieben. In der chinesischen Folklore wimmelt es von Geschichten über Drachen, die man zum Vergnügen oder zweckbestimmt steigen ließ, wobei die nutzenorientierteren Konstruktionen hauptsächlich militärischen Bedürfnissen dienten. Eine besonders sinnreiche Verwendung von Drachen demonstrierte der Han-General Han Hsin 169 v. Chr. Er soll einen Drachen benutzt haben, um die Entfernung zwischen seinen Truppen und den Mauern eines Palasts zu messen, so daß er die Strecke festlegen konnte, die durch

Traditioneller chinesischer Vogeldrachen.

Fliegende chinesische Vogeldrachen in Haikwan, 19. Jahrhundert.

Annäherungsgräben überwunden werden mußte, ehe seine Soldaten in den Palast eindringen konnten. Die chinesische Legende berichtet auch, daß Liu Pang, der 202 v. Chr. die Han-Dynastie gründete, auf den Widerstand eines Generals Huan Theng stieß, eines verbissenen Verteidigers der bisherigen Ordnung. Huan Theng und seine Armee wurden schließlich von den Streitkräften des Usurpators eingeschlossen und waren in Gefahr, vernichtet zu werden. Ein zufälliger Windstoß, so heißt es, habe Huan Theng den Hut vom Kopf gerissen und ihn so auf den Gedanken gebracht, eine große Anzahl von Drachen zu bauen, die mit Geräuschvorrichtungen ausgestattet waren. Bei diesen handelte es sich wahrscheinlich um fein gespaltene Bambusspäne, die straff zwischen den Enden eines Bogens eingespannt waren. Man ließ sie mitten in der Nacht über die Armee Liu Pangs fliegen, die, als sie das geheimnisvolle Wimmern am Himmel hörte, vermutlich in Panik geriet und floh.

Wiewohl in China offenbar schon seit ältesten Zeiten für zahllose militärische und zivile Zwecke Drachen verwendet wurden, die Menschen transportierten und in die Luft hoben, gibt es auch Berichte über erzwungene bemannte Flüge. Von Kaiser Wen Hsuan Ti aus der Kao-Yang-Dynastie heißt es, er habe an dieser Methode der Gefangenenbestrafung großen Spaß gehabt: Er befahl seinen Gefangenen, allein mit Hilfe großer Bambusmatten von einem Turm zu »fliegen«, und versprach ihnen die Freiheit, falls sie überleben sollten.

Marco Polo lieferte 1282 nicht nur einen anschaulichen Bericht über die Grausamkeiten und Gefahren bemannter Drachenflüge, sondern gab auch eine äußerst genaue Beschreibung der Drachenflugtechnik.

»Und so wollen wir euch sagen, wie sie, wenn ein Schiff eine Reise antreten muß, erkunden, ob das Unternehmen gut oder schlecht ausgehen wird. Die Männer auf dem Schiff nehmen einen Rost, nämlich ein Gitter aus Weidenruten, und an allen Ecken und Seiten dieses Rahmens wird ein Gurt befestigt, so daß es acht Gurte sind, und sie werden sämtlich ans eine Ende eines langen Seils gebunden. Dann suchen sie sich einen Narren oder einen Betrunkenen und binden ihn auf das Rost, da sich keiner, der bei Vernunft und Verstand ist, jener Gefahr aussetzen würde. Und das geschieht, wenn

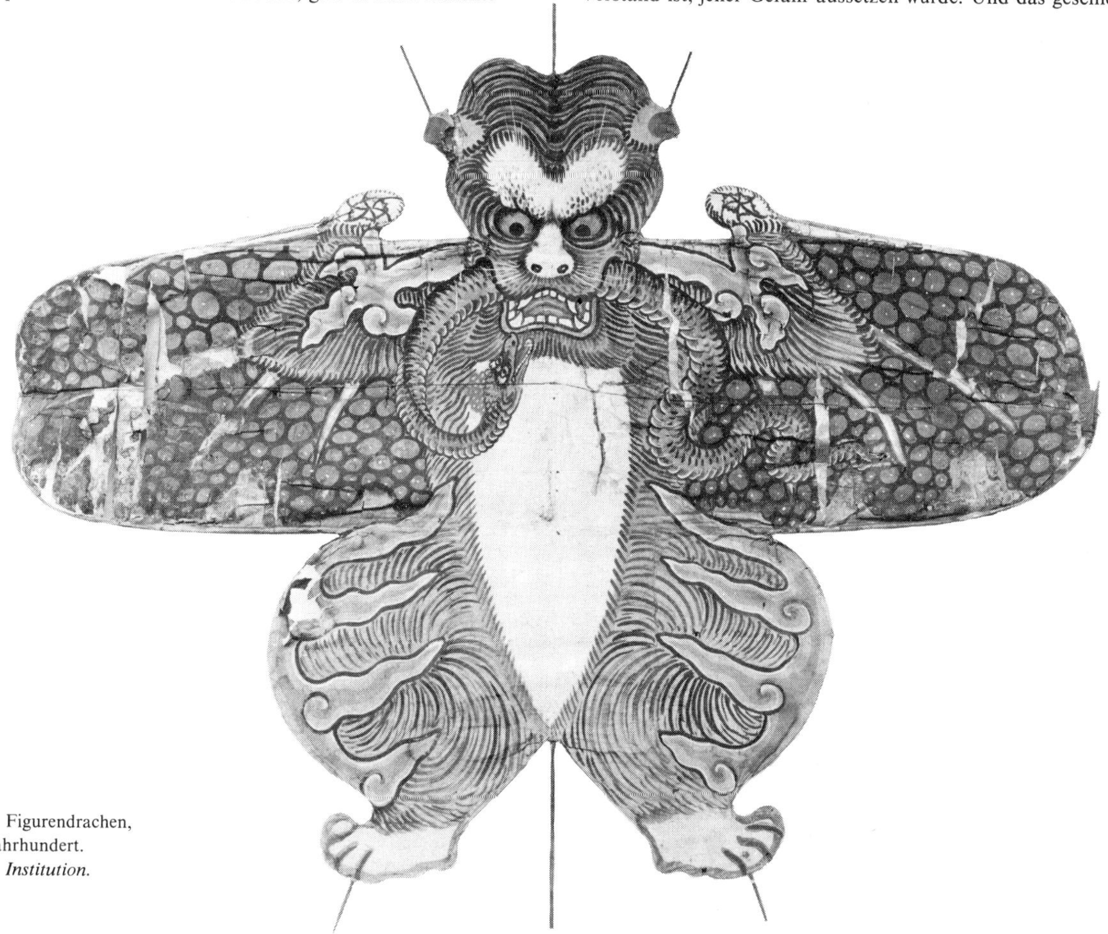

Chinesischer Figurendrachen, frühes 20. Jahrhundert. *Smithsonian Institution.*

ein kräftiger Wind herrscht. Dann wird der Rahmen gegen den Wind gehalten, der Wind hebt ihn hoch und trägt ihn zum Himmel hinauf, während ihn die Männer an dem langen Seil festhalten. Und falls sich das Rost, wenn es sich in der Luft befindet, in die Windrichtung legt, ziehen sie das Seil ein wenig an, so daß das Rost wieder senkrecht steht, worauf sie etwas Seil zugeben, und das Rost höher steigt. Und falls es wieder kippt, ziehen sie abermals an dem Seil, bis der Rahmen senkrecht steht und steigt, und dann geben sie wieder Seil zu, so daß das Rost auf diese Weise so hoch steigt, daß es nicht mehr zu sehen ist, falls nur das Seil lang genug ist. Die Weissagung wird so gedeutet: Falls das Rost geradewegs zum Himmel hochsteigt, heißt es, daß das Schiff, für das man die Probe macht, eine schnelle und erfolgbringende Reise haben wird, worauf sämtliche Kaufleute zusammeneilen, um mit ihm in See zu stechen und zu fahren. Ist das Rost jedoch nicht imstande hochzusteigen, wird kein Kaufmann bereit sein, das Schiff zu betreten, für das die Probe gemacht wurde, weil es heißt, das Schiff werde seine Fahrt nicht vollenden können und von vielen Übeln heimgesucht werden. Und daher bleibt jenes Schiff dieses Jahr im Hafen liegen.«[1]

Von China kommend traf der Drachen über Indochina bald überall in Japan ein, wohin ihn vermutlich buddhistische Missionare in den frühen Jahren der T'ang-Dynastie (618—907 n. Chr.) brachten. Anschließend verbreitete er sich allgemein über den pazifischen Raum: In verschiedenen Formen erschien er in Korea, in Burma, in ganz Indonesien, Melanesien und Polynesien, und im Laufe der Zeit gewann er immer größere religiöse und zeremonielle Bedeutung.

Die Furcht vor einer Invasion aus der Luft mag für die alten Asiaten durchaus eine Realität gewesen sein. In Japan soll es einmal ein Gesetz gegeben haben, das den Bau von Drachen verbot, welche einen Menschen zu tragen vermochten. Wie in China gibt es auch in der japanischen Folklore zahlreiche Geschichten über die wagemuti-

1 Nach Polo, *The Description of the World,* London 1938, Bd. I, S. 356 f.

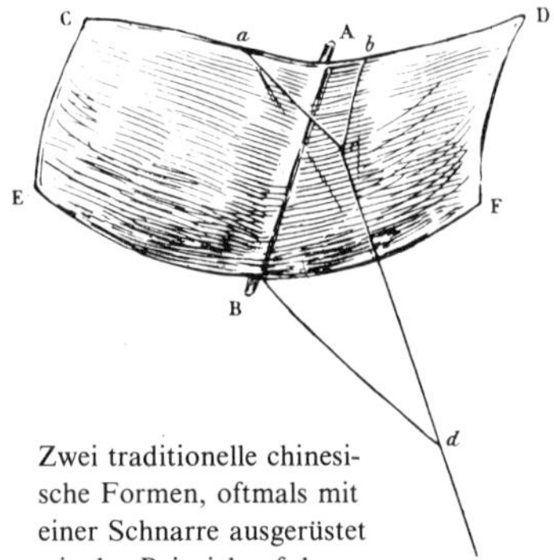


Zwei traditionelle chinesische Formen, oftmals mit einer Schnarre ausgerüstet wie das Beispiel auf der gegenüberliegenden Seite.

Minamoto-no-Tametomos Sohn entflieht, an einen Drachen geschnallt, aus der Verbannung auf der Insel Hachijo (nach einem Holzschnitt von Hokusai).

gen Unternehmungen tapferer Menschen, die um der nationalen Ehre oder um des persönlichen Gewinns willen hoch in die Lüfte stiegen.

Auch heute herrscht noch immer ein gewisser Grad an Unklarheit, wenn von bemannten Drachen die Rede ist, obwohl der Unterschied zwischen dem *Transport* und dem *Hochheben* eines Menschen offenkundig zu sein scheint. Die alten Riesendrachen des Ostens trugen stets den Passagier in oder auf sich, und man kann sie infolgedessen als *Transport*-Drachen einordnen. Spätere westliche Drachenpioniere entdeckten, daß sich eine Ladung im Inneren des Gebildes ungünstig auf die aerodynamischen Eigenschaften des Flugkörpers auswirkte, und sie verwendeten daher Drachen, die nur einen anfänglichen Auftrieb und Stabilität gewährleisteten, während der Passagier am Drachenseil hochgezogen wurde, wenn dieses gespannt war. Bei dieser Technik spricht man vom *Hochheben* durch den Drachen. Dennoch gibt es beim Drachenflug offenbar immer Ausnahmen von der Regel, und in diesem Fall war die Ausnahme Alexander Graham Bell, dessen Cygnet sich dank seiner bemerkenswerten Stabilität als geeignet erwies, mühelos den Passagier im Drachengebilde selber aufzunehmen.

Eine wohlbekannte Geschichte aus Japan berichtet, wie der berühmte Räuber Kakinoki Kinsuke einen Menschentransportdrachen bei einem Versuch verwendete, die Schuppen der goldenen Delphine auf den Türmen des Nagoya-Schlosses zu stehlen. Das Schicksal scheint jedoch gegen ihn gewesen zu sein, denn obwohl er offensichtlich sicher gelandet war, nachdem er mit Erfolg eine Anzahl von Schuppen herausgebrochen hatte, wurde er später festgenommen und bestraft, indem man ihn zusammen mit seiner ganzen Familie in kochendes Öl warf. Ungefähr zweihundert Jahre später, 1927, hatte ein anderer Dieb mehr Glück. Es gelang ihm, mit achtundfünfzig Schuppen derselben Delphine zu entkommen, seine Methode freilich kam in keiner Weise an das Bravourstück Kinsukes heran.

Ein weiteres frühes Beispiel des Menschentransports mit Drachen schildert die Geschichte des Minamoto-no-Tametomo, eines berühmten Samurai-Kriegers aus dem Genji-Clan, der zusammen mit seinem

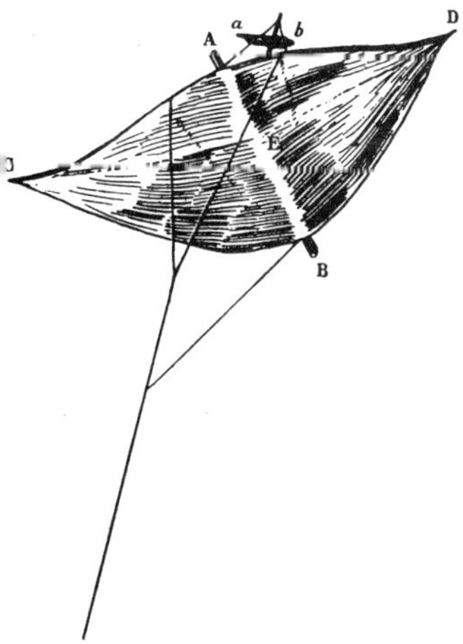


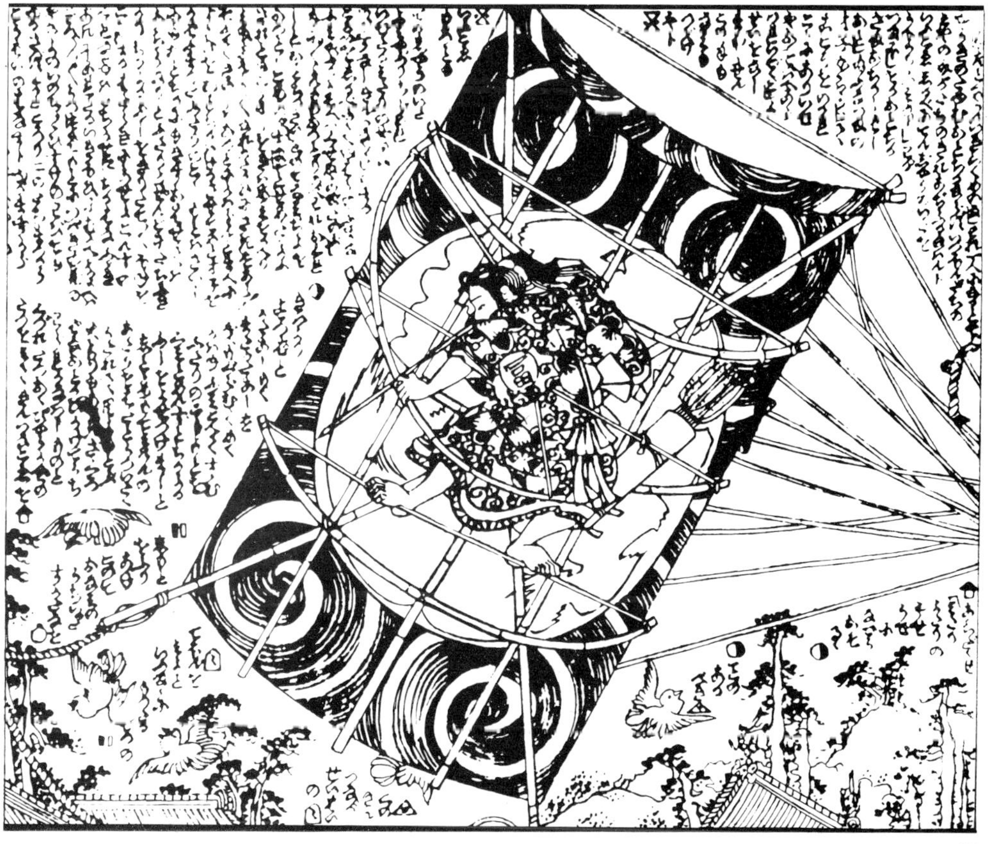

Frühe Invasion aus der Luft. Japanischer Bogenschütze, von einem Drachen getragen (nach einem Holzschnitt des 19. Jahrhunderts).

Sohn auf die Insel Hachijo verbannt war. Da er nicht wollte, daß sein Sohn den Rest seines Lebens an einem derart trostlosen Ort verbrächte, baute Tametomo einen großen Drachen, der nach Auskunft der Legende den Jungen glücklich übers Meer in die Heimat zurücktrug. Infolgedessen trägt der Hachijo-Drachen traditionsgemäß ein Bildnis Tametomos auf seiner Fläche.

Eine sinnreichere japanische Verwertung des Drachens und seiner Auftriebskräfte demonstrierte die Praktik, Kacheln und Ziegel zu Arbeitern hochzuschicken, die an Türmen bauten: Man benutzte große Körbe, die von riesigen, über dem Bau schwebenden Drachen getragen wurden.

Die Spitzenstellung unter den japanischen Drachenriesen nimmt sicherlich der berühmte Wan-wan-Drachen ein, den Nagajima Gempei um die letzte Jahrhundertwende entwickelte. Mit einer Gesamtspannweite von 24 Metern und einem 146 Meter langen Schwanz wog er ungefähr 2,8 Tonnen, und um ihn steigen zu lassen und zu halten, war eine Mannschaft von etwa 150 Menschen nötig.

Am fünften Tag des fünften Monats wird in vielen Gegenden Japans das Knabenfest gefeiert. Familien, die das Glück hatten, daß ihnen in den vergangenen zwölf Monaten ein männliches Kind geboren worden war, werden zum Mittelpunkt des allgemeinen Interesses, und zur Feier der Geburten läßt man riesige Drachen steigen. Sämtliche Familien mit männlichen Kindern lassen zu Ehren ihrer Söhne an Stangen farbenprächtige Luftsäcke wehen. Diese haben gewöhnlich die Gestalt eines Fisches, sie sind Sinnbilder des Karpfens, eines besonders ausdauernden Fisches, der sich alljährlich gegen fast unüberwindliche Widerstände stromaufwärts zu seinen Laichplätzen durchkämpft: ein Symbol für das Vorankommen des Sohnes im »Fluß des Lebens«.

Der wahrscheinlich berühmteste Kampfdrachen ist der Nagasaki-Hata. Er ist ein ungemein manövrierfähiger Drachen und imstande, mit erstaunlicher Geschwindigkeit zu fliegen, wobei er sich sehr genau steuern läßt. Ausgerüstet mit Schneidevorrichtungen wie gestoßenem Glas oder Porzellan, das mit Eiweiß, Reis oder anderen natürlichen

Indischer Sterndrachen, traditionell beim Frühlingsfest verwendet.

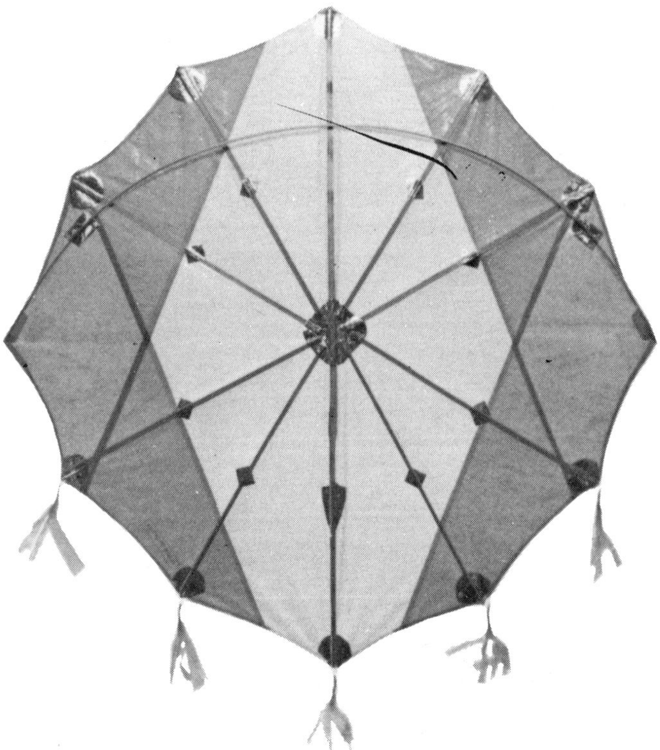

Den Tukkal-Drachen gibt es seit über siebenhundert Jahren in Indien.
Mit freundlicher Genehmigung von *Go Fly a Kite Store, Inc.*

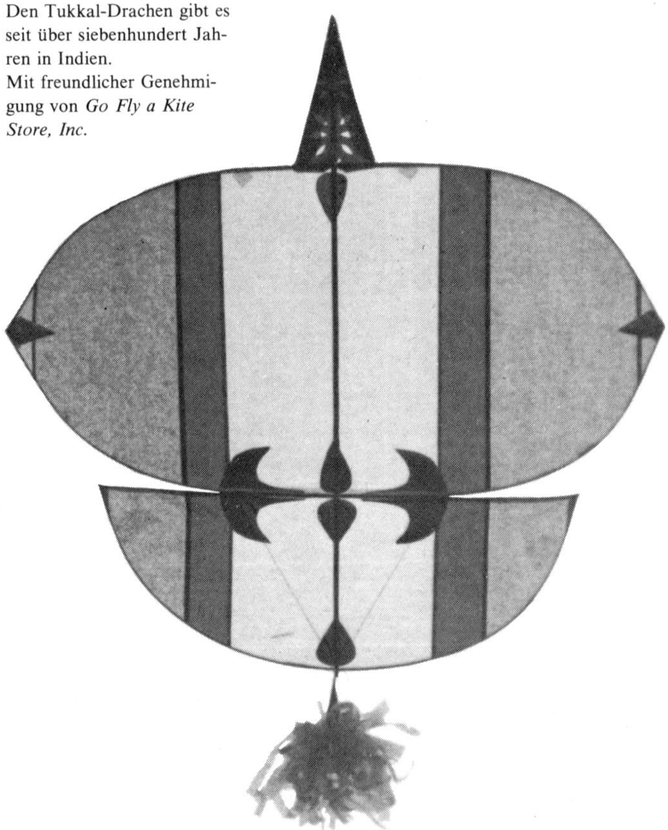

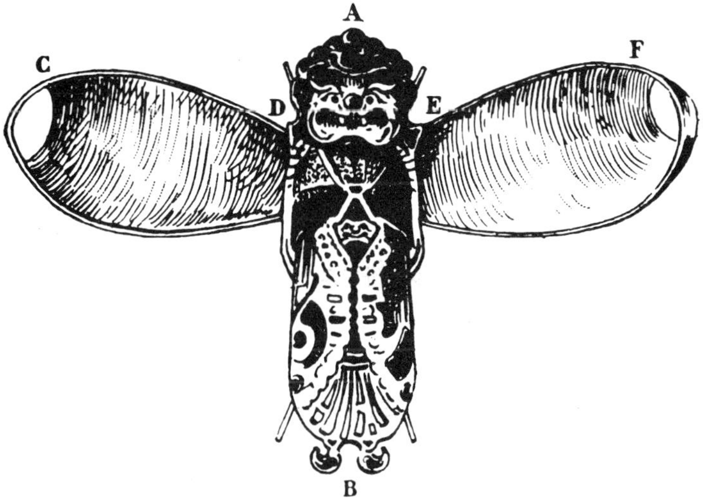


Japanischer Yakko- oder Dienerdrachen, der den Begleiter des Samurai-Kriegers darstellt.

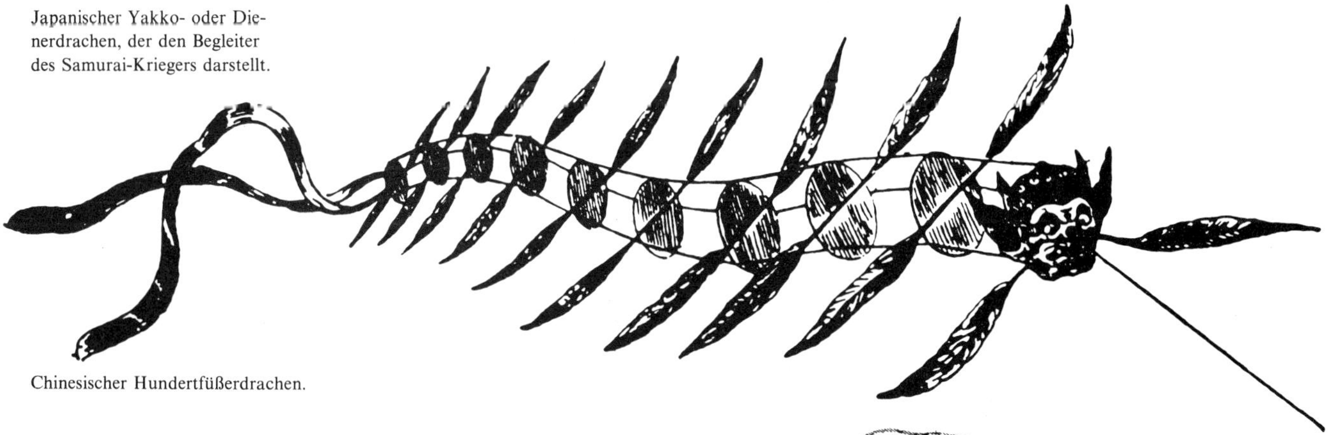

Chinesischer Hundertfüßerdrachen.

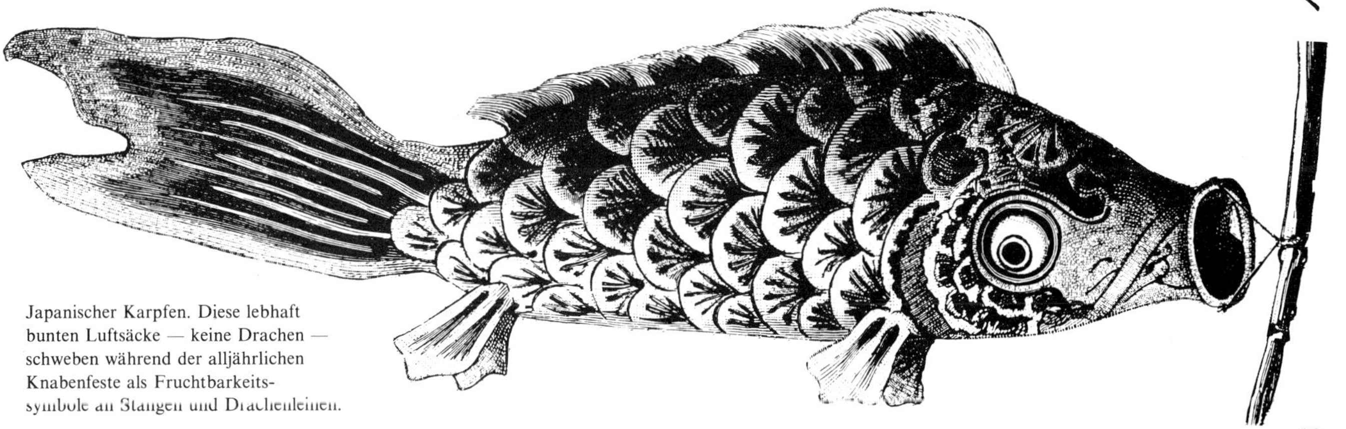

Japanischer Karpfen. Diese lebhaft bunten Luftsäcke — keine Drachen — schweben während der alljährlichen Knabenfeste als Fruchtbarkeitssymbole an Stangen und Drachenleinen.

Klebemitteln an die Schnur unter der Waage geleimt ist, bildet er bei Wettkämpfen einen fürchterlichen Gegner. Ziel eines Drachenkampfes ist es, die Schnur eines Gegners zu zerschneiden und ihn dadurch um seinen Drachen zu bringen. Der Nagasaki-Kampfdrachen hat allerdings wenig Ähnlichkeit mit anderen traditionellen japanischen Drachenformen. Er ist höchst genau ausbalanciert, extrem leicht, so gut wie quadratisch und fliegt diagonal, im Gegensatz zur traditionellen japanischen Drachenkonstruktion, die grundsätzlich rechtwinklig ist und longitudinal fliegt. Er ist dem indischen Kampfdrachen sehr ähnlich, nur daß ihm die indische Stützflosse am Schwanz fehlt und er zwei, von einer Spannschnur gehaltene Leitkanten hat, während diese in der indischen Kampfdrachen-Variante nicht gehalten werden.

Mit ziemlicher Sicherheit ist der Nagasaki-Kampfdrachen eine Abwandlung des indischen. Bedenkt man, daß die ersten Abendländer, die 1543 japanischen Boden betraten, nur Nagasaki besuchen durften, erscheint es wahrscheinlich, daß diese portugiesischen, holländischen und englischen Kaufleute den Drachen aus Indien einführten. Nachdrücklich bestärkt wird diese Mutmaßung durch den Umstand, daß der Nagasaki-Hata (Hata ist das japanische Wort für Fahne) traditionsgemäß rot, weiß und blau gefärbt ist, also nach der Art der holländischen Fahne. Wie immer es um die Herkunft bestellt sein mag, der Drachensport ist auch heute noch eine Leidenschaft in Nagasaki, und der ganze Monat März ist für Drachenfeste vorgesehen.

In Korea ist es seit langem zu Beginn jedes neuen Jahres Brauch, den Namen und den Geburtstag jedes männlichen Kindes auf die Oberfläche eines Papierdrachens zu schreiben. Diese Drachen läßt man dann steigen. Haben sie ihre höchste Höhe erreicht, läßt man die Schnur los, und die Drachen werden vom Wind davongetragen. Sie sollen möglichst weit fliegen, ehe sie wieder auf der Erde landen, und alles Unheil oder sämtliche bösen Geister davontragen, die sich

1

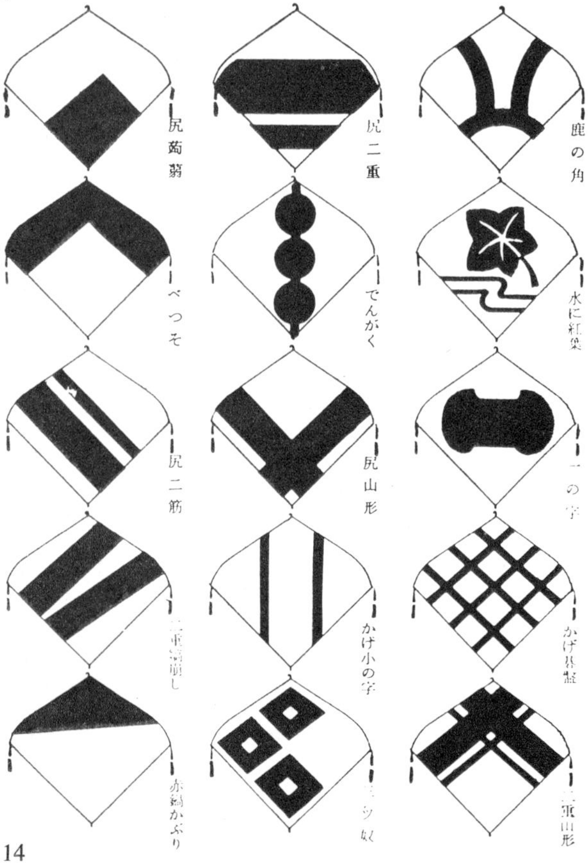


2

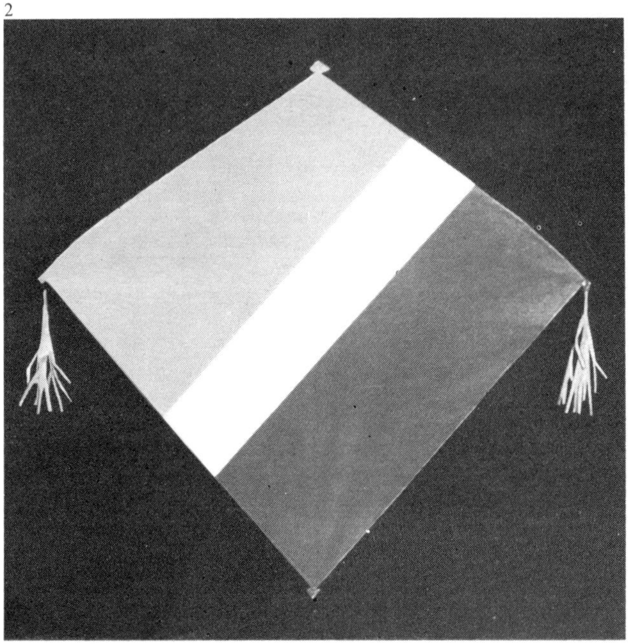

1 Seite aus einem Vorlagenbuch eines Drachenbauers aus Nagasaki.

2 Der Nagasaki-Hata, ein äußerst beweglicher Kampfdrachen, der üblicherweise mit einfachen, kräftigen Mustern versehen ist, zumeist in Rot, Weiß und Blau.

ungünstig auf die Zukunft des Kindes auswirken könnten. Hebt man einen solchen Drachen auf, falls man ihn findet, zieht man jenes Mißgeschick auf sich, das sonst den Besitzer getroffen hätte.

Die Drachen wurden, abermals durch Buddhisten, höchstwahrscheinlich um die Mitte des 1. Jahrtausends n. Chr. in Korea eingeführt. Der koreanische Drachen ähnelt dem rechteckigen japanischen, wiewohl er traditionsgemäß ein rundes Loch in der Mitte hat. Er ist groß und schnell und fliegt im Kampf ohne Schwanz an einer farbigen Seidenschnur.

Aus Korea stammt eine weitere Drachenkonstruktion zum Hochheben von Gewichten. In dem 1145 n. Chr. geschriebenen *Samguk Sagi* findet sich ein Bericht darüber, wie im ersten Regierungsjahr der Königin Zindong, der 28. Herrscherin der Sika-Dynastie, ein General Gim Yu-Sin (596—637 n. Chr.) den Auftrag erhielt, einen Aufstand niederzuschlagen. Während er mit dieser Aufgabe beschäftigt war, fiel ein Meteor vom Himmel. Dies galt als ein besonders schlimmes Vorzeichen, und infolgedessen gerieten die Rebellen ebenso wie Gim Yu-Sins eigene Truppen in eine gefährliche Erregung. Der Status quo stellte sich erst wieder her, nachdem der General den Einfall hatte, in dunkler Nacht mittels eines großen Drachens eine Feuerkugel aufsteigen zu lassen. Dies verstanden alle so, daß der Meteor wieder in den Himmel zurückkehrte, und dadurch ließ sich eine gefährliche Situation vermeiden.

Auch Thailand hat eine alte Beziehung zum Drachenflug, und zwar diente er nicht nur Unterhaltungszwecken, sondern bildete einen Bestandteil der magischen Folklore. Man läßt Drachen zur Monsunzeit steigen und will damit die Winde beschwören, kräftig und lang zu wehen und die Regenwolken des Monsuns zu vertreiben, damit die Ernte von Hochwasser verschont bleibt.

Wie gesagt, ist es sehr wahrscheinlich, daß Drachen in anderen asiatischen Ländern selbständig entwickelt wurden. Zumal in Malaya herrscht der weitverbreitete Glaube, daß der malayische Drachen

3

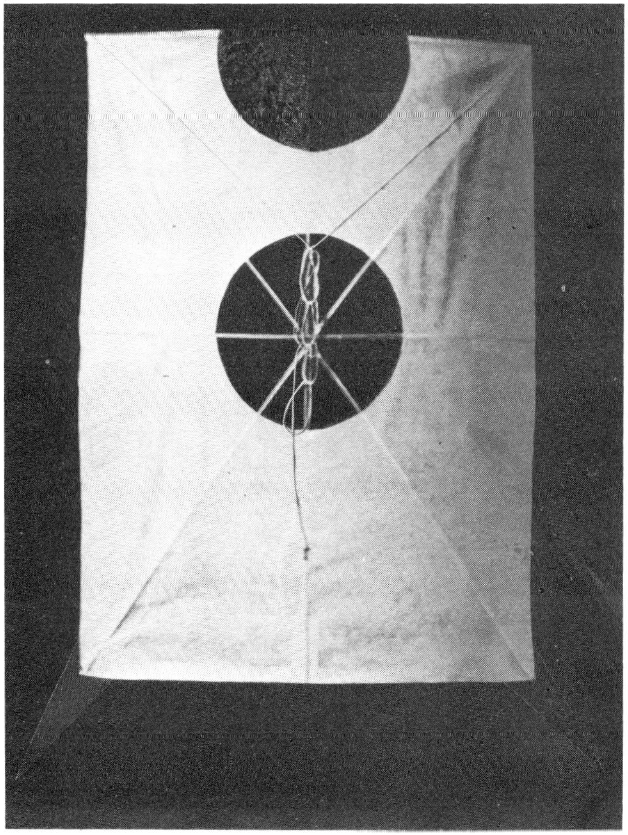

4

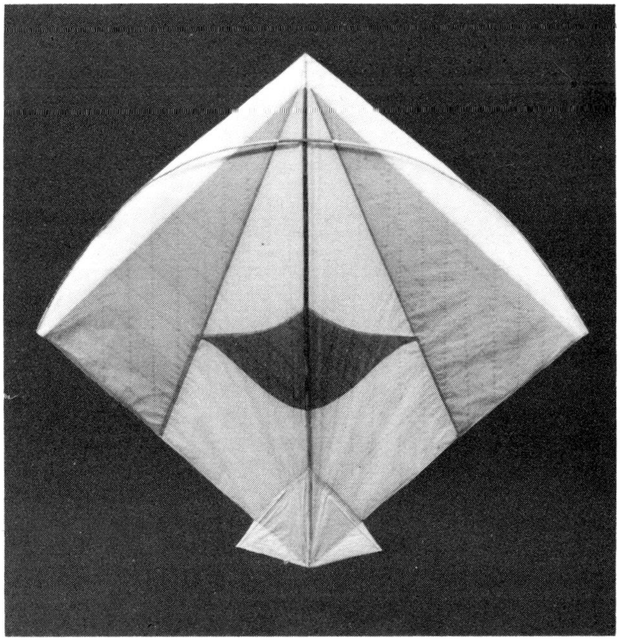

3 Ein traditioneller koreanischer Kampfdrachen. Die kleinen »Ohren« an der Hinterkante verleihen zusätzliche Stabilität.

4 Ein typischer indischer Kampfdrachen, bestehend aus einzelnen Streifen bunten Seidenpapiers.
Mit freundlicher Genehmigung von *Go Fly a Kite Store, Inc.*

völlig unabhängig von ausländischen Einflüssen erfunden und entwikkelt wurde. Ob dem tatsächlich so war, wird sich wohl nie eindeutig feststellen lassen; sicher ist allerdings, daß jedes größere zusammenhängende Gebiet seine eigene, ihm zugehörige Drachenform entwikkelte, wobei sich die einzelnen Merkmale aus den verschiedenen Rollen ergaben, die der Drachen in den unterschiedlichen Kulturen spielte.

Kampf- und Fischfangdrachen gab es offenbar schon lange vor der aufgezeichneten Geschichte allenthalben im malayischen Archipel. Die primitivere Form des Fischfangdrachens war wenig mehr als ein großes Blatt, das der Festigkeit zuliebe mit feinem Bambus durchzogen war, und ein Haken hing an einem langen Stück Schnur am Ende. Diese Technik, die noch heute in Asien Anwendung findet, gestattet dem Fischer nicht nur, die Leine weit auszuwerfen, sie sorgt auch dafür, daß keine verräterischen Schatten auf das Wasser fallen.

Was als Malayen-Drachen im Westen so gut bekannt ist, gab es vor vielen Jahrhunderten in ganz Malaysia, Indonesien und Java. Der Drachen hat die klassische Trapezoidform, die man flach oder gebogen baute. Die gebogene Spielart, eine höchst effiziente und flugfähige Konstruktion, wird ohne Schwanz bei leichtem Wind verwendet. Dies ist im großen ganzen der gleiche Drachen wie derjenige, den William A. Eddy in den neunziger Jahren des 19. Jahrhunderts im Westen einführte.

Gleichfalls in Malaysia, und besonders auf Java, ließ man jahrhundertelang auch noch eine andere Drachenform steigen, nämlich den Flachdrachen mit Bogenspitze und Schwanz, ähnlich der Form, die im 18. Jahrhundert in England sehr in Mode war, der sogenannte englische Bogenspitzendrachen. Es handelt sich dabei um einen nahen Verwandten der beliebtesten französischen Form, des Birnenspitzendrachens, der im Grunde genau so aussieht, nur daß sich vorn am Drachen eine kleine Nase befindet. Da diese Formen um die Wende vom 15. zum 16. Jahrhundert in Europa auftauchten, dürfte es einleuchtend sein, daß sie von den gleichen Händlern eingeführt wurden, die auch dafür verantwortlich waren, daß der indische Kampfdrachen nach Nagasaki kam.

Dieser »Maori-Vogel«, einer der prächtigsten Folkloredrachen, hat eine Flügelspannweite von 2,83 Meter.
*British Museum.*

Fischfangdrachen aus Schraubenpalmenblättern von Banks Island (links) und von den Salomoninseln.

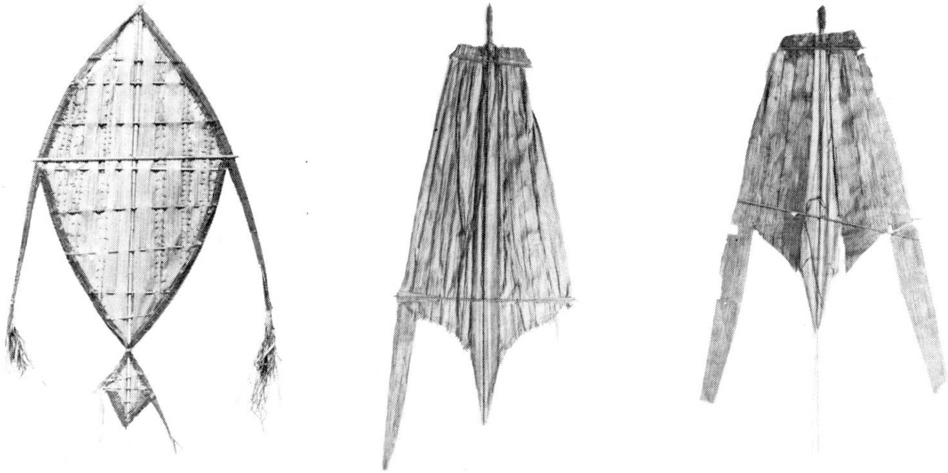

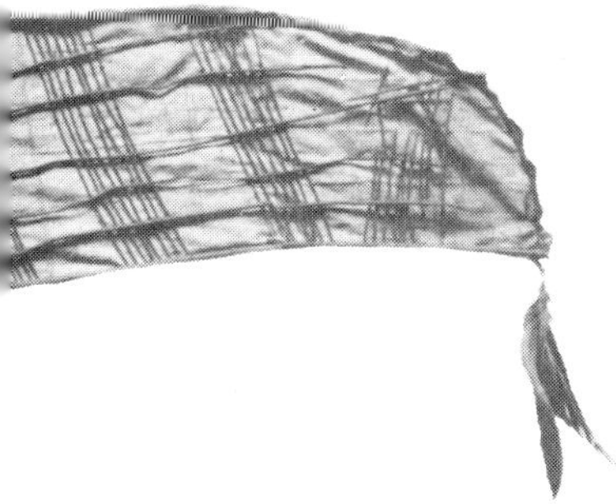

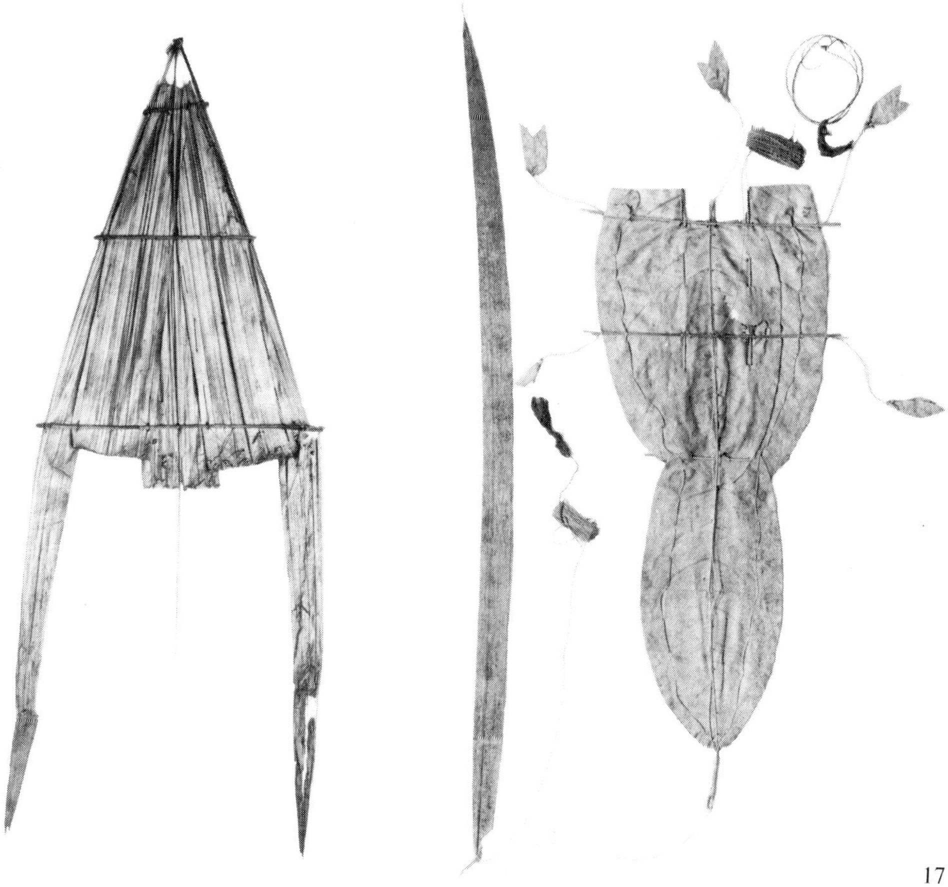

Fischfangdrachen von den Salomoninseln (links) und aus Dobu.
*British Museum.*

Gemäß der europäischen Tradition wird die Erfindung des Drachens, wie gesagt, dem griechischen Mathematiker Archytas von Tarent zugeschrieben, der um 400 v. Chr. auf der Grundlage seiner Studien über den Vogelflug einen hölzernen Vogel gebaut haben soll. Man hat zu bedenken gegeben, daß diese Erfindung sehr gut durch den Anblick chinesischer Vogeldrachen angeregt worden sein kann; es gibt jedoch nur wenig verläßliche Auskünfte über Archytas' Beitrag zur Erfindung oder zur Entwicklung des Drachens.

In seiner maßgeblichen Studie *Kites: An Historical Survey* beschreibt Clive Hart, wie in ganz Europa bis zurück ins Jahr 105 n. Chr. die Römer geschmückte Luftsäcke als Militärbanner verwendeten. Sie hatten gewöhnlich die Form von Tieren mit weit offenen Mäulern und waren an Stangen befestigt, um den Wind einzufangen. Flatternde zylindrische Schwänze aus fein gesponnenem Gewebe vermittelten den Eindruck, als seien sie lebendig und krümmten sich wie Drachen über den Reitern. Sie sollten nicht nur Furcht beim Gegner auslösen, sondern auch den Bogenschützen als Wetterfahnen dienen, damit sie Windstärke und Windrichtung feststellen konnten. Diese Luftsäcke wurden in ganz Asien und Europa weithin übernommen und gelegentlich in mittelalterlichen Illustrationen und Tapisserien abgebildet. Schon 1326 gab es »dracones« mit Flügeln, die nicht mehr an Stangen hingen, sondern frei an Schnüren schwebten. Sie können sehr gut die ältesten bekannten Vorfahren des modernen Kastendrachens gewesen sein. Ebenso ist es möglich, daß einige dieser alten Abbildungen keine Luftsackdrachen, sondern eine Form des Heißluftballons darstellen. Möglicherweise war im Mund des Drachens eine Feuerquelle untergebracht, die den Anschein von Feueratem erweckte, während die durch den Körper strömende heiße Luft das Gebilde trug.

Der erste bekannte Bericht über das Prinzip des Heißluftdrachens stammt schon aus dem 2. Jahrhundert v. Chr. In der taoistischen Schrift *Die zehntausend unfehlbaren Künste des Prinzen von Huai-Nan* ist zu lesen: »Man kann Eier mittels Abbrennen von Zunder dazu bringen, in der Luft zu fliegen ... Man nehme ein Ei und

PHOTO: HANS NAMUTH

Die Indianer aus Santiago de Sacatepequez in Guatemala lassen traditionsgemäß große bunte Papierdrachen steigen. Dies geschieht alljährlich am Allerheiligenfest auf dem Friedhof dieses kleinen Dorfes: Man will damit die Ahnengeister anrufen und die Wiederkehr des klaren Himmels nach der Regenzeit feiern.

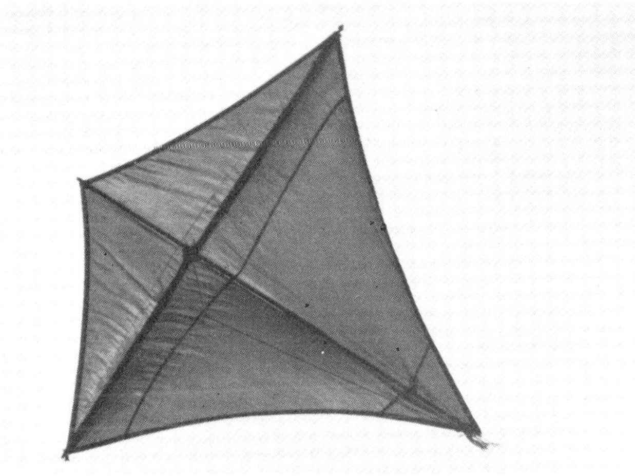

Moderner malayischer Drachen.

PHOTO: HANS NAMUTH

entferne den Inhalt aus der Schale, dann zünde man ein wenig Beifußzunder (im Inneren des Lochs) an, so daß eine starke Luftströmung entsteht. Das Ei wird sich von selber in die Luft erheben und davonfliegen.«[2]

Gegen Ende des 14. Jahrhunderts scheinen die Europäer ihrerseits die starke Zugkraft und die allgemeine Effizienz des Luftsackdrachens entdeckt zu haben, sei er nun von Heißluft oder durch Flügel getragen, und Hart gibt in seiner höchst detailreichen Studie über die frühe Aeronautik, *The Dream of Flight,* zu verstehen, daß der ältere ineffiziente Drachen sich zum beträchtlich besser fliegenden Wimpeldrachen entwickelt habe oder von diesem verdrängt worden sei. Dieser Wimpeldrachen war im Grunde ein Flach- oder ebenflächiger Drachen, der einen langen farbigen Schwanz trug. Wie bei den heutigen Drachen der Schlangenspielart mag der Drachen selber sehr wohl bemalt gewesen sein, damit er an den Kopf eines Fabeldrachens oder eines anderen wilden mythischen Tiers erinnerte.

Die erste genaue und zuverlässige europäische Beschreibung des Wimpeldrachens findet sich als erläuterte Illustration in Conrad Kyesers Darstellung der Militärtechnologie, *Bellifortis,* von 1405. Wiewohl die Abbildung auf den ersten Blick wie eine Darstellung eines flügellosen Luftsackdrachens aussieht, wird die Methode, eine dreischenklige Waage anzubringen, wie sie für einen ebenflächigen Drachen charakteristisch ist, sowohl im Text beschrieben, wie auch in einer Zeichnung rechts von der Hauptfigur illustriert.[3] Vergleicht man Kyesers Darstellung des Wimpeldrachens mit der ersten in Europa veröffentlichten schriftlichen Schilderung eines Flachdrachens in einer Wiener Handschrift von 1430, scheint es wenig Zweifel daran zu geben, daß dieselbe Grundbauart beschrieben ist.

2 Thai-Phing Yü Lan (Thai-Phing Kaiserliche Enzyklopädie); vgl. Needham, J., *Science and Civilisation in China,* Bd. 4, Teil 2, Cambridge 1965, S. 596.

3 C. Hart, *Kites: An Historical Survey,* London 1967, S. 66.

1

Die Wiener Handschrift gibt im Detail die Methode der Herstellung eines Pergamentflachdrachens mit einem Schwanz aus Leinen und Seide an und dazu eine Beschreibung von drei alternativen Waagen-Anknüpfungspunkten für unterschiedliche Windverhältnisse. Ob diese Bauart als unmittelbare Weiterentwicklung des geflügelten Luftsackdrachens zustande kam oder ob sie unter dem Einfluß von importierten Flachdrachen entstand, ist wohl nicht sicher auszumachen.

Giambattista della Porta beschrieb in seinen *Magiae Naturalis* von 1589 ein »fliegendes Segel«, nämlich einen einfachen, wiewohl sehr schönen rechteckigen Drachen, der offensichtlich auf die traditionelle chinesische Form zurückging. Della Porta sprach sich dafür aus, mit dem Drachen Feuerwerkskörper, Laternen in der Nacht und sogar Kätzchen und kleine Hunde aufsteigen zu lassen. Der Vorschlag mit den Tieren könnte ein Anreiz für den Gedanken des menschlichen Flugs gewesen sein. Eine Illustration in John Bates Schrift *The Mysteryes of Nature and Art* von 1634 hat die Form einer schematischen Darstellung eines rautenförmigen Drachens mit einem Schwanz, der reichlich mit Feuerwerkskörpern bestückt ist, »welche mancherlei Schläge in der Luft von sich geben«. Diese Zeichnung gilt als die erste englische und die zweite europäische Darstellung des konventionellen Drachens. Die erste europäische Abbildung erschien 1618 in einem Stich aus Middelburg in Holland, und sie bekräftigt den Gedanken, daß holländische Kaufleute eine bedeutsame Rolle bei der Einführung des Drachens in Europa spielten. Im 17. Jahrhundert war der Drachen allenthalben in Europa eine Selbstverständlichkeit geworden, wiewohl er, abgesehen von seiner gelegentlichen Verwendung bei Feuerwerken und verschiedenen öffentlichen Darbietungen, damals wie heute lediglich als unschuldiger Zeitvertreib für Kinder angesehen wurde.

Mit Ausnahme Isaac Newtons, der offensichtlich verschiedene so gut wie unbeachtet gebliebene Experimente bezüglich der effizientesten Drachenform durchführte, als er noch die Schule besuchte, entgingen dem 17. Jahrhundert die wissenschaftlichen Möglichkeiten des Drachens.

2

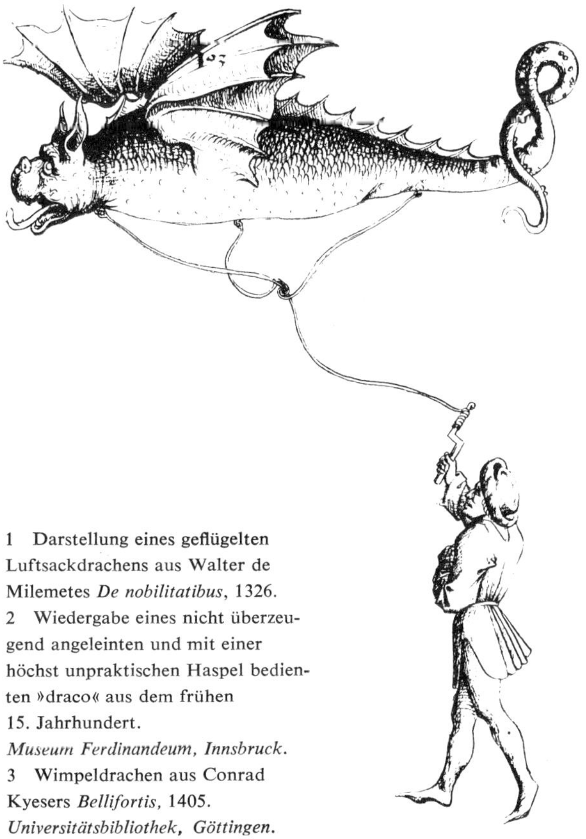

3

1 Darstellung eines geflügelten Luftsackdrachens aus Walter de Milemetes *De nobilitatibus*, 1326.

2 Wiedergabe eines nicht überzeugend angeleinten und mit einer höchst unpraktischen Haspel bedienten »draco« aus dem frühen 15. Jahrhundert.
*Museum Ferdinandeum, Innsbruck.*

3 Wimpeldrachen aus Conrad Kyesers *Bellifortis*, 1405.
*Universitätsbibliothek, Göttingen.*

Zu Beginn des 18. Jahrhunderts war das Spiel mit Drachen eine ungemein beliebte Freizeitbeschäftigung allenthalben in Europa. Doch wiewohl der Drachen in der zweiten Hälfte dieses Jahrhunderts in großem Umfang für wissenschaftliche Forschungen weiterentwickelt wurde, blieb er als Zeitvertreib weiterhin fast völlig eine Sache von Kindern. Erst 1749 wurde die früheste wissenschaftliche Verwendung des Drachens aufgezeichnet. Es handelte sich um ein meteorologisches Experiment, durchgeführt von Alexander Wilson in Camlachie in Schottland. Wilson maß die Temperaturunterschiede in verschiedenen Höhen, indem er an einem halben Dutzend Drachen, die im Gespann bis zu einer Höhe von 915 Metern aufstiegen, Thermometer anbrachte. Dieses Fliegen im Gespann geschieht so, daß zwei oder mehr Drachen an einer Schnur hängen. Wilsons Experiment war die erste bezeugte Anwendung dieser Technik.

Drei Jahre nach Wilsons Unternehmen folgte das, was zweifellos als die berühmteste wissenschaftliche Verwendung des Drachens in der Geschichte gelten muß. Im Juni 1752 ließ Benjamin Franklin seinen elektrischen Drachen aufsteigen, um nachzuweisen, daß der Blitz die gleiche »elektrische Materie« sei, die man bei der Stromerzeugung gewinnt. Kurz nach seinem Erfolg beschrieb er, wie sich sein Experiment wiederholen ließe:

»Man fertige ein kleines Kreuz aus zwei leichten Zederstäben, deren Arme so lang sind, daß sie bis zu den vier Ecken eines ausgebreiteten großen seidenen Taschentuchs reichen; man befestige die Ecken des Taschentuchs an den Enden des Kreuzes, so daß man einen Drachenkörper erhält, der sich, richtig mit Schwanz, Schlinge und Schnur ausgerüstet wie die aus Papier hergestellten, in die Luft erhebt; doch dieser aus Seide bestehende ist besser geeignet, die Nässe und den Wind eines Gewitters auszuhalten, ohne zu zerreißen. An der Spitze des Längsstabs in dem Kreuz muß man einen ganz spitzen Draht befestigen, der dreißig Zentimeter oder mehr über das Holz hinausragt. Am Ende der Schnur, neben der Hand, ist ein Seidenband anzubinden, und wo Schnur und Seide zusammentreffen, wird ein Schlüssel angebracht. Diesen Drachen läßt man aufsteigen, wenn ein

1

2

3

1 Europäischer geflügelter Windsack, 1665.
2 Wiener Wimpeldrachen, 1430.
3 Die älteste europäische Darstellung eines Drachens in Rhombusform, Middelburg, Holland, 1618.
4 Eine Seite aus John Babingtons *Pyrotechnia* mit einer Abbildung einer frühen Spielart des Birnenspitzendrachens, 1635.
5 Ein »Feuerdrache« oder Rhombusdrachen, verwendet, um Feuerwerkskörper hochzutragen; aus *The Mysteryes of Nature and Art* von John Bate, 1634.

4

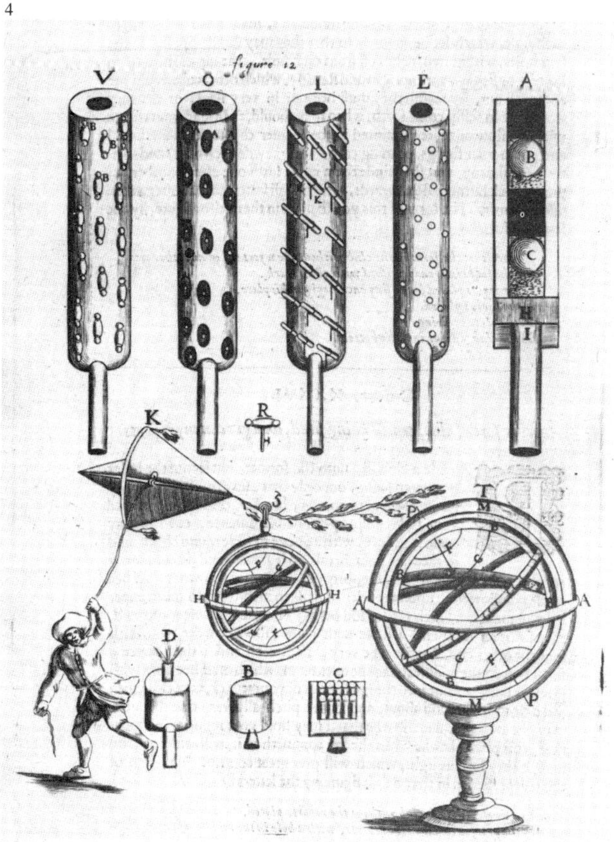


5

Gewitter im Anzug ist, und die Person, welche die Schnur hält, muß unter einer Tür oder einem Fenster oder unter einer Bedeckung stehen, so daß das Seidenband nicht naß wird; und man muß dafür sorgen, daß die Schnur nicht den Tür- oder Fensterrahmen berührt. Sowie eine Gewitterwolke über dem Drachen steht, wird der spitze Draht das elektrische Feuer aus ihr herausziehen, und der Schlüssel wird mitsamt der Schnur elektrifiziert, und die freien Fasern der Schnur werden nach allen Seiten abstehen und von einem Finger, der ihnen nahekommt, angezogen werden. Und wenn der Regen den Drachen und die Schnur naß gemacht hat, so daß sie ungehindert das elektrische Feuer leiten können, wird man bemerken, daß es reichlich von dem Schlüssel in den näherkommenden Knöchel fließt. An diesem Schlüssel läßt sich die Flasche aufladen, und mit der so gewonnenen Elektrizität kann man Alkohol entzünden und all die anderen Experimente durchführen, die man gewöhnlich mit Hilfe einer geriebenen Glaskugel oder -röhre anstellt; und dadurch ist die *Gleichheit* der elektrischen Materie und der des Blitzes vollständig bewiesen.«[4]

Andere elektrische Experimente schlossen sich an, doch waren die dabei benutzten Drachen im Grunde primitiv und ineffizient, sie bestanden hauptsächlich aus Papier, und die Nachteile der ausgleichenden Schwänze im Verein mit schweren Drahtschnüren bewirkten, daß sich die Versuche auf Höhen von nicht mehr als dreihundert Metern beschränkten.

Die ersten bedeutsamen Experimente, die mit der Drachenform durchgeführt wurden, waren zweifellos diejenigen Sir George Cayleys zwischen 1799 und 1809. Auch wenn die von ihm entwickelte Drachengestalt im Grunde ein Nebenprodukt seiner intensiven Beschäftigung mit dem Konzept des Schwerer-als-Luft-Flugs waren,

4 B. Franklin, *The Papers of Benjamin Franklin,* hrsg. von L. W. Labaree, Bd. 4, New Haven 1961, S. 360—369.

1

2

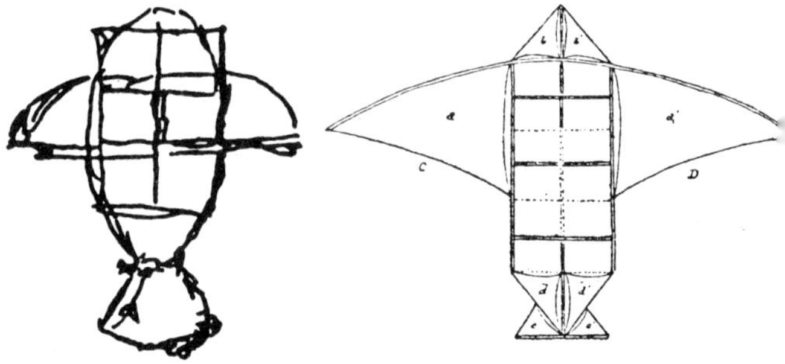

1 Benjamin Franklin führt, unterstützt von seinem Sohn, sein berühmtes elektrisches Experiment von 1752 durch.
2 Eine Flugzeuggestalt Cayleys von 1839 (links) nimmt auffällig eine französische Drachenzeichnung des frühen 20. Jahrhunderts vorweg.
3 Cayleys erster Modellgleiter von 1804, bestehend aus einem einfachen Bogenspitzendrachen auf einem Stab. Für Steuerung und Stabilität sorgte eine regulierbare Schwanzeinheit. Dieses bemerkenswerte Gebilde markiert den Beginn eines wirklichen Verständnisses der aeronautischen Theorie.
4 Cayleys Entwurf seines »lenkbaren Fallschirms« oder menschentragenden Gleiters, erschienen 1852 in *Mechanics Magazine.* Der Flugkörper wurde später gebaut und mit Erfolg geflogen.
*Science Museum, London.*

formulierte er doch die Quintessenz der aeronautischen Theorie in seiner klassischen Feststellung: »Das ganze Problem beschränkt sich darauf, einem bestimmten Gewicht durch die Anwendung von Kraft gegen den Luftwiderstand eine Oberflächenstützung zu verschaffen.« Er hatte die wesentliche Verschiedenheit von Antrieb und Auftrieb entdeckt.

Cayleys erster Modellgleiter, gebaut 1804, besaß als Tragflügeleinheit einen englischen Bogenspitzendrachen. Hätte er eine zulängliche Kraftquelle besessen, bestände wenig Zweifel, daß das Flugzeug weit früher erfunden worden wäre, als es tatsächlich geschah. Über diesen Drachen oder Gleiter berichtete Cayley: »Ich habe erreicht, daß Flächen dieser Art Gewichte bis zu 80 oder 90 Pfund mit völliger Stetigkeit und beliebig nach beiden Seiten steuerbar herabtrugen.«[5]

5 C. H. Gibbs-Smith, *Sir George Cayley's Aeronautics 1796–1855,* London 1962, S. 85.

Vierzehn Jahre später entwarf Cayley einen Modellgleiter, der zwei Drachen verwendete, einen großen für die Tragflügeleinheit und einen kleineren für den Schwanz. Die Tragflügeleinheit war in Form eines Flachwinkels angebracht, was, wie er entdeckte, dem Gleiter größere Stabilität verlieh. W. A. Eddy machte dreiundsiebzig Jahre später die gleiche Entdeckung. 1852 erschien in *Mechanics Magazine* ein Artikel unter dem Titel »Sir George Cayleys lenkbare Fallschirme«. Wahrscheinlich bildete diese prophetische Bauform die Grundlage für seinen sogenannten »neuen Flieger« von 1853, mit dem er seinen Kutscher über ein Tal bei Brompton fliegen ließ. Cayleys Enkelin, Mrs Thompson, hielt das Ereignis folgendermaßen fest:

»Natürlich war jedermann auf dem Talrand und sah dem Start aus der Nähe zu. Der Kutscher stieg in die Maschine und landete auf der Westseite auf fast derselben Höhe. Ich glaube, er überflog eine deutlich geringere Strecke, als erwartet. Der Kutscher machte sich los, und als die Zuschauer hinüberkamen, rief er: »Bitte, Sir George, ich

3

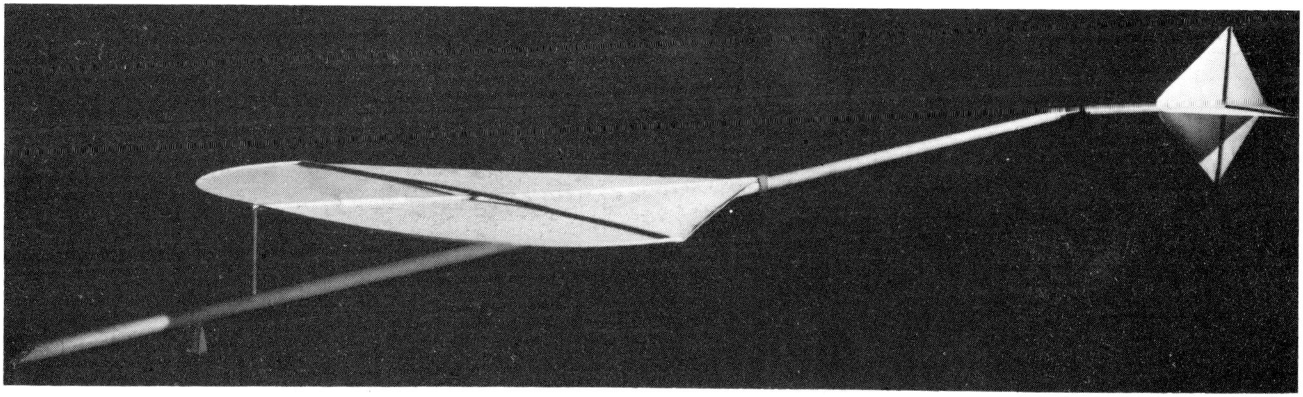

4

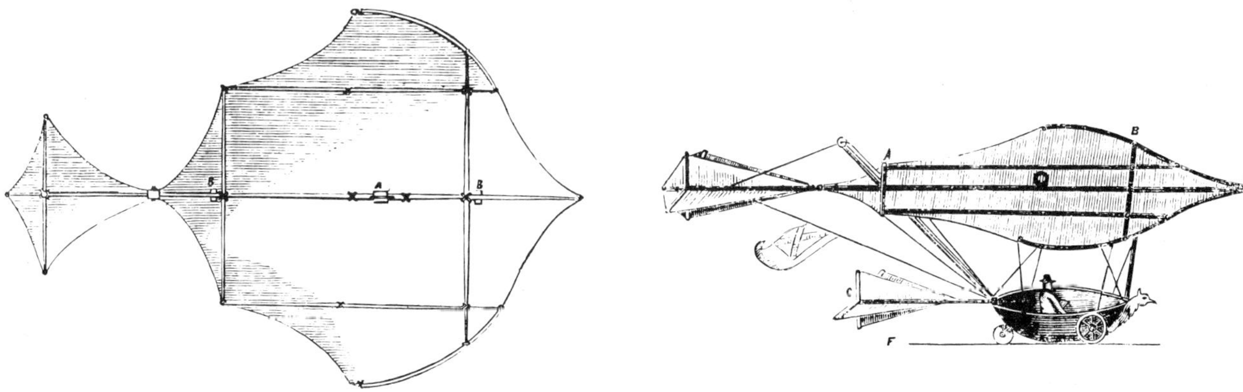

möchte etwas feststellen. Ich bin zum Fahren angestellt, nicht zum Fliegen . . .« Das ist alles, woran ich mich erinnere. Der Apparat wurde hoch oben in der Scheune abgestellt, und ich pflegte mich hineinzusetzen und mich darin (vor der Gouvernante) zu verstecken, wenn es mir gerade einfiel.«[6] Dies war der erste überlieferte Gleitflug eines Menschen in der Geschichte.

Die Verwendung des Drachens als Beförderungsmittel geht auf sehr alte Zeiten zurück. Die Samoaner verwendeten Drachen, um ihre Kanus anzutreiben, und viel später berichtete Benjamin Franklin, wie er einen Drachen benutzte, um sich, während er auf dem Rücken schwamm, über einen Teich treiben zu lassen. Die wahrscheinlich spektakulärste Verwendung des Drachens als Transportmittel entwikkelte der englische Lehrer George Pocock, dessen berühmter »charvolant« 1826 patentiert wurde. Gezogen von zwei hintereinander angebrachten englischen Bogenspitzendrachen, war Pococks leichtgewichtiges Gefährt in der Lage, vier oder fünf Personen mit einer Geschwindigkeit von bis zu zweiunddreißig Stundenkilometern zu befördern. Für eine beträchtliche Lenkbarkeit sorgten vier Leinen, die sowohl den seitlichen wie den Längswinkel zum Wind einstellen konnten und dem Drachen gestatteten, »nach der Windrichtung rechts oder links« zu fliegen. Pocock berichtet über viele amüsante Abenteuer mit seinem »char-volant«, darunter auch, wie er um Straßenzollgebühren herum kam, da die Zolleinnehmer zwar besondere Gebühren für Wagen mit Pferde-, Maultier-. Esel- und Ochsenantrieb hatten, für drachengezogene Fahrzeuge jedoch keine Gebühren vorgesehen waren.

Pocock scheint sich leidenschaftlich mit den Auftriebs- und Antriebseigenschaften des Drachens beschäftigt zu haben, und er berichtet, wie er die beiden in einem verblüffenden Experiment kombinierte, das 1826 stattfand, als »ein großer Wagen mit einer beträchtlichen Ladung vorwärtsgezogen wurde, während diese riesige Maschine

6 C. H. Gibbs-Smith, *Sir George Cayley (1773-1857),* London 1968, S. 21.

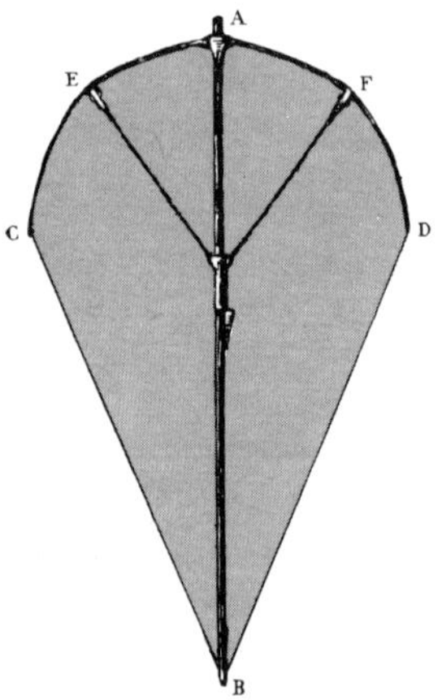


George Pococks Faltdrachen von 1830, der das Regenschirmprinzip verwendet.

1

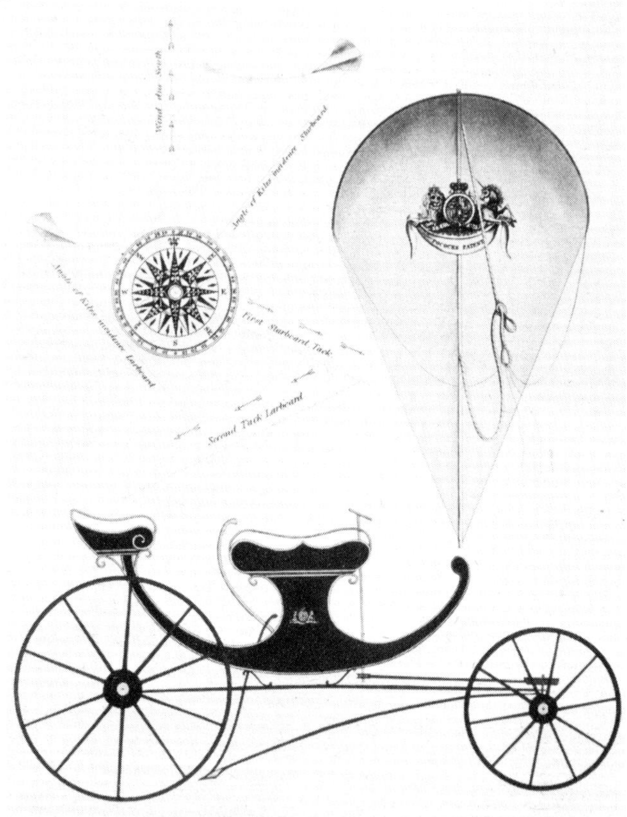

1 Spezifikationszeichnung für Pococks »char-volant«.
2 Eine Illustration, die die Fähigkeit des »char-volant« hervorhebt, bei ein und derselben Windrichtung nach Norden, Osten und Westen zu fahren.
3 Pocock verwendete den Drachenantrieb auch für Boote. Hier ist ein Bootsrennen dargestellt.

zugleich einen Beobachter droben in der Luft trug und so fast das Märchen vom Fliegen verwirklichte«.[7]

Ein wenig früher schon hatte Pocock seine Tochter Martha, die in einem an der Drachenschnur hängenden Sessel saß, bis auf eine Höhe von neunzig Metern steigen lassen. Sein Sohn wurde auf ähnliche Weise von einem Strand aus auf die Spitze einer sechzig Meter hohen Klippe befördert. Nach einer sicheren Landung auf dem Steilufer stieg der Junge wieder in den Sessel, und indem er die entsprechende Haltevorrichtung löste, ließ er sich und den Sessel an der Schnur zum Drachenführer am Strand hinabgleiten.

Einige ziemlich scharfsinnige Experimente mit Drachen veranstaltete in der ersten Hälfte des 19. Jahrhunderts Dr. Colladon in der Schweiz. In einem Versuch, der im Landhaus seiner Eltern bei Genf stattfand, wiederholte er Franklins berühmtes elektrisches Experiment.

7 G. Pocock, *A Treatise of the Aeropleustic Art,* London 1851, S.53 f.

Um sich genügend Auftriebskraft zum Halten seiner »Silberschnüre« zu verschaffen, verwendete er drei Drachen, die er einen über dem anderen befestigte, wobei er offensichtlich die Vorteile des Gespannflugs an einer Leine entdeckte. Colladon kannte sich in seiner Materie gut aus und wandte einige ziemlich ausgeklügelte Vorsichtsmaßnahmen an, um das Risiko bei seinem gefährlichen Experiment auszuschalten, bei dem er auch eine gläserne Rolle verwendete.

Das Experiment verlief ungewöhnlich erfolgreich und brachte in einem Zimmer in Colladons Elternhaus rote, weiße und violette Zickzack-»Donner« von einem Meter Länge zustande. Colladon berichtet, daß er nach seinem siebzigjährigen Vater lief, damit dieser das Schauspiel genieße. Der alte Mann verstand jedoch nichts von Elektrizität, »sah mit anderen Augen als ich« und bat, das Experiment zu beenden.

Im Sommer 1844 sah Colladon mit Interesse dabei zu, wie sein Schwager in Cologny bei Genf einen riesigen Drachen steigen ließ und an der Schnur einen originellen »Brief« mit Blumen oder

2

3

Früchten nach oben schickte. Er wurde von einem Fallschirm an der Schnur hochgetragen, der Schirm löste sich, wenn er auf eine Anhaltevorrichtung an der Schnur stieß, und ging mit seiner Ladung sanft in der Nachbarschaft bei Freunden oder Verwandten nieder. Colladon baute diese Idee weiter aus, indem er eine knapp sechs Kilo schwere Puppe mittels eines riesigen Schirms an der Drachenschnur hochsteigen ließ. Die in einem Korbstuhl sitzende Puppe kam sehr zur Verblüffung der Einheimischen bis in eine Höhe von 200 Metern.

Um diese Zeit experimentierte Colladon auch mit doppelschnürigen lenkbaren Drachen, die imstande waren, sich auf einem etwa 200 Meter langen Bogen über den Himmel zu bewegen. Diese Technik wandte später der Amerikaner J. Woodbridge Davis an, der 1894 einen steuerbaren Drachen entwickelte und dabei von der Idee ausging, im Fall eines Schiffsbruchs eine Rettungsleine vom Schiff zum Ufer zu transportieren.

Da Cologny sehr nahe am Genfer See liegt, experimentierte Colladon anschließend mit einer geistreichen Anordnung, wobei er den steuerbaren Drachen für eine Seeüberquerung einsetzte. Die Enden jeder Flugleine wurden an einem Brett befestigt, das dadurch, daß es hinter dem Drachen durch das Wasser gezogen wurde, für den nötigen Zug oder Widerstand an den Leinen sorgte, der unerläßlich war, um den Drachen in der Luft zu halten. Indem er in der einen Seite des Bretts Löcher anbrachte und damit den Zug auf dieser Seite verringerte, kam Colladon darauf, daß es möglich war, eine direkte Seeüberquerung von Süden nach Norden zu bewerkstelligen, wiewohl um diese Zeit ein nord-nordöstlicher Wind herrschte.

1847 fand ein Wettbewerb innerhalb einer Gruppe New Yorker Kinder mit dem Ziel statt, eine erste feste Verbindung über die Schlucht der Niagarafälle zu schaffen. Einem anonymen Jungen gelang es, die 240 Meter breite Schlucht mit seiner Drachenschnur zu überspannen, und dann zog man eine Reihe schwerer Leinen und schließlich Taue hinüber, wodurch es möglich wurde, die erste Eisenbahn-Hängebrücke zwischen den Vereinigten Staaten und Kanada in Angriff zu nehmen.

1

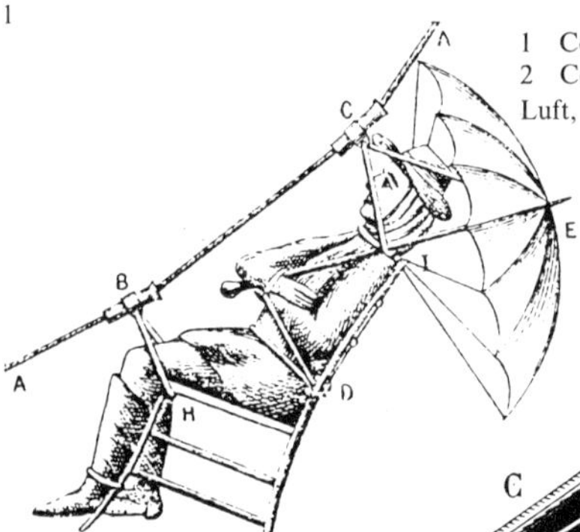

1 Colladons Leichtgewichtpuppe.
2 Colladons Puppe in der Luft, 1844.

2

3

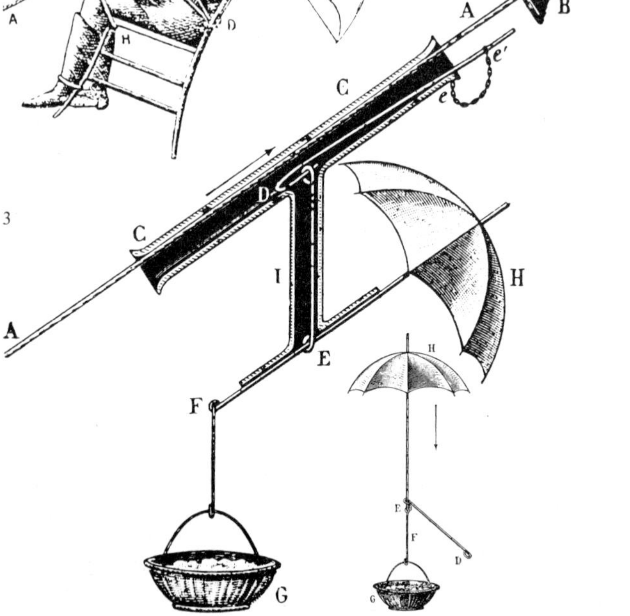

4

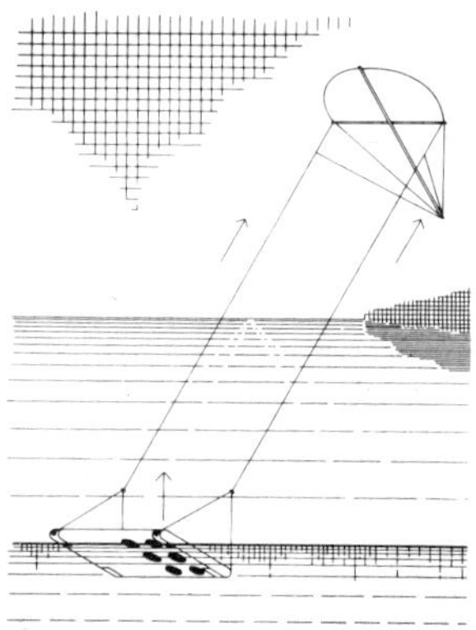

3 Colladons Auslösevorrichtung für einen kombinierten Brief-Fallschirm von 1844. Nach der Lösung der Fracht veranlaßt das nicht mehr getragene Gewicht die Vorrichtung, an der Drachenleine zum Drachenführer zurückzugleiten.
4 Colladons lenkbarer Drachen mit Selbststeuerung, der imstande war, sich automatisch gegen den Wind zu stellen.
5 Pococks Konzept einer Seenotrettungsoperation unter Verwendung menschentragender Drachen.

Ein zweifelhafter Bewerber um die Ehre, als erster im Abendland von einem menschentragenden Drachen in die Luft gehoben worden zu sein, war Jean-Marie Le Bris, ein Seekapitän und Amateurluftfahrer, der 1857 einen Gleiter nach dem Vorbild des Albatros baute und sich dabei auf Studien über den Vogel bezog, die er auf Reisen gemacht hatte. Bei Trefeuntec in Frankreich stieg er im Drachenstil an einer Leine von einem pferdegezogenen Wagen auf. Seine Absicht war, die Leine loszulassen, wenn er genügend Höhe erreicht hatte, und dann sanft zur Erde zu gleiten. Das Pferd brach jedoch aus und verursachte einen etwas komplizierten Unfall in mehreren Phasen. In der einen Phase löste sich die Flugleine vom Wagen, umschlang den Kutscher des Kapitäns und zog ihn ebenfalls in die Luft. Bemerkenswerterweise bestand die einzige Verletzung bei dem anschließenden Absturz in einem gebrochenen Bein Le Bris', der unerschrocken daranging, einen neuen Gleiter zu bauen, den er diesmal klugerweise mit Ballast statt mit einem Piloten erprobte.

Ungefähr zwei Jahre vor den Experimenten Jean-Marie Le Bris' veranstaltete ein Einwohner von Dijon, Dr. Jules Laval, einige interessante und teilweise erfolgreiche Versuche mit lasttragenden Drachen. Unter Verwendung eines zehn mal sechs Meter großen Drachens brachte er einen elfjährigen Jungen namens Lieutet auf eine Höhe von etwa zehn Metern. Der Junge saß in einem Korbstuhl, der am Schwanzende des Drachens hing, und eine fünfköpfige Mannschaft bediente den Flugapparat. Fast hätte der Versuch mit einer Tragödie geendet. Durch die Reibung des Seils brannten die Hände der Helfer so sehr, daß sie nicht anders konnten, als die Flugleine an einen Baumstumpf zu binden. Nun setzte die Reibung das Holz in Brand, so daß das Seil beschädigt wurde und der junge Lieutet, der aus einer Höhe von zehn Metern frei herabschwebte, mit knapper Not unverletzt davonkam.

Der erste erfolgreiche Aufstieg eines Erwachsenen dürfte derjenige E. J. Cordners, eines irischen Priesters, gewesen sein, der 1859 ein

5

System lasttragender Drachen für Bergungsmaßnahmen von Schiffbrüchigen entwarf, baute und erprobte. Obgleich es heißt, die Versuche seien erfolgreich verlaufen, gibt es keinen Beleg dafür, daß Cordners System jemals praktische Anwendung gefunden hätte. Die von Cordner angewandte Technik arbeitete mit einem Gespann sechseckiger Drachen, die von dem gestrandeten Schiff aufstiegen. Man benutzte die Drachen, um ein extrem leichtes, kleines Boot, das ein oder zwei Personen tragen konnte, zu ziehen und es tragfähiger zu machen. Vom Heck dieses Boots führte eine Leine zum Hauptschiff. Wenn die Überlebenden sicher an Land waren, zog die Besatzung des Hauptschiffs einfach das Boot zurück, und das Ganze wiederholte sich.

Gegen Ende des 19. Jahrhunderts wurde eine Anzahl von Rettungsdrachen entwickelt, die sich zumeist den Umstand zunutze machten, daß ein Drachen von eben dem Wind gegen eine Küste getragen werden konnte, der zuerst das Schiff hatte sinken lassen.

In Frankreich entwarf C. Jobert 1887 einen leicht zerlegbaren Rettungsdrachen, der imstande war, von einem wracken Schiff eine Leine an die Küste zu bringen. Dann ließen sich immer schwerere Leinen übers Wasser ziehen, so daß man ein Hosenbojensystem aufbauen konnte. Joberts Drachen bestand aus einem Konus oder einem Schleppsack, der über einer ebenen Fläche angebracht war, und das Ganze entwickelte, wenn man es in einen Dreißig-Grad-Winkel brachte, eine beträchtliche Zugkraft, während es sich nicht mehr als etwa vierzig Meter über die Wasserfläche erhob; dennoch war es imstande, in verschiedenen Höhen zu fliegen, wenn man einfach nur den Flugwinkel veränderte. Der Drachen war selbst in kräftigen Winden recht stabil und bewegte sich rasch, während er im Wasser ein zweites Tau hinter sich herzog, das für die Empfänger leicht erreichbar war. Um den Drachen in der Dunkelheit oder im Nebel orten zu können und um auch Hilfe von den an Land Befindlichen anfordern zu können, entwarf Jobert Signallampen, die

1

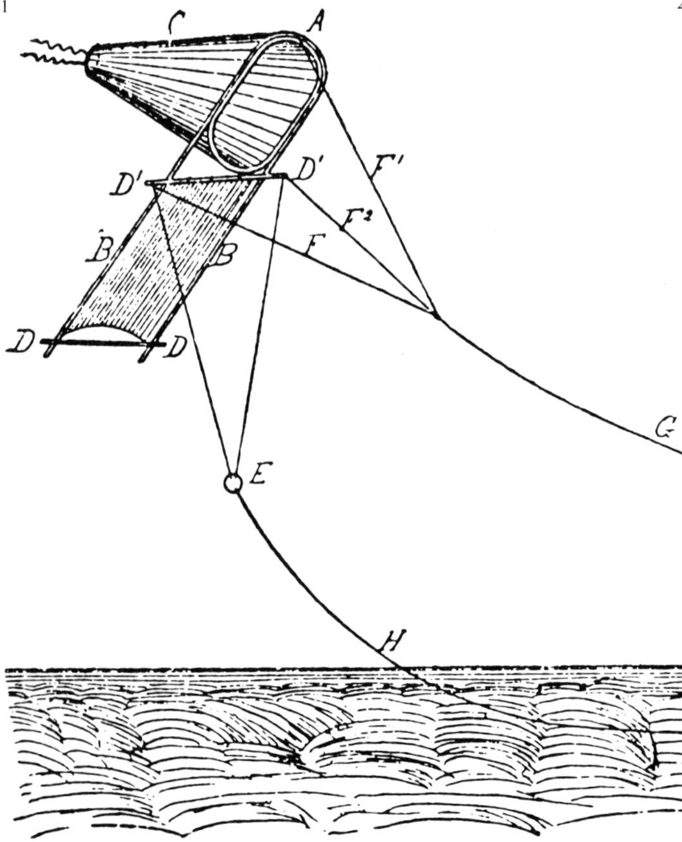


2

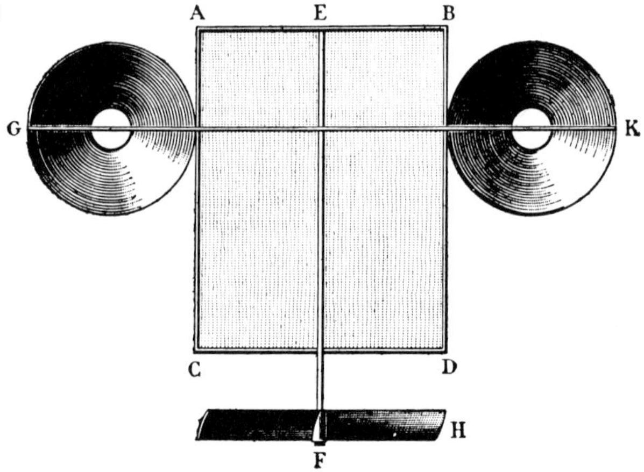

sich an seinen Drachen befestigen ließen, und dazu ein einfaches, aber wirksames Sirenensystem. Über die kleine Öffnung am Ende des Konus verlief eine waagrechte Stange, von der zwei Metallblätter herabhingen. Durch die Vibration im Wind erzeugten diese Blätter einen lauten Heulton, der noch über eine recht weite Strecke hinweg vernehmbar war.

Ein nachdrücklicher Befürworter des Rettungsdrachens, Admiral Sir Arthur Cochrane, unternahm während des Krieges mit Rußland 1855, als er eine Fregatte befehligte, viele Versuche mit drachengezogenen Torpedos. Bei der Verwendung von 3,65 Meter großen Drachen, um simulierte Torpedos, schwere Stämme mit Zündhütchen an der Spitze, ziehen zu lassen, entdeckte er, daß er imstande war, einen »Torpedo« über drei Kilometer hinweg mit beträchtlicher Genauigkeit zu bewegen; allerdings mußte man vor dem »Abschuß« sorgfältige Berechnungen anstellen und die Ablenkung durch Gezeiten und Wind berücksichtigen.

J. Lecornu, der ehemalige Präsident der französischen Drachenvereinigung, und Émile Wenz experimentierten um 1900 gleichfalls mit Rettungsdrachen und bauten Leinenläufer ein, die eine Seilrolle mit einer Boje am unteren Ende tragen konnten. Befand sich der Drachen ungefähr über dem Wrack, wurde die Seilrolle gelöst, so daß die Boje herabfiel und die von der Rolle ablaufende Leine mit sich zog. Durch die Bergung der Boje war die Besatzung in der Lage, den Drachen einzuholen und das Drachenseil selber als Verbindung mit ihren Rettern zu verwenden.

Die Benutzung des Drachens als Zubehör der meteorologischen Forschung wurde erstmals ausführlich 1833 von dem britischen Meteorologen E. D. Archibald erprobt. Es gelang ihm, Anemometer an Drachen aufsteigen zu lassen und damit die Windgeschwindigkeit in verschiedenen Höhen zu messen. Nicht nur, daß er die Verwendung des Drachens als meteorologisches Gerät wieder in Gebrauch brachte, es gelang Archibald auch ein Haupttreffer, als er 1887 die ersten Luftaufnahmen von einem Drachen aus machte.

3

4

5

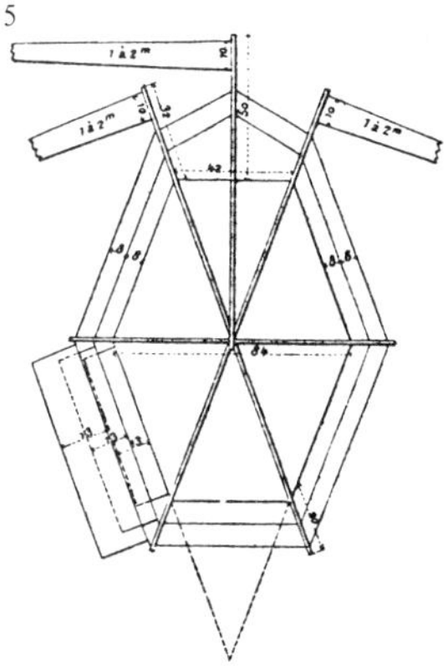

1 Joberts Rettungsdrachen, 1886.
2 Biots Zwei-Konus-Rettungsdrachen besaß am Hinterende einen Propeller, der für einen zur Windstärke direkt proportionalen Stabilisierungswiderstand sorgte, 1888.
3 Das von Dr. David Thayer projektierte Segelsystem (spätes 19. Jahrhundert).
4 Le Bris in seinem zweiten, 1868 gebauten Gleiter.
5 Ein sehr dekorativer amerikanischer Drachen mit Wimpeln und Summern, 1850—60.

Auch die Mitglieder der ersten regelrechten Drachenflugvereinigung veranstalteten in den dreißiger Jahren des 19. Jahrhunderts gezielte meteorologische Experimente; es handelte sich um den »Franklin Kite Club«, eine amerikanische Vereinigung, die sich, wie schon ihr Name sagt, hauptsächlich bildete, um mit elektrischen Drachen zu experimentieren.

1847 demonstrierte W. R. Birt am Kew-Observatorium sein System, meteorologische Instrumente mittels eines festgebundenen sechseckigen Drachens in die Luft zu befördern. Ein großer sechseckiger Drachen mit Standardschwanz und -waage wurde durch zwei Leinen stabilisiert, die zur Flugleine hinzukamen und die beiden Enden der horizontalen Strebe sicherten. Diese beiden Leinen wurden zusammen mit der Flugleine am Boden an den Ecken eines großen gleichseitigen Dreiecks festgemacht, wobei der Pflock, der die eigentliche Drachenleine hielt, offensichtlich die gegen den Wind gerichtete Dreiecksspitze einnahm. Nachdem man dergestalt eine stabile Tragfläche in der Luft errichtet hatte, sollte man nach Birts Meinung nach Belieben Maßinstrumente zum Drachen hochschicken oder herabholen können.

In Frankreich wandte Maillot 1886 die gleiche Stabilisierungstechnik für seine lasttragenden Drachen an; allerdings arbeitete seine Konstruktion auch noch mit einem veränderlichen Anstellwinkel, den der auf einem am Drachen hängenden Brett wie auf einer Schaukel sitzende »Pilot« regulieren konnte. Das war zumindest die Theorie, in Wirklichkeit freilich geschah die Einstellung immer vom Boden aus. Trotz des Umstands, daß seine Drachen gleichbleibend stabil waren, stieg Maillot niemals selber mit ihnen auf und ließ auch sonst niemanden damit fliegen.

Als er 1870 als Gefangener in Österreich war, hatte Maillot einige vergebliche Versuche beobachtet, einen militärischen Beobachter in einem Ballon aufsteigen zu lassen. Wegen des starken Winds wurde der Ballon ständig zur Erde gedrückt. Maillot erkannte, daß bei der Verwendung eines geeigneten Drachens dieser um so höher steigen würde, je kräftiger der Wind wäre.

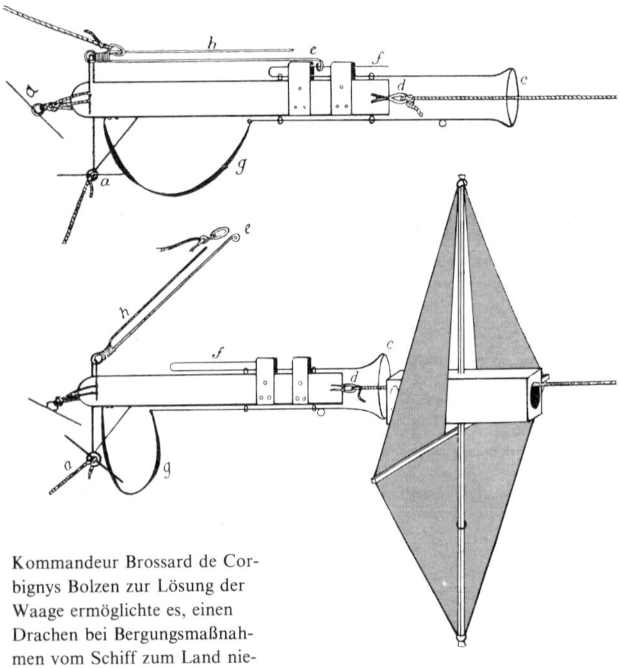


Kommandeur Brossard de Corbignys Bolzen zur Lösung der Waage ermöglichte es, einen Drachen bei Bergungsmaßnahmen vom Schiff zum Land niedergehen zu lassen. Die Flugleine wurde bei d befestigt, die vordere Leine der Waage um den Haken h geschlungen. Befand sich der Drachen an der richtigen Stelle über Land, wurde ein Läufer mit einem großen

Segel an der Flugleine hochgeschickt. Traf er auf den vorstehenden Fühler c, wurde der Bolzen f gelöst, die vordere Waagenleine fiel ab, und der Drachen sank herab.

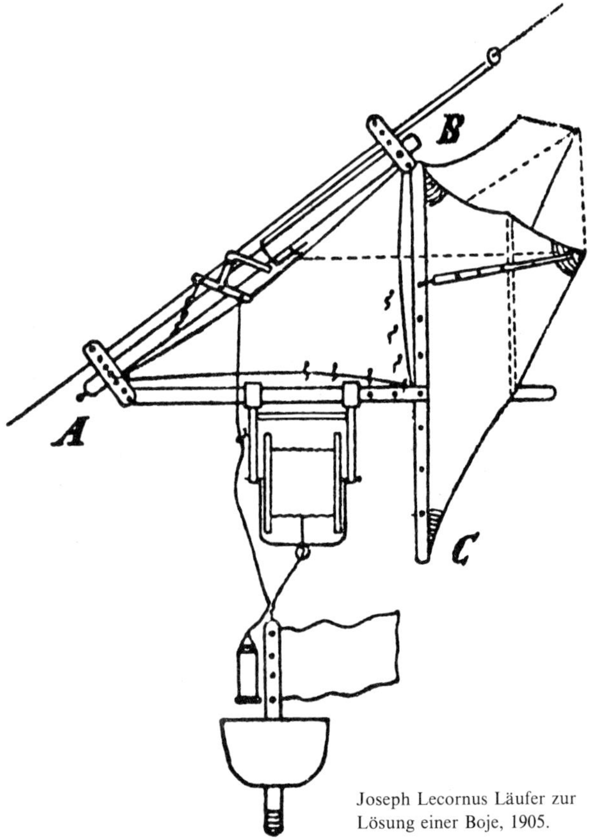


Joseph Lecornus Läufer zur Lösung einer Boje, 1905.

Am 3. Mai 1886 machte er sich daran, sein berühmtes Tragkraftexperiment auszuführen, indem er ungefähr 65 Kilogramm an einem Drachen in die Luft beförderte. Am 16. desselben Monats wiederholte er den Versuch in Anwesenheit von Angehörigen der Französischen Gesellschaft für Luftnavigation und verwandte dazu einen weit kräftigeren und größeren Drachen. Bei dieser Gelegenheit hob er einen 68 Kilogramm schweren Sandsack in eine Höhe von 10 Metern. Es sieht so aus, als sei Maillot während dieser Experimente von einem Mitglied der Gesellschaft davon abgebracht worden, sich selber von dem Drachen tragen zu lassen, weil weitere Entwicklungen nötig seien, ehe man Menschenleben riskierte. Um diese Entwicklungen zu fördern, stiftete ihm die Gesellschaft 100 Francs. Er ging daran, größere Drachen zu bauen, und erreichte schließlich, daß 270 Kilo gehoben wurden, ehe er diese Tragkraftexperimente einstellte und statt dessen ein Blitzableitersystem für Drachen entwickelte. Dies führte zu weiteren meteorologischen Anwendungen, und gegen Ende der neunziger Jahre arbeitete Maillot mit dem Observatorium von Trappes zusammen, ehe er für einige Jahre seine aeronautischen Experimente aufgab,

Nach einem hervorragenden Erfolg im Wettbewerb der Französischen Gesellschaft für Luftnavigation von 1905 machte er sich mit neuem Enthusiasmus daran, ein System der Menschenbeförderung zu erarbeiten. Jetzt ging er von seinem früheren achteckigen Drachen ab und beschäftigte sich mit einem Gespann von Verbunddrachen, nicht unähnlich dem Conyne-Drachen, für den 1902 der Amerikaner Silas J. Conyne ein Patent erhalten hatte. Eine Abart eben dieses Drachens übernahm schließlich die französische Armee, und infolgedessen wurde er besser bekannt unter der Bezeichnung »französischer Militär-Kastendrachen«. Maillots Experimente beschränkten sich abermals auf das Heben von Ballast, und er soll mit dem Bedauern gestorben sein, niemals selber in die Lüfte aufgestiegen zu sein.

Während der ganzen neunziger Jahre des 19. Jahrhunderts fanden auf beiden Seiten des Atlantik Experimente mit fotografischen Luftaufnahmen statt. Trotz Archibalds Erfolg im Jahr 1887 wurden im

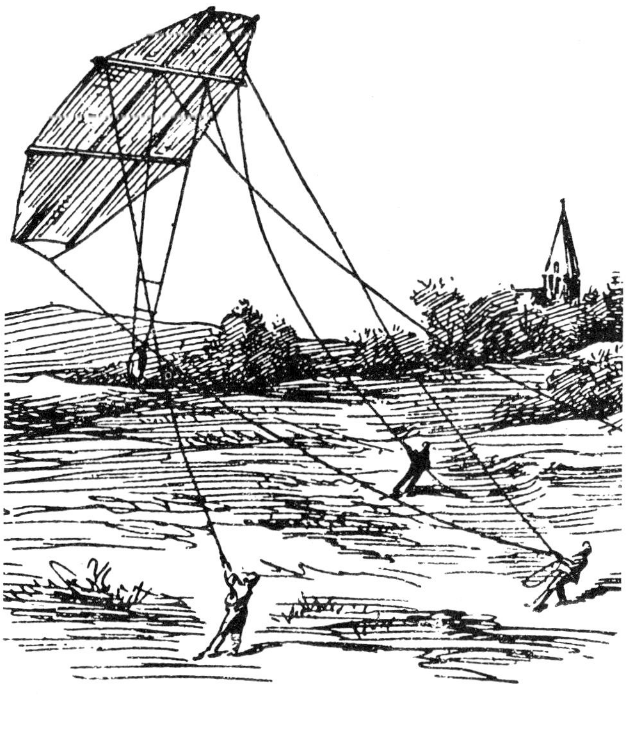

Maillots menschentragender Drachen.

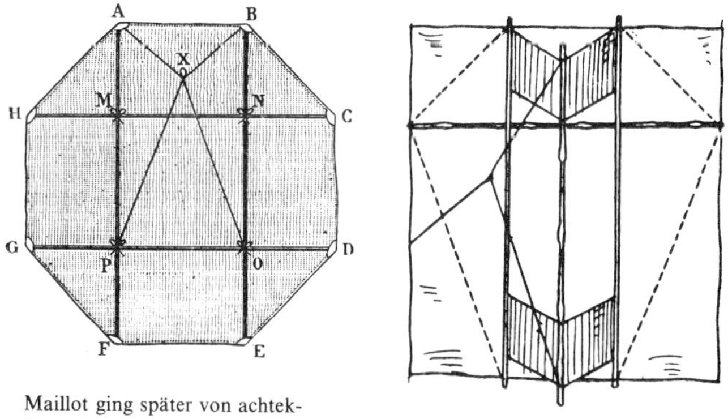


Maillot ging später von achteckigen Drachen zu einer unbeschnittenen Version von Silas J. Conynes Drachen über.

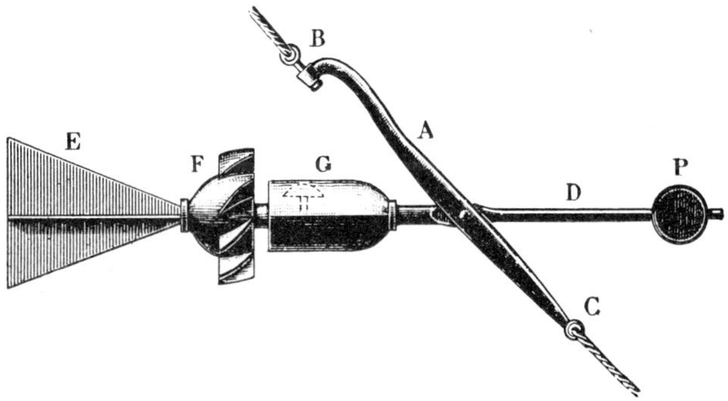


Goupils Drachen-Anemometer, 1886.

folgenden Jahrzehnt immer wieder andere Prioritätsansprüche erhoben. Gilbert Totten Woglom stellte in seinem bemerkenswerten Werk *Parakites* die Behauptung auf, er habe die ersten in Amerika entstandenen Luftaufnahmen gemacht.

»Bei der ersten Auffahrt der Kamera am 21. September 1895 um drei Uhr fünfunddreißig Minuten wurden ... die ersten Luftfotografien auf Glasplatten auf dem westlichen Kontinent festgehalten; der Verfasser ist bereit, sich zu korrigieren, falls er zu unrecht behauptet, gemeinschaftlich mit Mr Henshaw diese größten von einem Drachen aus aufgenommenen fotografischen Ansichten der Welt aufgenommen zu haben.«[8]

»Parakite« war Wogloms Bezeichnung für seinen schwanzlosen Drachen, der im Grunde ein gebogener malayischer war und ähnlich, möglicherweise sogar genauso aussah wie der Bogendrachen, den Eddy in den neunziger Jahren entwickelte. Recht wahrscheinlich dürften jedoch Woglom und Eddy ganz unabhängig voneinander die Qualitäten des javanischen Bogendrachens wiederentdeckt haben.

8 G. T. Woglom, *Parakites,* New York 1896, S. 43.

Menschentragende Conyne-Drachen, 1910.

Wardwells zusammenklappbarer Malayen-Drachen, 1909.

William A. Eddy war ein Journalist aus Bayonne, New Jersey. Er trug Erhebliches zur Entwicklung der westlichen Drachen bei und veranstaltete umfangreiche Experimente mit dem Hochschicken fotografischer und meteorologischer Nutzlasten. Dafür benötigte er einen guten, stetigen Auftrieb in große Höhen, und er wandte sich der Technik des Gespannflugs zu, die die erforderliche Stabilität und Effizienz garantierte. Für seine ersten Versuche mit dem Gespannflug verwendete er sechseckige Drachen, wobei gelegentlich nicht weniger als achtzehn Drachen an einer Leine schwebten. Ihre Schwänze erwiesen sich jedoch in dieser Anwendung als unhandlich und ineffizient, und um dieser Nachteile Herr zu werden, stellte sich Eddy die Aufgabe, einen leistungsfähigen, stabilen Drachen zu entwickeln, der ohne Schwanz fliegen konnte: Daraus entstand sein berühmter Bogendrachen. Eddy wußte von der Existenz des schwanzlosen javanischen Drachens, konnte aber keine Informationen darüber erhalten. Infolgedessen »erfand« er seine eigene Spielart. Auf der Kolumbianischen Ausstellung von 1893 bekam er schließlich doch einen original javanischen Drachen zu sehen und konnte seine eigenen Entdeckungen bestätigt finden. Er nahm noch einige Modifikationen vor und gelangte so zu seiner eigenen Version, die 1900 patentiert wurde.

Eddy fand, daß der Drachen, wenn man die Querstrebe bog, so daß sich ein Winkel aus zwei Ebenen bildete, und wenn man eine lockerere Bespannung verwendete als die übliche, etwas vom Wesen eines Schiffs im Wasser annahm: Dank einem durch die Längsrippe gebildeten Kiel bekam er eine gute Längsstabilität, und die gute Seitenstabilität kam durch die klassischen Ausgleichseigenschaften der im Winkel angeordneten Flügel zustande. Außerdem blähte sich, wenn man den Drachen dem Wind aussetzte, die lockere Bespannung über der Grundfläche nach oben und wirkte in gewissem Grad als Tragfläche, die für zusätzlichen Auftrieb sorgte.

Eddys Bogendrachen wurden 1894/95 am Blue-Hill-Observatorium in Massachusetts und vom US-Wetteramt verwendet, bald aber durch die Einführung von Lawrence Hargraves Kastendrachen verdrängt, dessen Stabilität und große Auftriebskraft ihm bis in die Mitte der

William A. Eddy.

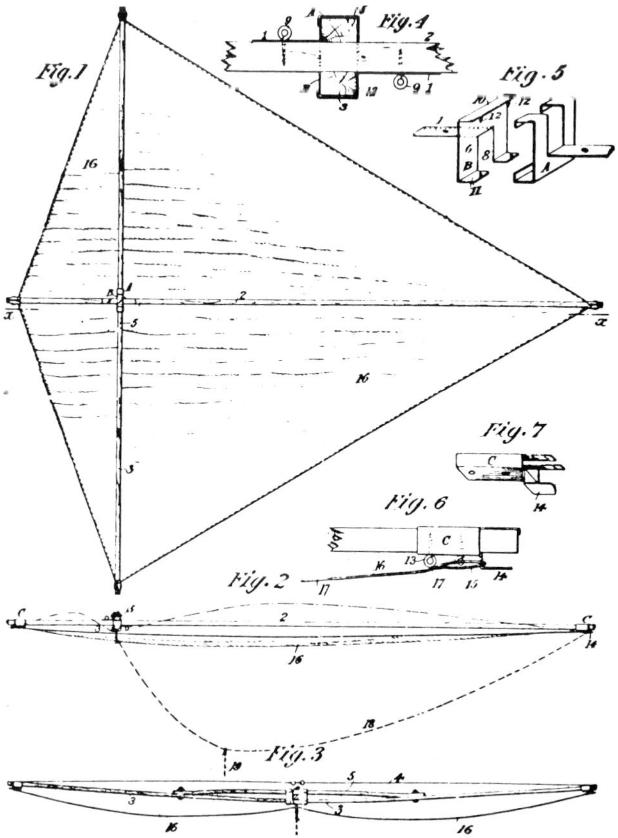


Patentzeichnungen für Eddys Drachen, 1900.

zwanziger Jahre unseres Jahrhunderts seinen ständigen Platz in der meteorologischen Beobachtung sicherten.

Wie auch im Fall Cayleys, waren Hargraves Experimente mit der Drachenform ein Nebenprodukt seiner Bemühungen um den Flug mit Motorkraft. Am 29. Januar 1850 im englischen Greenwich geboren, wanderte Hargrave 1866 nach Neusüdwales aus. Er war ein gewissenhafter und bemerkenswerter Mensch und weigerte sich, eine seiner Erfindungen patentieren zu lassen, weil es ihm lieber war, daß sie Gemeinbesitz wurden und jeder, der Verwendung für sie hatte, auch seinen Vorteil aus ihnen ziehen konnte. Seinen Kastendrachen erfand er 1893. Um seine Experimente mit dem Motorflug voranzutreiben, baute Hargrave in diesem Jahr eine große Vielfalt von Modellflugzeugen und -drachen, woraus verschiedene Entwürfe flacher, winkelflächiger und kastenförmiger Drachen hervorgingen. Außerdem machte er ausführliche Notizen über seine sämtlichen Versuche, darunter auch über seinen einzigen Drachenflug unter einem Gespann von Kastendrachen bis zu einer Höhe von fünf Metern. Ein weiterer Beitrag zur Aerodynamik ging aus Hargraves Experimenten zur Entwicklung der gewölbten Tragfläche hervor, nämlich der gekrümmte Flügelschnitt für stärkeren Auftrieb. Zwar hatte Cayley die Vorteile einer gewölbten Tragfläche geahnt, doch es war Horatio F. Phillips, der um 1880 die Prinzipien einer doppelflächigen Tragfläche entdeckte und entwickelte, die einen geringeren Druck über dem Flügel als unter ihm entstehen lassen kann. Hargrave beeilte sich, mit Phillips Entdeckungen zu experimentieren, und verbesserte erheblich die Leistungsfähigkeit seines Kastendrachens oder »Zellendrachens«, wie er ihn lieber nannte. Im folgenden Jahr gab Hargrave nach wiederholten Fehlschlägen bei seinen Versuchen mit dem Motorflug das hauptberufliche Experimentieren auf.

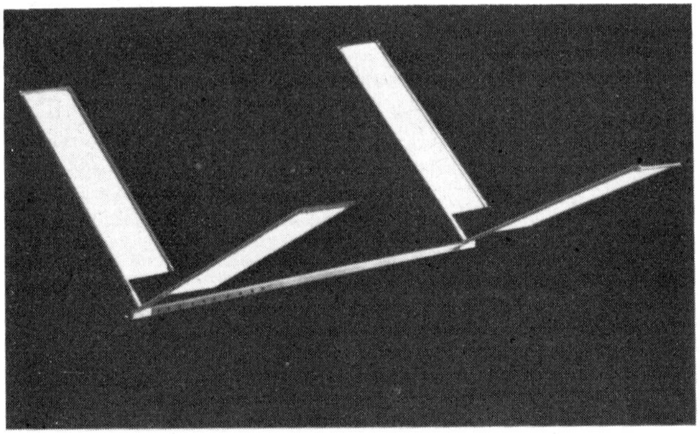

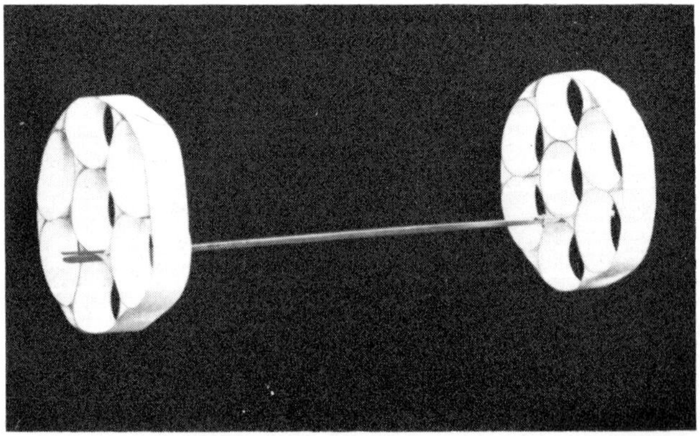

Lawrence Hargrave (gegenüber) war Anfang der Vierzig, als er umfangreiche Experimente mit winkelflächigen wie auch mit Zellen-Bauformen unternahm. Die Materialien reichten von Zinnblech bis zu Mammutbaumfurnieren, 1893.
*Royal Aeronautical Society.*

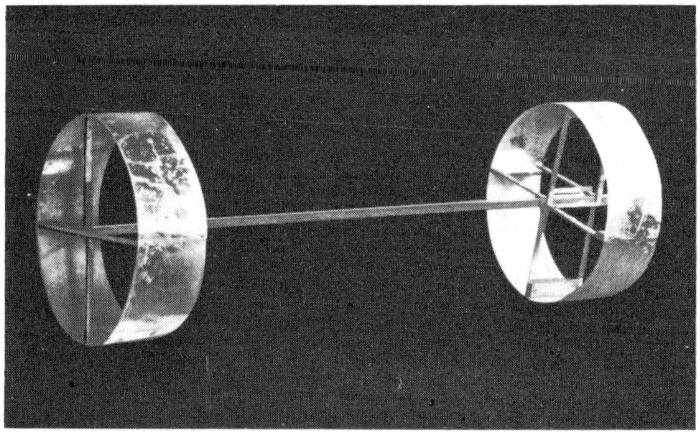

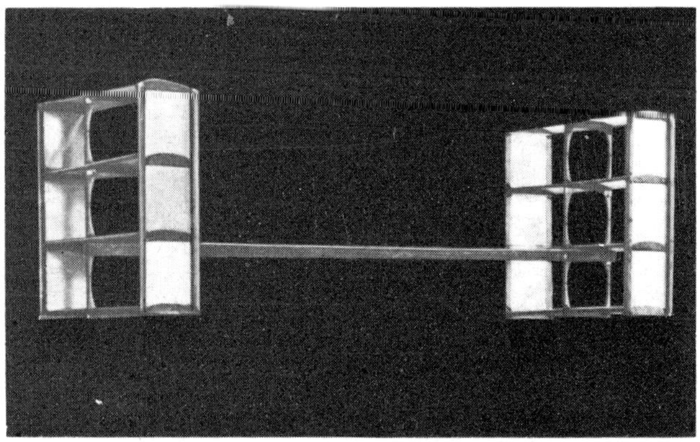

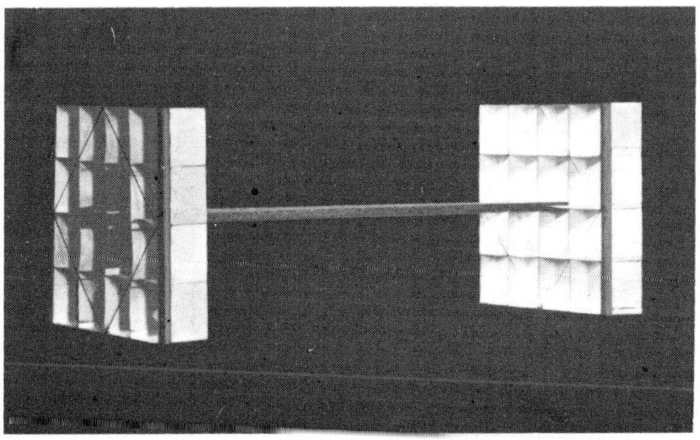

1

2

3

4

1,2 Hargrave bei Experimenten mit wechselnden Zellenformen in Neusüdwales.

3 Unterstützt von James Swann, erprobt Hargrave eine leichtgewichtige Alternative zu der unter einem gut beschwerten Kastendrachen hängenden Gondel.

4 Hargrave mit einem Modell seines Kastendrachenflugzeugs unter Verwendung seines einzelligen Tragflügeldrachens.

5 Eine typische Seite aus Hargraves Notizbüchern.

6 Einzelliger Tragflügeldrachen Lawrence Hargraves.

7,8 Zwei der zahlreichen, von Hargrave 1898 angefertigten Tragflügeldrachen.

*Royal Aeronautical Society.*

5

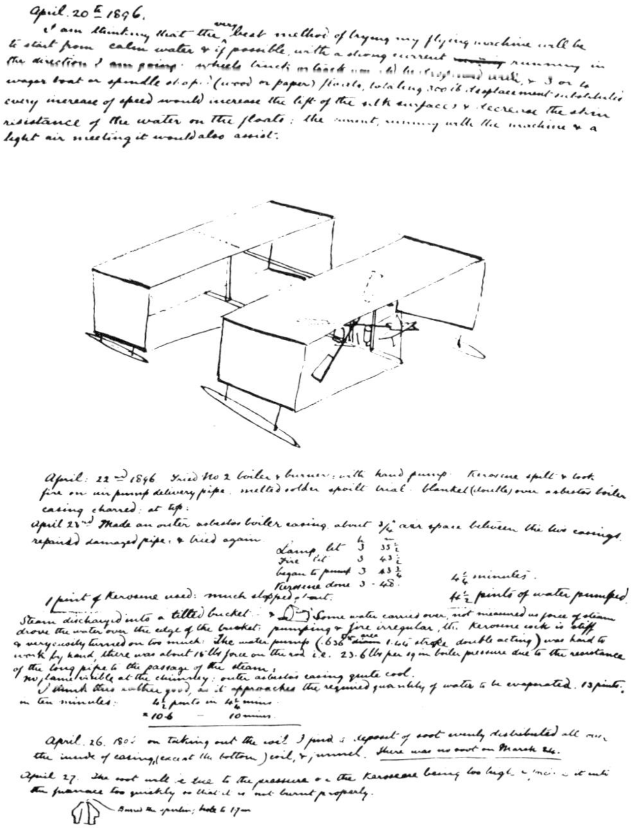

April. 20th 1896.

I am thinking that the very best method of trying my flying machine will be to start from calm water & if possible, with a strong current [illegible] running in the direction I am going: wheels [illegible] [illegible] [illegible] [illegible] & 3 or 4 wager boat or spindle shaped (wood or paper) floats, totaling 300 lb displacement [illegible] every increase of speed would increase the lift of the silk surfaces & decrease the skin resistance of the water on the floats: the current running with the machine & a light air meeting it would also assist.

April: 22nd 1896 Tried No 2 boiler & burner: with hand pump. Kerosene spilt & took fire on air pump delivery pipe. melted solder spoilt trial. blanket (double) over asbestos boiler casing charred: at top:

April 23rd Made an outer asbestos boiler casing about 3/4" air space between the two casings. repaired damaged pipe. & tried again

| | h | m |
|---|---|---|
| Lamp lit | 3 | 35½ |
| Fire lit | 3 | 43½ |
| began to pump | 3 | 43¾ |
| Kerosene done | 3 | 48 |

4¼ minutes.

1 pint of Kerosene used: much slopped out.

4½ pints of water pumped

Steam discharged into a tilted bucket [illegible] Some water carried over, not measured as force of steam drove the water over the edge of the bucket: pumping & fire irregular, the Kerosene cock is stiff & very easily turned on too much: The water pump (.636 sq in area 1.44 stroke double acting) was hard to work by hand, there was about 15 lbs force on the rod i.e. 23.6 lbs per sq in boiler pressure due to the resistance of the long pipe to the passage of the steam; no flame visible at the chimney: outer asbestos casing quite cool.

I think this rather good, as it approaches the required quantity of water to be evaporated. 13 pints in ten minutes: 4½ pints in 4¼ mins = 10.6 — 10 mins.

April. 26. 1896 on taking out the coil I found a deposit of soot evenly distributed all over the inside of casing (except the bottom) coil, & funnel. There was no soot on March 24.

April 27. The soot will be due to the pressure on the Kerosene being too high [illegible] it into the furnace too quickly so that it is not burnt properly.

[illegible]

6

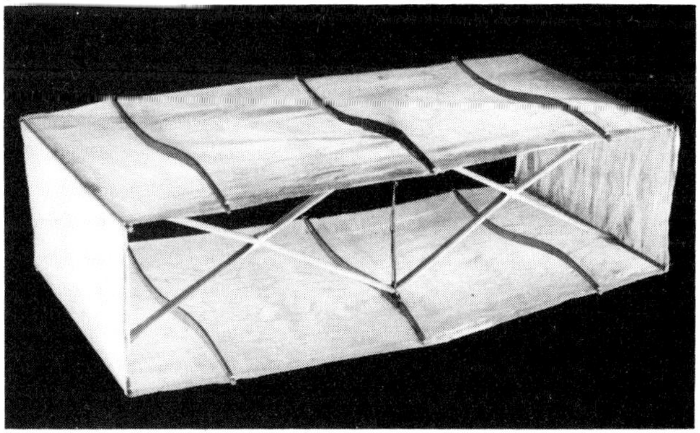

7

8

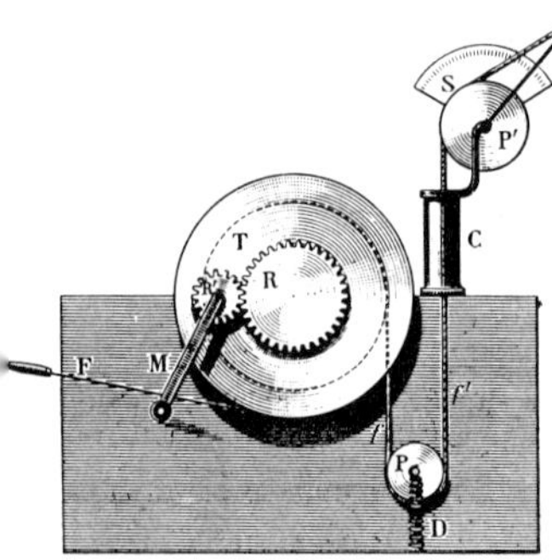


Dampfgetriebene Winde, im Blue-Hill-Observatorium in Verbindung mit dem Blue-Hill-Kastendrachen verwendet.

Eine Abwandlung von Hargraves Kastendrachen, der meteorologische Drachen von Blue Hill, 1896.

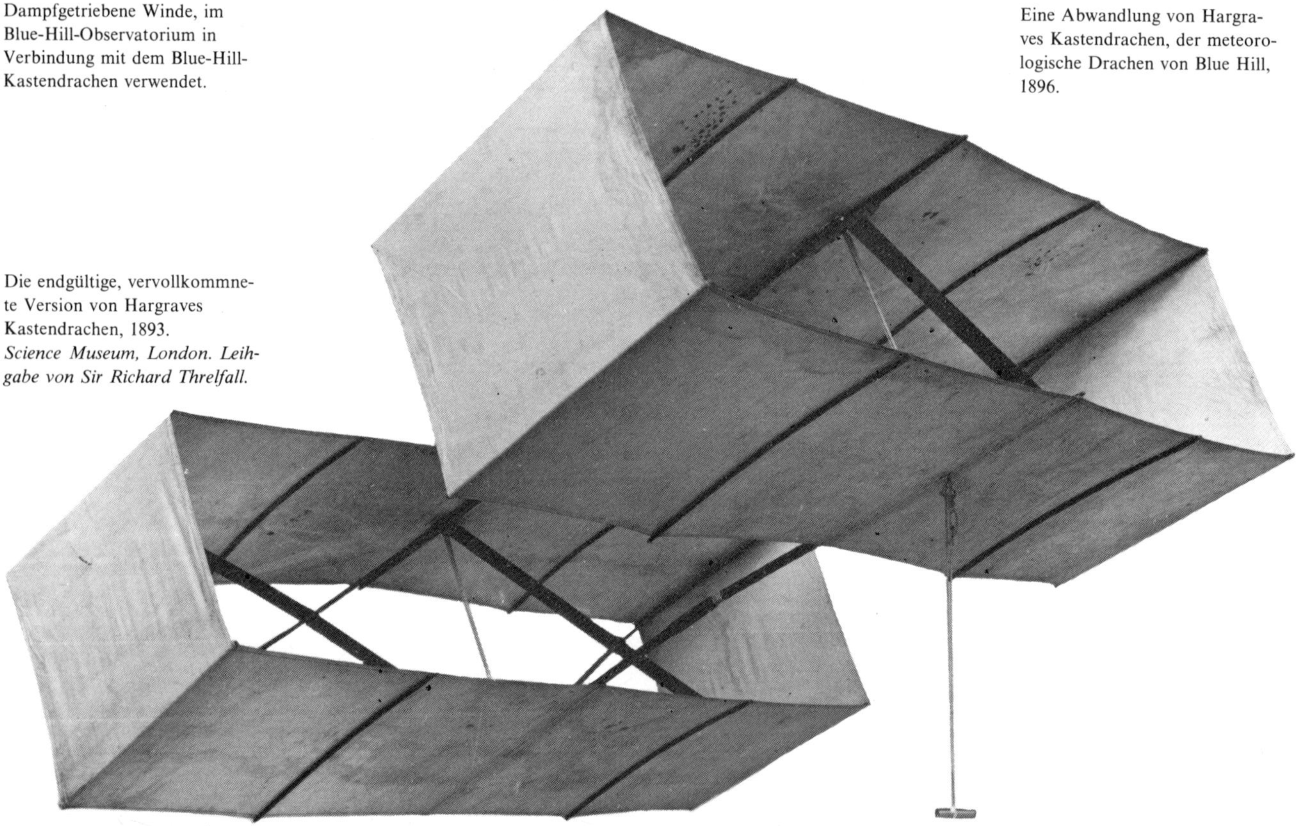

Die endgültige, vervollkommnete Version von Hargraves Kastendrachen, 1893.
*Science Museum, London. Leihgabe von Sir Richard Threlfall.*

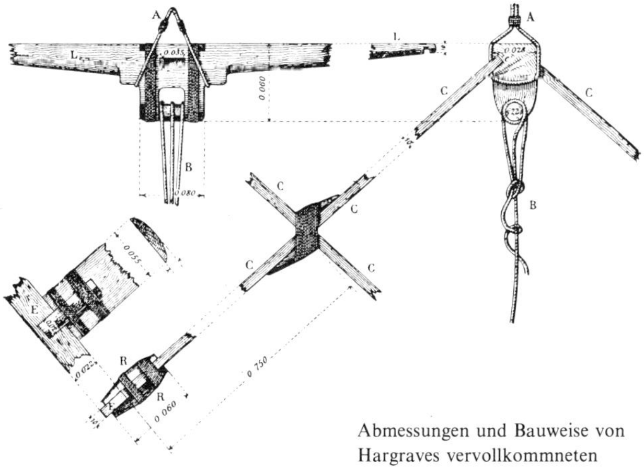


Abmessungen und Bauweise von Hargraves vervollkommneten Kastendrachen.

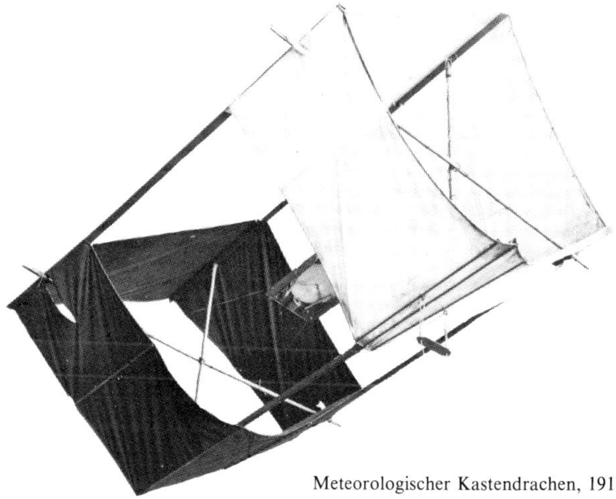

Meteorologischer Kastendrachen, 1915.

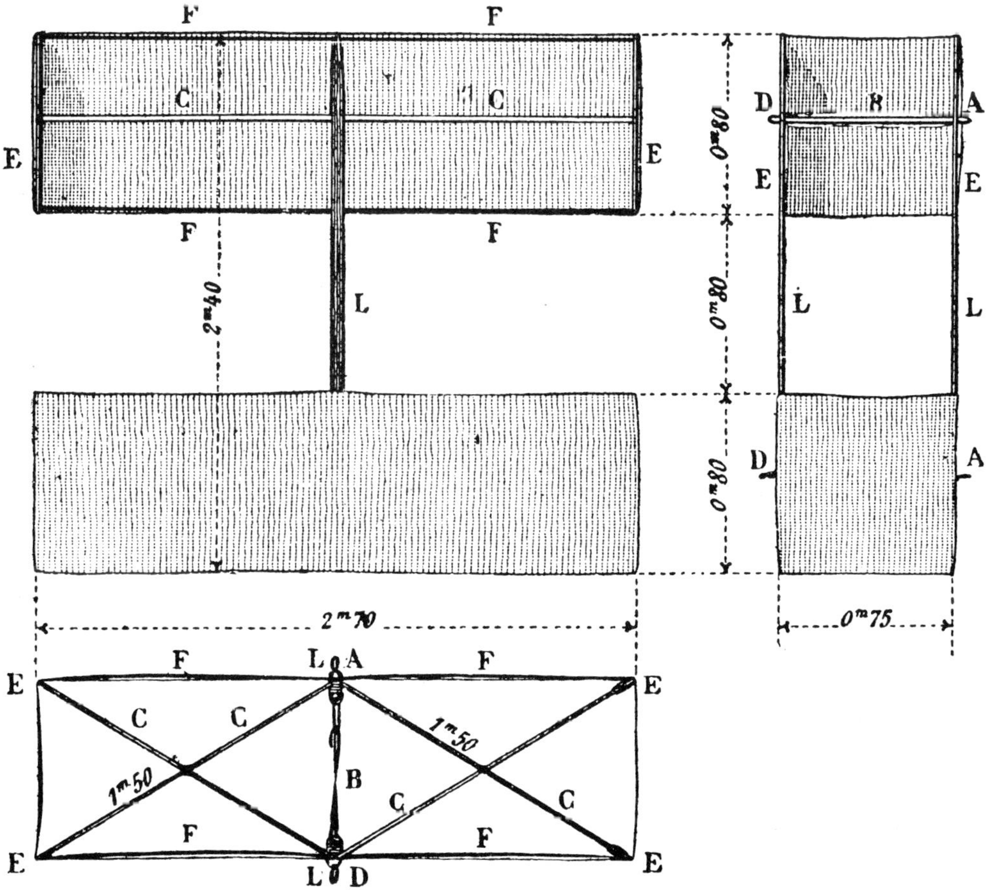

Ein bedeutsamer Pionier der Menschenbeförderungstechniken war B. F. S. Baden-Powell von den Scots Guards. Er war ein bekannter Ballonfachmann und der Bruder des Gründers der Pfadfinderbewegung. Mit seinen Drachen errang er erstmals Anerkennung, als er am 27. Januar 1894 im englischen Pirbright Camp einen Menschen mit einem einzigen Drachen in die Luft hob, wobei er die Idee verfolgte, der Armee ein Mittel der Luftbeobachtung zu verschaffen.

Zu einer Zeit tätig, als man erst über die allereinfachsten aerodynamischen Kenntnisse verfügte, legte Baden-Powell großes Gewicht auf flächige sechseckige Drachen und weigerte sich dabei offensichtlich anzuerkennen, daß der Hargrave-Drachen jeden theoretischen Vorteil für sich hatte. Seinen ersten Erfolg erzielte er mit einem elf Meter hohen Riesendrachen aus Bambus und einer Batistbespannung. Er war dem traditionsreichen japanischen Rokkaku nicht unähnlich, wiewohl seine Streben biegsam genug waren, um eine Winkelstellung der Flächen zu gestatten, wenn sie einem geeigneten Wind ausgesetzt waren, wodurch der Drachen ohne Hilfe eines Schwanzes eine ziemlich gute Stabilität erhielt. Mit diesem Drachen, der um der höheren Stabilität willen an einer Doppelleine hing, hob er Menschen bis zu drei Metern hoch, da man größere Höhen für zu gefährlich bei einer derart primitiven Ausrüstung hielt. Baden-Powells Zutrauen zu seinem Apparat läßt sich in gewissem Grad daran ablesen, daß er seine Drachenaufstiege prinzipiell mit einem offenen Fallschirm über dem Kopf vornahm. Folgerichtig entwickelte er ein System des Gespannflugs, wobei er kleinere Drachen mit einer Fläche von etwa zehn Quadratmetern und je nach den Windverhältnissen zwischen vier und sieben Drachen gleichzeitig verwendete. Dieses System erwies sich als weit zuverlässiger, und Baden-Powell ließ die Konstruktion, die er »Levitor« nannte, 1895 patentieren. Im selben Jahr führte er das System der British Association vor und ließ sich und andere bis in Höhen von etwa dreißig Metern emportragen. Abermals benutzte er wegen der prinzipiellen Instabilität des Drachens ein zweileiniges

1

2

1 Versuche der Menschenbeförderung mit einem Gespann von Baden-Powells Levitoren.
2 Einer der ersten Aufstiege mit einem einzelnen Levitor-Drachen, 1894.
*Royal Aeronautical Society.*
3 Baden-Powells elf Meter großer menschentragender Riesendrachen, 1894.
4 Marconis Assistenten lassen im Dezember 1901 eine Drachenantenne für transatlantische Funkempfangsversuche bei St. John's in Neufundland aufsteigen. Marconi steht ganz links.
*G.E.C. Marconi Electronics Ltd.*

Waagensystem, bei dem die beiden Leinen an voneinander getrennten Punkten auf dem Boden festgemacht wurden, damit sie den Drachen sicher im Wind hielten.

Am 12. Dezember 1901 unternahm Guglielmo Marconi seine ersten drahtlosen Übertragungsversuche von Poldhu in Cornwall nach St. John's in Neufundland. Die Empfangsantenne war mittels des Baden-Powell-Levitor-Drachens auf eine Höhe von etwa 122 Metern gebracht worden. Es wehte ein kräftiger Wind, und der erste Versuch, die Antenne aufzurichten, führte zum Verlust eines Drachens. Auch wenn der zweite Drachen dem Wind besser standhielt, bewirkte seine prinzipielle Instabilität doch eine so heftige Bewegung der Antenne, daß Marconi gezwungen war, an seiner Empfangsvorrichtung einige Kompromisse vorzunehmen, um einen Ausgleich für das schlechte Verhalten des Drachens zu schaffen.

5 Marconis Assistent G. S. Kemp (in späteren Jahren) mit einem der Levitor-Drachen, die bei Marconis frühen Experimenten zum Hochschicken von Antennen verwendet wurden.
*G.E.C. Marconi Electronics Ltd.*

3

4

5

Mit Hilfe eines Doppelgespanns von Hargraves Kastendrachen gelang es Lieutenant Hugh Wise von der U.S. Army 1897, sich in die Luft zu erheben. Wise hatte vorbereitende Proben mit einer etwa 68 Kilogramm schweren Puppe unternommen. Sie wurde von einem einfachen Gespann aus drei Kastendrachen getragen. An der Stelle, wo die beiden oberen Drachen mit der Hauptleine verbunden waren, befand sich eine Rolle. Über sie lief eine Leine, die einen Bootsmannsstuhl trug, und als eine ausreichende Höhe erreicht war, wurde die Puppe auf den Stuhl hochgezogen. Dann wurde die Hauptleine auf ein Stück freigegeben, ehe ein Regenschauer die ganze Vorrichtung durcheinanderbrachte und »Jimmy« — Wises Name für seine Puppe — und sämtliche drei Drachen etwas unfeierlich im New Yorker Hafen niedergehen ließ. Wise lernte aus dem Zwischenfall und entwickelte eine andere Flugordnung für die Drachen. Er verwendete jetzt ein doppeltes Gespann, und jedes einzelne bestand aus einem Leitdrachen und einem daran befestigten weit größeren Auftriebsdrachen. Die beiden Flugleinen wurden dann an der Stelle der Rolle miteinander verbunden, und an dieser Vorrichtung stieg Wise planmäßig zu einer Höhe von zwölf Metern auf und schließlich fünf Minuten später wieder ab — mit beträchtlich mehr Erfolg als »Jimmy« zwei Tage zuvor.

Bis zu diesem Zeitpunkt hatten sich alle bezeugten Versuche, Menschen in die Luft zu heben, so vollzogen, daß der Luftschiffer an einer Stelle erheblich unter dem Drachen selber an der Drachenleine hing. Einem Amerikaner, Charles J. Lamson, vielleicht dem hervorragendsten Drachenbauer aller Zeiten, gelang es als erstem, tatsächlich in einem Drachen selber zu fliegen. Im August 1896 begann Lamson mit einer Reihe von Experimenten, bei denen er versuchte, einen Beobachter mittels eines abgewandelten Hargrave-Kastendrachens, der an Klaviersaiten hing, in die Luft zu befördern. Der Drachen war mit einer beweglichen Hinterzelle ausgerüstet, die es dem Piloten gestattete, den hinteren Teil des Drachens zu heben oder zu senken und so den Anstellwinkel zu regulieren. Eine weitere Steuermöglichkeit hatte der Pilot, der sich in einer unmittelbar unter dem Drachen

1

2

3

1 Wises erfolgreiches Experiment, 1897.
2 Lamsons Doppeldecker-Aerocurve-Drachen, gebaut für A. Lawrence Rotch vom Blue-Hill-Observatorium, 1897.
*Royal Aeronautical Society.*
3 Menschentragender Drachen, entworfen von Lamson, 1896.

hängenden Gondel befand, durch die Verlagerung seines Gewichts nach rechts oder links. Während der ersten Versuche mit einer 68 Kilogramm schweren Puppe verursachte eine Schwäche in den Streben, die die Doppeldeckerflügel auseinanderhielten, einen Unfall, der einen Fall von 180 Metern zur Folge hatte, obwohl nach den Worten Lamsons »ein Mensch nicht verletzt worden wäre, denn der Fall war so sanft wie das Aufsetzen einer Taube auf dem Boden«.[9]

Ermutigt durch seine Experimente, ging Lamson daran, weitere menschentragende Drachen zu bauen. Sie nahmen die Form zweier Paare von Doppeldeckerflächen aus Leinwand auf einem Fichtenrahmen an. Am Ende jedes Oberflügelpaares waren vertikale Leitflächen angebracht, die die seitliche Stabilität verstärken sollten. Die Leistungsfähigkeit dieser entscheidenden Flugvorrichtung wurde im Juni 1897 erprobt, als Lamson ungefähr eine halbe Stunde lang in einer Höhe von fünfzehn Metern schwebte und das Experiment mit vollem Erfolg mehrmals wiederholte. Schrittweise veränderte Lamson seine Drachen, bis sie einen ganz unverwechselbaren Charakter hatten. Sein schöner Aerocurve-Drachen, dessen Name sich aus der betonten Verwendung der Tragfläche in Flügelform ableitete, wurde 1897 in Doppel- und Dreideckerversionen entworfen und gebaut; seine Form nahm auf bemerkenswerte Weise die Gestalt vorweg, die später das Flugzeug besitzen sollte.

9 W. H. Mullane, *Eddy Current* (Zeitung), Eddy, Neumexico, Ausgabe vom 28. August 1897.

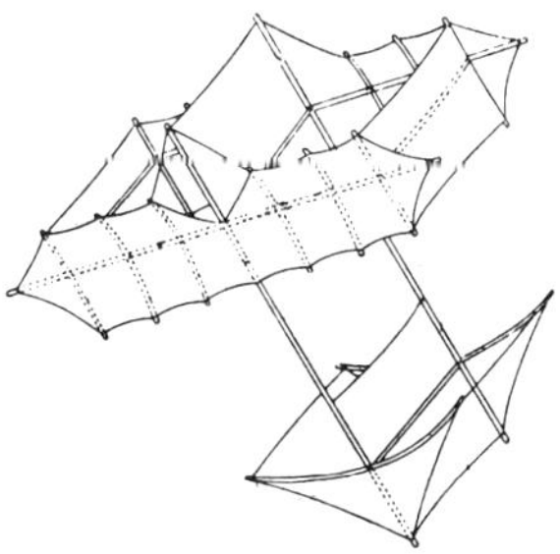

Lamson und ein Assistent führen die Doppeldeckerversion des Aerocurve-Drachens vor.

Schon acht Jahre zuvor hatte in Deutschland der große Gleiterpionier Otto Lilienthal sein klassisches Werk *Der Vogelflug als Grundlage der Fliegekunst* veröffentlicht. In diesem Buch untersuchte er bis ins kleinste Detail die aerodynamischen Eigenschaften von Vogelflügeln im Hinblick auf die Probleme des menschlichen Fliegens. Genauer gesagt stellte Lilienthal sämtliche bislang bekannten aeronautischen Theorien zusammen, trug sie in seinen eigenen Begriffen vor, erhärtete sie durch seine eigenen Schlußfolgerungen und wies den Weg für die weitere aeronautische Entwicklung.

Als ausgezeichneter Ingenieur, Erfinder und Hersteller vielfältiger Schiffahrtseinzelteile begann Lilienthal sich intensiv für den Schwebeflug von Seemöwen zu interessieren, als er ein selbsterfundenes Nebelhorn installierte, das für deutsche Leuchttürme übernommen worden war. Aufgrund früher Experimente mit »Flugzeug«-Drachen während der siebziger Jahre baute und flog er eine Reihe von starrflügligen Gleitern von einem eigens errichteten Hügel in Großlichterfelde bei Berlin aus. Der etwa fünfzehn Meter hohe Hügel hatte oben einen eingebauten Hangar für seine Gleiter und war kegelförmig, so daß sich Flüge gegen den Wind unabhängig von dessen Richtung durchführen ließen. Lilienthal gelang als erstem Menschen ein gesteuerter Dauerflug; er schwebte oft 230 Meter weit und steuerte seinen Flug in echtem Hanggleiterstil durch Gewichtsverlagerung. Tödliche Verletzungen zog er sich zu, als einer seiner bewährtesten und stabilsten Apparate, seine 1894 entworfene »Standardsegelmaschine«, bei Gollenberg am 9. August 1896 durchsackte und zu Boden stürzte.

Ein weiterer hervorragender Luftfahrtpionier, Octave Chanute, baute die Ergebnisse Lilienthals aus und konstruierte einen hochentwickelten Doppeldecker-Hanggleiter, der zahlreiche Lilienthal-Elemente enthielt. Chanutes Gleiter lieferte später einen wesentlichen Beitrag zu den Experimenten, die Chanutes Freunde und Mitpioniere, die Brüder Wright, jenseits des Atlantik durchführten.

Der erste Gleiter der Brüder Wright, gebaut im Jahr 1900, war im Grunde ein Doppeldeckerdrachen. Hauptsächlich konstruiert, um die

Percy Pilcher, ein junger schottischer Ingenieur, beeilte sich, im Schwebeflug Lilienthal nachzueifern. Auch nach dem Tod des deutschen Pioniers setzte er seine Versuche fort, und 1899 wurde er selber tödlich verletzt, als der Schwanzteil seines Hawk (oben) abriß, während der Hanggleiter in Drachenmanier von Pferden hochgezogen wurde.

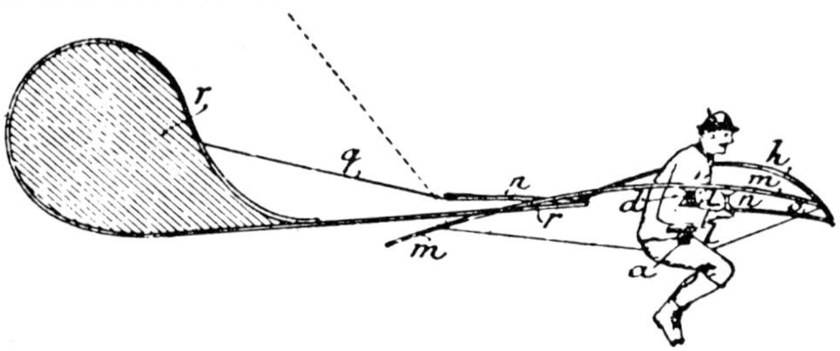

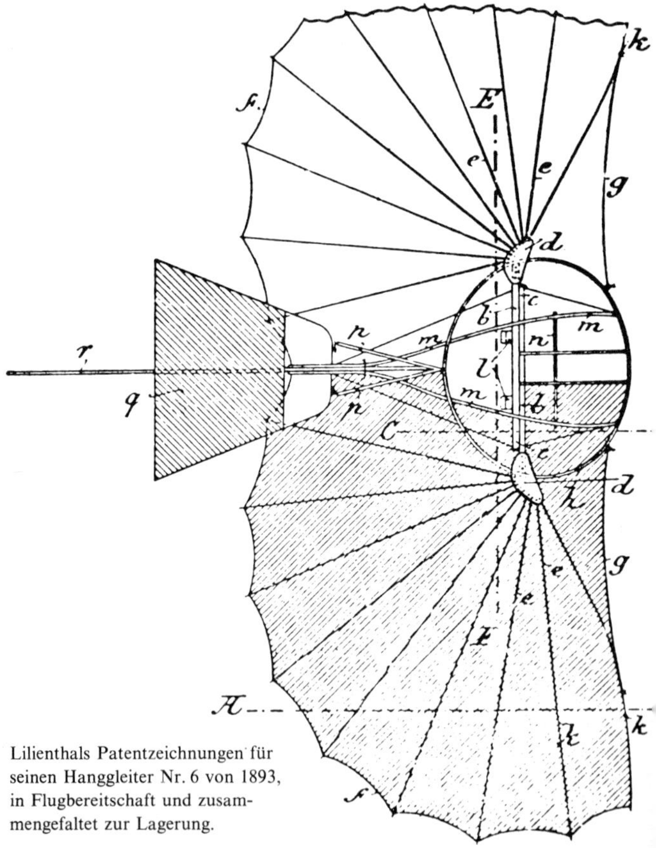

Lilienthals Patentzeichnungen für seinen Hanggleiter Nr. 6 von 1893, in Flugbereitschaft und zusammengefaltet zur Lagerung.

1

2

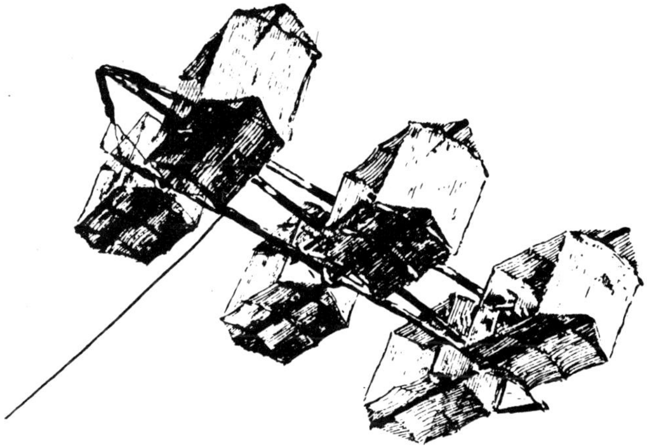

1 Lilienthal, von seinem künstlichen Hügel bei Berlin herabschwebend, 1894.
2 Octave Chanutes Leiterdrachen, 1897. Dieser Drachen war im wesentlichen ein Prototyp der nachfolgenden Hanggleiter.
3 Lilienthal mit der Doppeldeckerversion seines Hanggleiters Nr. 6, 1894.
*Science Museum, London.*

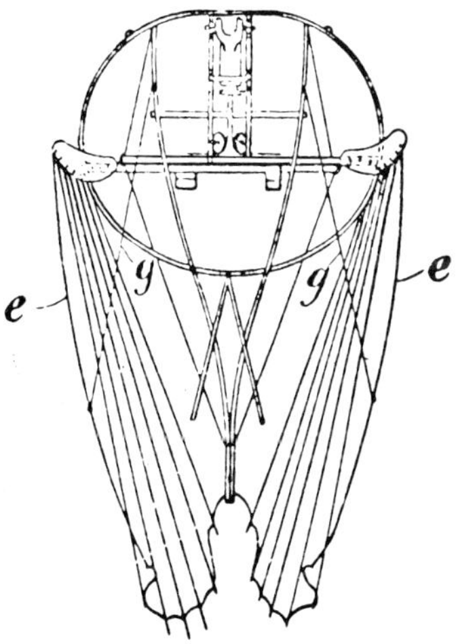


3

Theorien der Brüder über die Steuerung durch Flügelverwindung zu bestätigen, flogen ihn die Wrights vornehmlich als befestigten Gleiter oder Drachen. Die Steuerung wurde entweder vom Boden aus betätigt oder, wenn der Wind stark genug für einen bemannten Flug war, aus dem Apparat selber.

Wegen seiner bemerkenswerten wesensmäßigen Stabilität bildete der Hargrave-Kastendrachen die Grundlage für eine Anzahl erfolgreicher motorbetriebener Flugzeuge, die im ersten Jahrzehnt des 20. Jahrhunderts entwickelt wurden. Sein Einfluß ist unverkennbar in der Gestaltung von Santos-Dumonts 14bis, der nur wenig mehr war als ein riesiges Paar im Winkel angeordneter motorisierter Hargrave-Kastendrachen. Als der erste öffentliche Motorflug in Europa löste er eine beträchtliche Fliegebegeisterung aus, und der Wettlauf in der Entwicklung immer höher entwickelter Flugmaschinen diesseits des Atlantik hatte ernstlich begonnen.

Die Vorläufer von Santos-Dumonts 14bis waren die von Gabriel Voisin zusammen mit Ernest Archdeacon und Louis Blériot gebauten Schwebegleiter. Diese beiden Gleiter hatten eine wechselvolle Geschichte und wurden, zumeist erfolglos, an vielerlei Stellen in ganz Europa gestartet. Sie waren im Grunde eine Kombination aus Wright- und Hargrave-Elementen und erinnerten wieder sehr an Hargraves Zellendrachen, wobei sie Steuerungs- und Stabilitätsverfeinerungen aus den Wright-Experimenten übernahmen.

Wie eng verwandt mit Drachen diese Fluggeräte waren, wird sehr deutlich aus den folgenden zeitgenössischen Berichten über Flüge vom Land und vom Wasser aus. Vom Militärübungsplatz bei Issy-les-Moulineaux im Jahr 1905:

»Die Betriebsmethode bestand darin, das Flugzeug ohne Motor, aber mit einem Piloten an Bord, auf geeignete Schienen zu stellen, es mittels eines Zugseils an dem Motorwagen zu befestigen und es zu ziehen, bis es sich genauso wie ein Drachen in die Luft erhob.«[10]

10 *Aero Manual,* London 1910, S. 64.

1

2

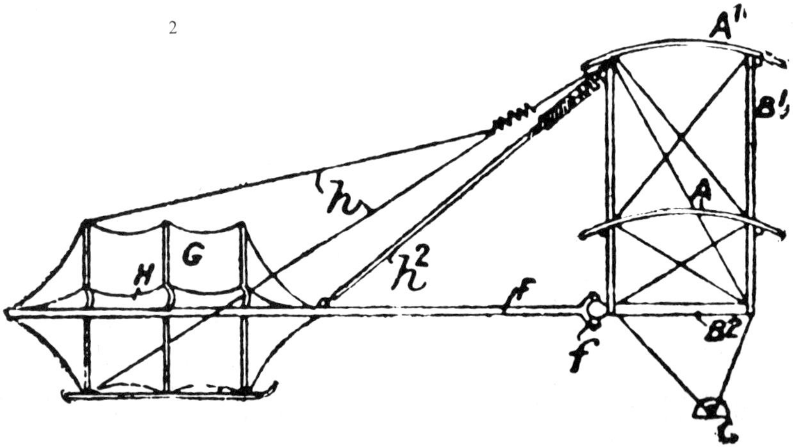


1 »Planeur« Chanute im Begriff, sich in die Luft zu erheben.
2 Patentzeichnung für Chanutes klassischen Doppeldecker-Hanggleiter, 1896.
3 Die Brüder Wright erprobten ihre frühen Gleiter, indem sie sie als Drachen steigen ließen. Der abgebildete ist das frühe Modell von 1902, noch mit feststehendem Doppelschwanz, der später in ein Seitenruder umgewandelt wurde.
4 Einer der Voisin-Archdeacon-Schwimmgleiter von 1905 bei Versuchen auf der Seine.
5 Modell von Santos-Dumonts mit dem Schwanz voraus fliegendem Doppeldecker 14bis, 1906, der unverkennbar den Einfluß von Hargraves Kastendrachen zeigt.
*Science Museum, London.*

Und aus demselben Jahr vom Genfer See:
»... (das einzige praktische Ergebnis des Besuchs war ein kleines Experiment, veranstaltet von Gabriel Voisin, als das Flugzeug auf dem See vor Anker lag. Bei einem sehr kräftigen Wind entdeckte Voisin, daß er das Flugzeug von der Wasserfläche aufsteigen lassen konnte, indem er nur das Höhenruder betätigte, und daß es sich, an seinem Tau zerrend, bis zu einer Windstille in der Luft hielt, oder solange, bis eine Betätigung des Ruders es zum Niedergehen veranlaßte.«[11]

11 Ebd., S. 65.

3

4

5

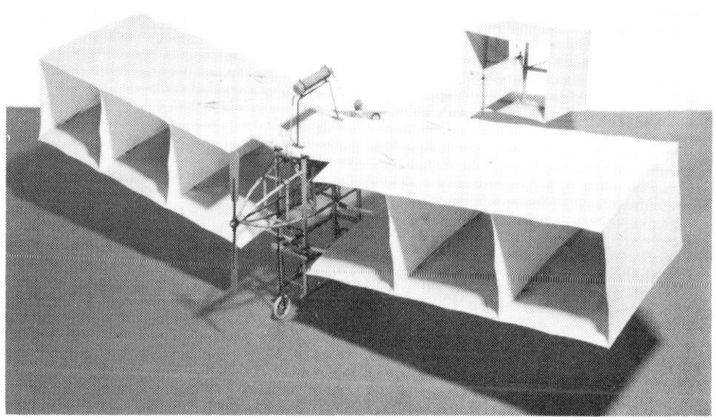

Der Umstand, daß Baden-Powells militärische Arbeiten über den Drachenflug von Menschen nie in die Praxis umgesetzt wurden, erwies sich als Hindernis für Samuel Franklin Cody, als er 1901 erstmals sein höher entwickeltes System des Menschenflugs der Armee vorführte.

Unter sämtlichen Pionieren der frühen Luftfahrt war der spektakuläre Samuel Franklin Cody vermutlich der bemerkenswerteste. 1861 in Birdville, Texas, geboren, führte er von klein auf das typische Prärieleben eines Cowboys, der wilde Pferde im echten Zureiterstil einfängt und bändigt. Außerdem war er ein höchst geschickter Büffeljäger und wurde zu einem Meister im Umgang mit Gewehr und Lasso. 1883/84 schürfte er am Zusammenfluß des Klondyke und des Yukon nach Gold und lebte unter großen Entbehrungen an einem Ort, der dreizehn Jahre später zu Dawson City, dem Zentrum des Alaska-Goldrausches, des größten Goldrausches aller Zeiten, wurde. Cody hatte jedoch kein Glück, und nachdem er ein paar Jahre lang mit einer Wildwest-Show durch Amerika gezogen war, bei der man ihn als »Captain Cody, den König der Cowboys« ankündigte, ließ er sich schließlich 1890 in England nieder.

Er wurde zum Schausteller und baute eine eigene Truppe auf, die hauptsächlich aus seinen Familienangehörigen und nahen Verwandten bestand. Mit dieser Truppe bereiste er die Varietés und führte seine außergewöhnlichen Fähigkeiten als Reiter, Lassowerfer und Schütze vor. Als berufsmäßiger Schausteller übernahm er von seinem Landsmann, Namensvetter und Freund Colonel Frederick Cody, alias »Buffalo Bill«, dessen enorm erfolgreiche Wild-West-Show er gesehen und sehr bewundert hatte, die extravagante Kleidung, für die er dann berühmt werden sollte. Offensichtlich stiftete Samuel Cody aufgrund der Namensgleichheit, der großen körperlichen Ähnlichkeit und Codys Vorliebe für schulterlanges Haar, Kinn- und Schnurrbart, gefranstes Wildleder und Cowboystiefel absichtlich Verwirrung im Publikum, das zum Teil wirklich glaubte, es sähe Codys Urbild des »Buffalo Bill« selber oder zumindest den Sohn oder den Bruder des berühmten Cowboys.

1

2

3

1 Porträt Samuel Franklin Codys auf einem Werbeplakat, 1904. *R.A.F. Museum.*
2 Von Cody und einem Helfer vorgeführte frühe Version des Kriegsdrachens.
3 Cody, um ein Vielfaches überragt von einer seiner sehr frühen Schöpfungen, 1900.
4, 5 Cody bereitet seinen Drachen vor und bedient die Seilwinde bei dem Drachenwettbewerb der Aeronautical Society im Jahre 1903 bei Worthing. *Royal Aeronautical Society.*

4

1898 trat der Wendepunkt im Leben Codys ein, als die letzte Produktion der Familie, ein blutrünstiges Melodrama mit dem Titel *The Klondyke Nugget,* ungeheuren Erfolg hatte. Das hauptsächlich auf Codys Yukon-Erfahrungen zurückgehende Stück war eine extravagante und etwas zusammengestückelte Angelegenheit und diente im Grunde als Vehikel für die verschiedenen Kunstfertigkeiten der Codys. Codys Sohn Leon war damals ganz versessen auf Drachen, und Vater und Sohn wetteiferten mit immer größeren Drachen, die in immer größere Höhen aufzusteigen vermochten. 1900 hatte Codys Begeisterung für seine Freizeitbeschäftigung seine anderen Interessen in den Schatten gestellt, während *The Klondyke Nugget* weiterhin vor vollen Häusern lief und seine umfangreichen Experimente mit einer Reihe von Drachenbauweisen finanzierte. Schließlich entschied er sich für eine geflügelte Variante von Hargraves doppelzelligem Kastendrachen, für die er 1901 ein Patent erhielt. Mit Hilfe dieses Drachens entwarf er ein bemerkenswertes System der Menschenbeförderung; im Dezember eben dieses Jahres führte er seinen Flugapparat dem

5

Kriegsministerium vor und zeigte Perspektiven der militärischen Verwendung auf.

Bei Codys menschentragendem System flog ein kleiner stabilisierender Pilotdrachen voraus, dann folgte ein Gespann von Auftriebsdrachen, deren Anzahl von den Windverhältnissen abhing. Diese Auftriebsdrachen waren am Hauptflugseil mittels zweier Schleppringe befestigt, deren einer an der Drachenspitze saß, während sich der andere am Schleppunkt einer vierschenkligen Waage befand. Freigelassen, stieg der Drachen am Flugseil hoch, das mit einer Anzahl stöpselförmiger konischer Anschläge an vorbestimmten Haltepunkten über die ganze Seillänge hinweg versehen war. Gegen das obere Ende des Seils hin wurden die konischen Anschläge immer größer und entsprachen damit wechselnden Größen der Schleppringe. Infolgedessen passierte der erste Drachen beim Aufsteigen am Seil dank seines großen Schleppringes die kleineren Anschläge, und sein freier Aufstieg wurde erst gebremst, wenn er seinen vorgesehenen Haltepunkt erreicht hatte. Der nächste Auftriebsdrachen wurde mit einem etwas kleineren Schleppring hochgeschickt, der seinerseits die kleineren Anschläge passierte, bis er am vorletzten Haltepunkt ankam. Schließlich wurde der Trägerdrachen an einem Läufer befestigt, dessen Räder am Seil nach oben liefen. An diesem Läufer hing das Korbgefährt, in dem der Passagier Platz nahm. Der Trägerdrachen und seine Last wurden freigegeben und stiegen in Richtung auf den niedrigsten Auftriebsdrachen hoch. Der Passagier war in der Lage, Aufstieg und Abstieg dadurch zu regulieren, daß er ein kompliziertes System von Seilen und Bremsen betätigte. Die Seile bestimmten den Neigungswinkel des Drachens gegen die Horizontale, und je nachdem erhielt der Drachen größeren oder geringeren Auftrieb.

Für militärische Zwecke sollte der Passagier mit Teleskop, Telefon, Kamera und Schußwaffe ausgerüstet sein. Falls das Telefonsystem unzweckmäßig war, verwendete man ein Briefsystem. Der Wind trieb Nachrichten am Seil nach oben, und zurück kamen sie in einem beschwerten Sack, den man einfach am Seil nach unten gleiten ließ.

1

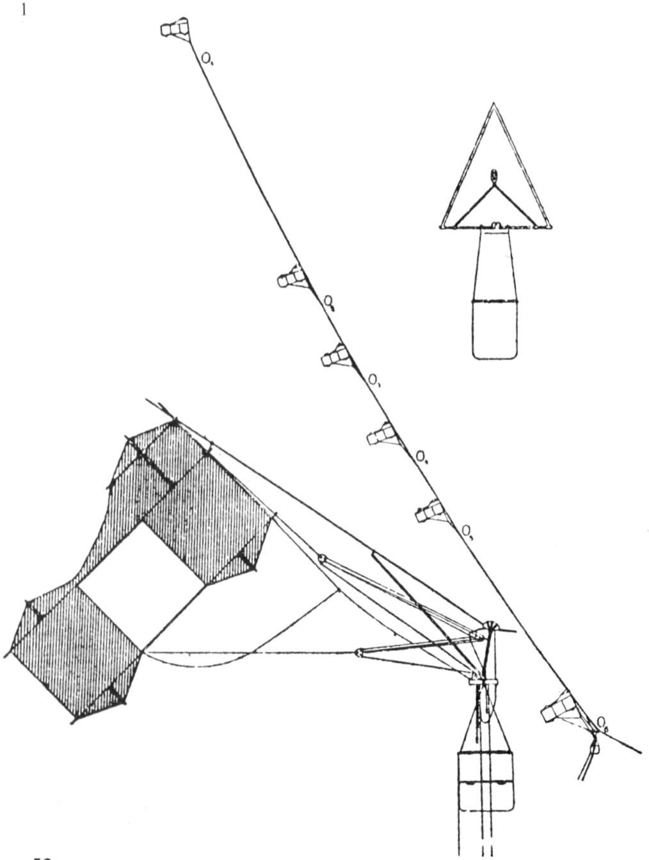

2

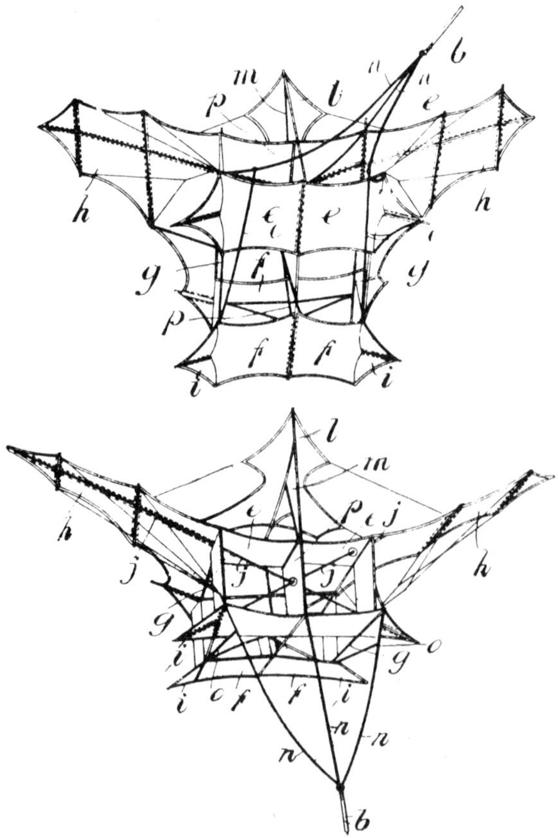

3

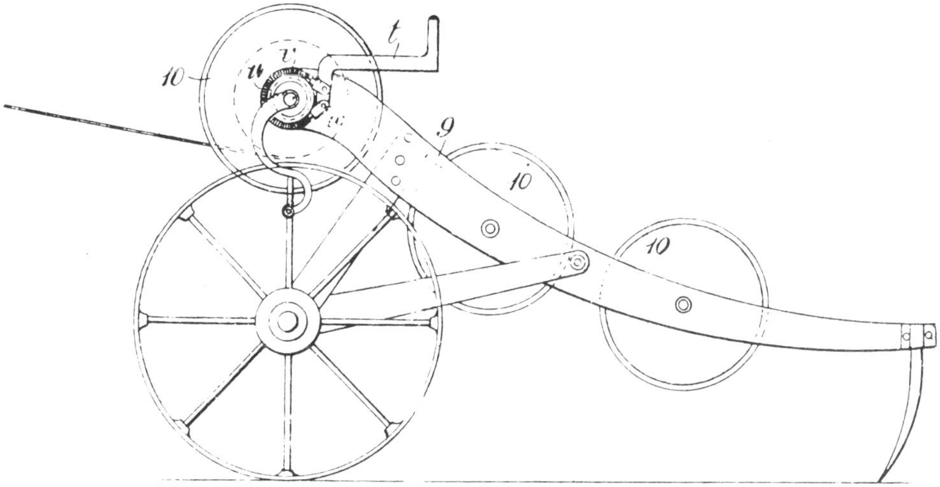


1 Codys Methode, eine Leine in der Luft zu »verankern«, an der sein »Menschenträger« hochsteigen konnte.
2 Patentzeichnungen für Codys Kriegsdrachen, im Volksmund »Bat« (Fledermaus) genannt.
3 Patentzeichnung für Codys Feldwinde mit austauschbaren Trommeln.
4 Cody gibt in charakteristischer Pose Instruktionen zum Drachenflug in Aldershot, 1904. *Royal Aircraft Establishment.*

4

Trotz seines effekthascherischen Aussehens und des Umstands, daß er Analphabet gewesen sein soll, war Cody ein Mensch von hoher Intelligenz und ungemein praktischer Einstellung, unterstützt durch offenbar unbegrenzte Reserven an Mut, Kraft und Ausdauer. Nichtsdestoweniger sprach sein Ruf zu Beginn seiner aeronautischen Karriere gegen ihn, und anfänglich weigerte man sich allgemein, in seinen Entwicklungen und Experimenten mehr zu sehen als eine Ausweitung seiner Schaustellertätigkeit. Infolgedessen fand nichts von seinen ersten Ansätzen Anklang bei den britischen Militärbehörden, obgleich man dort von seinem Geschick als Schütze so beeindruckt war, daß man ihm einen Posten als Ausbilder am Gewehr in Aldershot anbot, was Cody aber ausschlug.

In einem Versuch, die Transportleistung seines Systems der Öffentlichkeit vorzustellen, überquerte Cody im November 1903 in einem von Drachen gezogenen Faltboot den Kanal. Dieses Boot, Codys eigene Abwandlung eines bereits vorhandenen Faltboots, war ungefähr vier Meter lang, hatte um der Tragfähigkeit willen ein mit Kork

2

1

3

4

5

überzogenes Verdeck und einen gut mit Ballast versehenen Kiel. Hinter dem Boot befand sich ein Treibanker, der dem Zug der Drachen Widerstand leistete, damit die Drachenleine gespannt blieb. Dieser Fahrt, die von Calais nach Dover führte, waren mehrere erfolglose von Dover aus vorangegangen, die sämtlich durch ungünstige Windverhältnisse vereitelt worden waren. Der Triumph tat Cody wohl und die sich anschließende Publizität — darunter eine Anzahl öffentlicher Demonstrationen seiner Erfindung — scheint die erwünschte Wirkung gehabt zu haben.

Trotz der früheren Weigerung des Kriegsministeriums, Codys Erfindung zu übernehmen, zeigte es schließlich doch Interesse. 1904/05 fanden ausgedehnte Versuche an Land wie auf dem Wasser statt, nachdem die Admiralität Cody mehrere Kriegsschiffe zur Verfügung gestellt hatte. Während dieser Versuche erreichte der Pionier Moreton die mögliche Rekordhöhe von 792,6 Metern am Ende eines 1219 Meter langen Kabels. Das Kriegsministerium übernahm schließlich 1906 das System für Heeresbeobachtungen, und

6

1 Cody unternimmt einen Aufstieg während der Admiralitäts-Experimente von 1903 bei Spithead.
2 Eine überzeugende Demonstration des Auftriebsvermögens von Codys System.
3 Cody bei den letzten Handgriffen an seinem Motordrachen, 1907.
4 Codys größter Drachen hatte eine Flügelspannweite von elf Metern.
5 Angehörige von Codys Drachenkorps beim Aufstieg eines Lastdrachens.
6 Cody stellt 1905 eine Auswahl seiner Drachen im Alexandra-Palace aus.
*Royal Aircraft Establishment.*

Cody erhielt Offiziersrang als Chefdrachenkonstrukteur in Farnborough, wo seine Hauptaufgabe im Entwurf und in der Herstellung von Drachen bestand, wozu die Ausbildung in ihrer Bedienung kam. Dafür erhielt er ein Jahresgehalt von 1000 Pfund Sterling samt freiem Heu und Stroh für seinen weißen Hengst, sein berühmtes »Lieblingsbeförderungsmittel«. Codys Kriegsdrachen, wie er sie nannte, blieben einige Jahre lang Bestandteile der militärischen Ausrüstung, bis sie durch den raschen Fortschritt des Flugzeugs überholt wurden. Codys Mut und Begeisterung brachten ihn dazu, mit dem Motorflug zu experimentieren, und im Oktober 1908 baute und flog er als erster Mensch in Großbritannien ein Flugzeug. Die umgangssprachliche englische Bezeichnung »Kite = Drachen« für das Flugzeug soll aus dieser Epoche stammen, in der Flugzeuge im Grunde motorisierte Drachen waren. Am 7. August 1913 fanden Cody und sein Passagier den Tod, als seine letzte Schöpfung, das Wasserflugzeug, über Laffan's Plain, Aldershot, in der Luft auseinanderbrach.
Doch nicht alle Drachenexperimente Codys verfolgten militärische

S. H. R. Salmons vielzelliger rhomboidischer Drachen beim Drachenwettbewerb der Aeronautical Society im Juni 1903. 1906 ließ Salmon drei derartige Drachen für ein Kanalüberquerungsexperiment bei Brighton aufsteigen. Ein Drachen erreichte elfeinhalb Stunden nach dem Start glücklich Vierville.
*Royal Aeronautical Society.*

Eindrucksvolles Porträt Codys an den Armaturen seines britischen Armeeflugzeugs, 1909 in Laffan's Plain.

Ziele. Während einer Drachenvorführung bei Cobham Common im Jahr 1907 führte er ein vom Wetteramt entwickeltes Instrument, den Meteorografen, vor, der Höhe, Temperatur, Feuchtigkeit und Windgeschwindigkeit registrieren konnte. Cody war damals bereits zum Mitglied der Royal Meteorological Society ernannt worden, und zwar für seine wertvollen Beiträge zur Wetterforschung, wobei er bei einer Gelegenheit Instrumente in die damalige Rekordhöhe von 4268 Meter brachte.

Im ersten Jahrzehnt dieses Jahrhunderts fand allenthalben in Europa eine beträchtliche Anzahl von Drachenwettbewerben statt — die bedeutenderen englischen Turniere veranstaltete die Aeronautical Society of Great Britain. Obwohl in der Konkurrentenliste unvermeidlich Cody, sein Sohn Leon und Major Baden-Powell auftauchten, gewann gewöhnlich Charles Brogden, der Besitzer eines sechsflügligen Leichtgewichtriesen, den Preis für die größte Höhe.

Leutnant Schreiber von der Kaiserlich Russischen Flotte experimentierte 1903 gleichfalls mit einem menschentragenden System,

Charles Brogden führt 1908 seinen preisgekrönten winkelflächigen Drachen vor
*Royal Aeronautical Society.*

Codys menschentragender Doppeldecker-Gleitdrachen von 1905, so genannt, weil er wie ein Drachen oder ein moderner Gleiter mit einer Winde gestartet wurde. Die Zugleine wurde abgeworfen, wenn eine ausreichende Höhe erreicht war, so daß der Apparat als Gleiter fliegen konnte. Der Entwurf war an sich bereits eine Neuerung, doch auch die unter den unteren Flügeln angebrachten rudimentären Querruder dürften die erste erfolgreiche Anwendung dieser Vorrichtung gewesen sein.
*Mit freundlicher Genehmigung von Percy B. Walker.*

ähnlich demjenigen Codys. Schreiber hatte einen Drachen übernommen, der im Grunde ein echter Hargrave-Doppelkasten mit eingebauter Federwaage war, die automatisch den Anstellwinkel an die herrschenden Windverhältnisse anpaßte. Schreibers Flugapparat erwies sich jedoch als höchst gefährlich, und nach einer Anzahl unheilvoller Unfälle wurde das System zugunsten der zuverlässigeren Methoden aufgegeben, die ein russischer Armeeoffizier, Hauptmann Uljanin, entwickelt hatte: Er erzielte den Auftrieb mit einem Gespann doppelter Conyne-Drachen.

Codys spektakuläre Art hatte viel dazu beigetragen, die Arbeit der aeronautischen Pioniere allgemein zu popularisieren, und aufgrund des Interesses, das seine Experimente in Frankreich auslösten, veranstaltete Charles Dollfus 1909 einen Wettbewerb zur Ermittlung der erfolgreichsten Techniken des bemannten Drachenflugs, damit sich die französischen Militärbehörden damit beschäftigten. Den Preis gewann Hauptmann Madiot mit einem System ähnlich demjenigen Codys, aber er starb bei einem Flugunfall, ehe sein System voll entwickelt werden konnte. In der Folge übernahm die französische Armee das von Hauptmann Saconney vorgeschlagene System, das abermals dem Original Codys sehr ähnlich war.

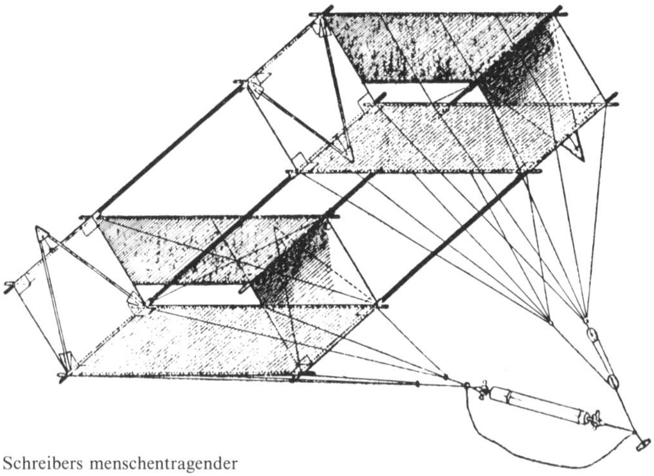

Schreibers menschentragender Drachen, 1903.

Ein Gespann von Hauptmann Madiots menschentragenden Drachen bei Versuchen, 1909. *Radio Times Hulton Picture Library.*

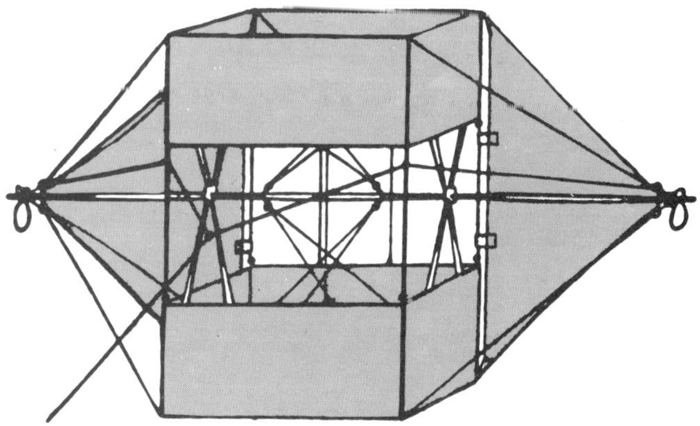

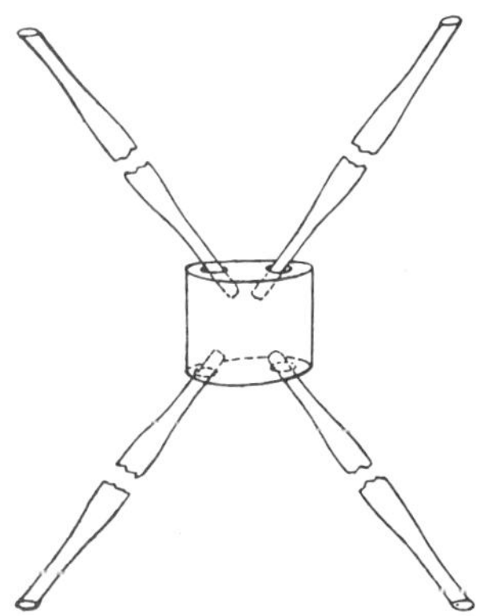

Madiots Drachen mit seiner einzigartigen Konstruktionsmethode. Walzenförmige Holme wurden in eine zentrale Nabe eingeklemmt, und das Ganze erhielt durch Spannung seine Form.

Hauptmann Saconneys menschentragendes System bei Versuchen im Jahr 1910.
*Musée de l'Air.*

1

2

3

1 Hauptmann Génie Saconney (in Zivil) inspiziert eine Feldwinde, 1910.
2 Französisches Militär-Windenfahrzeug.
3 Aufstieg zu einem Höhenflugversuch unter einem Gespann Saconneys.
4 Französische Soldaten auf dem Weg zu einem Flugversuch.
5 Saconneys Korbgondel von 1909 mit ihrem Rollenaufhängungssystem.
6 Saconneys menschentragender Drachen.
*Service Historique de l'Armée de l'Air.*

4

5

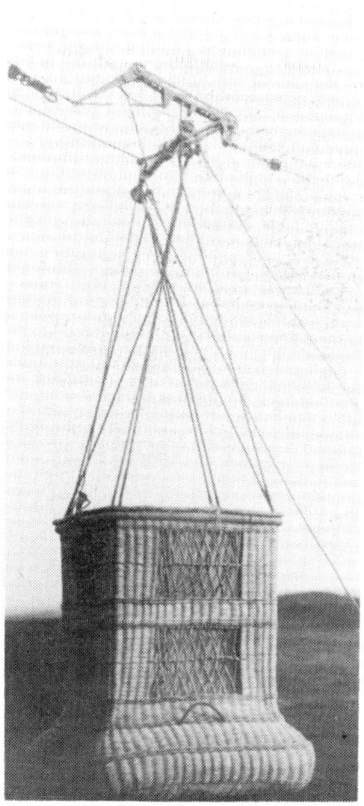

6

Inzwischen entwickelte jenseits des Atlantik Dr. Alexander Graham Bell einen weit weniger kriegerischen Ansatz des bemannten Drachenflugs. Bells erste aeronautische Experimente fanden rein zur Unterhaltung und zum Vergnügen statt. Allmählich nahmen die Versuche ernsthafteren Charakter an, als Bell erkannte, welchen Beitrag sie zur Eroberung der Luft durch den Menschen leisten konnten.

Wie so viele der frühen Flugpioniere machte Bell zahlreiche Beobachtungen und Aufzeichnungen zum Vogelflug; anfänglich beschäftigte er sich mit dem sicheren senkrechten Auf- und Abstieg eines Flugkörpers, da er sah, daß sich diese Elemente von der Vorwärtsbewegung etwas unterschieden. Infolgedessen befaßten sich zahlreiche seiner frühen Experimente mit Drehflügeln und geflügelten Flugrädern, die zuweilen von Raketen an den Drehflügelspitzen angetrieben wurden und Höhen von 45 Metern erreichen konnten.

Bell wurde 1847 in Edinburgh geboren, und in seiner Familie gab es prominente Sprachforscher. Nach dem Tod seiner zwei Brüder siedelte er 1870 auf der Suche nach einem gesünderen Klima nach

1

2

3

PHOTOS: DAVID GEORGE MCCURDY

Kanada über. Sein leidenschaftliches Interesse für Sprache und seine Kenntnisse der Eigenschaften des Schalls bewogen ihn zu einer Reihe von Experimenten, die ihren Höhe-, aber keineswegs ihren Endpunkt in der Erfindung des Telephons im Jahr 1876 erreichten. An diesen Erfolg schlossen sich ein bescheidener Wohlstand und die Übersiedlung nach Washington D. C. an, wo Bell bald die US-Staatsbürgerschaft erwarb. Von Washington aus setzte er seine Forschungen fort, und er errang einen weiteren Erfolg mit seinem Beitrag zur Entwicklung des Grammophons.

1893 zogen die Bells wieder nach Kanada und kauften eine Halbinsel bei Baddeck, die sie Beinn Bhreagh nannten: der gälische Name für Schöner Berg. Drei Jahre später wohnte Bell einem von seinem Freund Samuel Pierpont Langley veranstalteten Demonstrationsflug eines großen Modellflugzeugs mit Propellerantrieb bei und faßte den Entschluß, einen Flugapparat zu konstruieren.

Bell war ein sehr vornehmer und humaner Mensch, dessen Sorge um die Sicherheit der Aeronauten deutlich darin zutage tritt, daß er

4

1 Sechseckiger Drachen mit sechs radialen Tragflächen, in der Mitte mit einem regulierbaren Gewicht belastet, 1902.

2 Ein Bell-Drachen aus zwei tetraedrischen Bauteilen, verbunden durch ein System tetraedrischer Rahmen. Aus diesem Drachen entwickelte sich in der Folge ein Tragflächenboot in Vorwegnahme der bemannten Wasserung, 1902.

3 Zwölfseitiger Riesendrachen mit radialen Tragflächen.

4 Durch Verschiebung des Zellenaufbaus an verschiedene Stellen des Rumpfrahmens legte Bell das Verhältnis zwischen dem Schwerpunkt und dem Auftriebspunkt fest.

sich entschied, seine ersten bemannten Versuche über der Baddeck-Bucht mit einem Flugkörper, der auf dem Wasser treiben, und mit einem Piloten vorzunehmen, der schwimmen konnte. Er sprach sich dafür aus, zunächst in mäßiger Höhe zu fliegen, damit der Pilot Gelegenheit hätte, Geschicklichkeit in der Beherrschung seines Apparates zu entwickeln.

Er startete ein umfassendes Programm von Drachentests, durch die die zuverlässigste Form für den Transport eines Menschen festgestellt und ein Motor mit maximaler Stabilität und maximalem Auftrieb gefunden werden sollten. Nachdem er Experimente mit einer Vielzahl von Drachenbauweisen durchgeführt hatte, entschied er sich schließlich für die tedraedrische (vierflächige) Zelle oder den regelmäßigen Tetraeder, der auf zwei der vier Seiten mit Seide bespannt war. Dieses Gebilde, so fand er, wies ein außerordentlich günstiges Verhältnis von Leichtigkeit und Kraft auf.

Nachdem er seine Norm festgelegt hatte, führte Bell weitere umfassende Tests mit verschiedenen Kombinationen dieser Zellen durch. Seine früheren Erkenntnisse, daß derart konstruierte Drachen unter wechselnden Windverhältnissen eine bemerkenswerte Stabilität besitzen, bestätigten sich, und 1905 hob ein Verbunddrachen aus 1300 solcher Zellen — bekannt als Frost King — unbeabsichtigt einen Angehörigen seiner Bedienungsmannschaft ungefähr 10 Meter über den Boden. Der Drachen samt Ausrüstung wog etwa 57 Kilogramm. Das Gewicht des Mannes betrug 75 Kilogramm, und man stellte eine Windgeschwindigkeit von 17 Stundenkilometern fest. Bell kam zu dem Schluß, daß eine größere Konstruktion, ausgerüstet mit einer Maschine, die einen Antrieb von 16 Stundenkilometern lieferte, sicherlich einen Menschen transportieren könne.

Sein erster Versuch mit dem gesteuerten bemannten Flug fand im Dezember 1907 statt, als der Cygnet, eine größere Version des Frost King aus 3393 Zellen und mit Schwimmern, mit Lieutenant Thomas E. Selfridge von der US-Armee als freiwilligem Passagier auf eine Höhe von 51,2 Metern stieg, hinter einem Dampfboot über die Baddeck-Bucht gezogen. Der Flug dauerte sieben Minuten, während

1

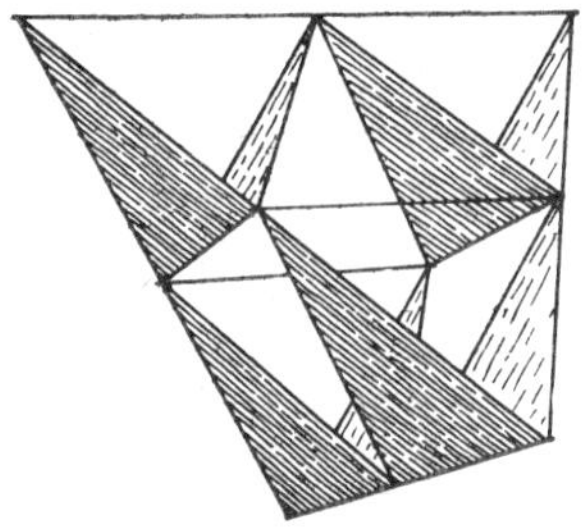

Vierzelliger Bell-Tetraeder.

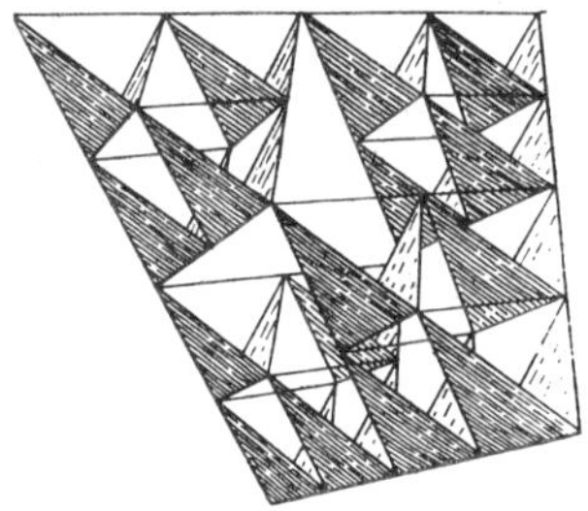

Sechzehnzelliger Bell-Tetraeder.

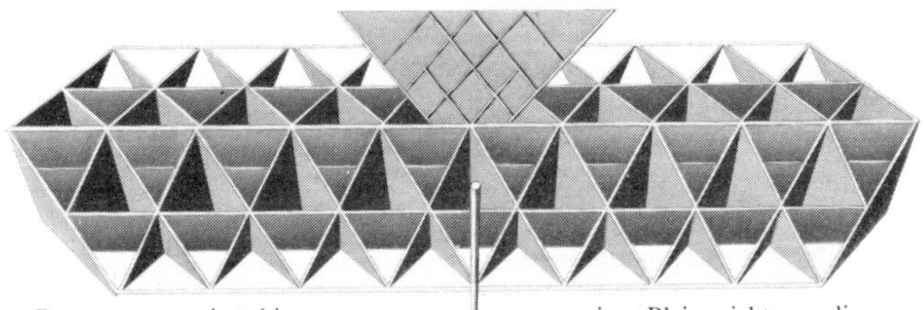

Der spätere zweistöckige Oionos-Drachen mit dem regulierbaren Schwanz. Zu den Weiterentwicklungen dieses Drachens gehörte eine bewegliche Schwanzeinheit, die sich während des Flugs durch die Betätigung eines Bleigewichts regulieren ließ. Wenn das Vorderende des Drachens nach vorn fiel, glitt auch das Gewicht nach vorn, wodurch sich der Schwanz automatisch hob und der Absturz aufgefangen wurde.

2

1 Mrs Mabel Hubbard Bell mißt den Zug eines Bell-Drachens mittels eines Federmeßgeräts.
2 Bells Schwimmdrachen von 1902 war so gebaut, daß er sich in der Luft wie im Wasser gleichermaßen gut halten konnte.
3 Start des Oionos-Drachens. An der Flugleine waren rote Seidenstreifen befestigt, damit sich das Verhältnis von Leine und Drachen beim Flug fotografisch festhalten ließ.
*© The Bell Family; mit freundlicher Genehmigung der National Geographic Society.*

3

PHOTOS: DAVID GEORGE MCCURDY

deren der Cygnet eine bewundernswerte Stabilität und erstaunlichen Auftrieb zeigte.

Als das Dampfboot die durchhängende Leine ablaufen ließ, sank der Drachen langsam und gleichmäßig und setzte so sanft auf dem Wasser auf, daß es Lieutenant Selfridge nicht bemerkte. Unglücklicherweise jedoch lockerte die Mannschaft an der Winde auf dem Dampfboot die Zugleine des Drachens nicht rasch genug, so daß das schöne Gebilde schnell zerbrach, als es hinter dem Dampfboot hergezogen wurde. Selfridge wurde lediglich naß, doch neun Monate später fand er den Tod, als er bei Orville Wright als Passagier mitflog. Wright stürzte schon bei seinem dritten Flug mit Passagier ab, und Lieutenant Selfridge war das erste Todesopfer in der Geschichte des Motorflugs, während Wright mit ein paar Knochenbrüchen davonkam.

Angespornt durch den Erfolg des Cygnet, ging Bell als nächstes an den Bau des Cygnet II, einer Abwandlung seines Vorgängers, die imstande war, einen Menschen und einen Motor zu tragen. Im Jahr des Cygnet-Erfolgs gründete Bell die Aerial Experiment Association, deren einziger Zweck es war, »in die Luft aufzusteigen«. Die anderen Gründungsmitglieder der Vereinigung waren zwei kanadische Ingenieure, John McCurdy und F. W. »Casey« Baldwin, der berühmte amerikanische Flugzeugbauer und Flieger Glen Curtiss und Lieutenant Selfridge.

Nun verlagerte sich der Akzent auf die Konstruktion eines geeigneten Motors, und im Verlauf seiner Entwicklung entschieden sich die Mitglieder der A. E. A. dafür, ihn in einer konventionelleren Flugzeugkonstruktion unterzubringen. Die Gruppe entwarf und baute insgesamt vier Flugzeuge, deren letztes Curtiss' June Bug war, das 1908 mit dem ersten Flug in Amerika über einen Kilometer den Preis des *Scientific American* errang.

Cygnet II war der Höhepunkt von Bells Drachenprogramm. Unglücklicherweise war der schließlich eingebaute Motor nicht imstande genügend Antrieb zu entwickeln, um den Drachen steigen zu lassen. Dennoch waren die Ziele der A. E. A. erreicht, und die Vereinigung

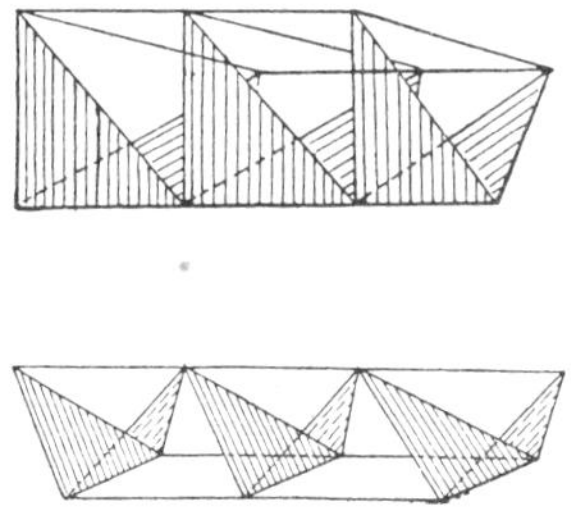

Tetraedrische Zellen, vertikal und horizontal verbunden, bildeten die Baustruktur sämtlicher späterer Drachenformen Bells.

Einer von Dr. Bells frühen vielzelligen Riesen beim Start. Wenige Augenblicke nach dieser Aufnahme aus dem Jahr 1902 zerbrach der starke Rumpfrahmen in der Luft, während der fragile Aufbau heil blieb, zumindest bis zur Berührung mit der Erde.

wurde 1909 aufgelöst. Eine Anzahl von Bells Drachen sind noch immer, zusammen mit vielen anderen Erinnerungsstücken an seinen bemerkenswerten Einfallsreichtum, im Alexander-Graham-Bell-Museum von Baddeck in Neuschottland zu sehen.

Bells »Siamesische Zwillinge«, so benannt, weil es sich in der Hauptsache um zwei riesige vielzellige tetraedrische Drachen handelte, die durch eine Brücke aus fest verklammerten Zellen verbunden waren, stark genug, um das Gewicht eines Menschen zu tragen.

Joseph Lecornu mit zwei seiner höchst originellen Zellendrachen. Obwohl seine Konstruktionsmethoden durch moderne Techniken überholt sind, erinnern sie doch daran, welches Maß von Feinarbeit in solchen Drachen steckte.

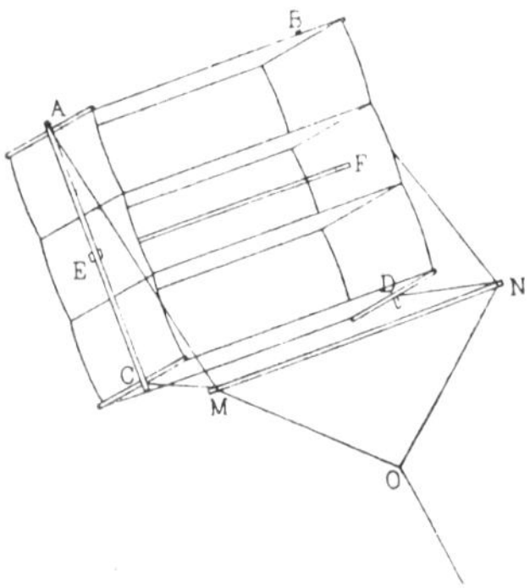


Lecornus Leiterdrachen, 1898.

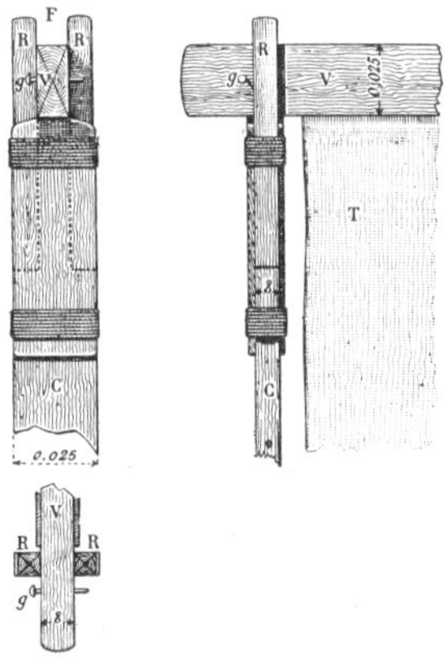


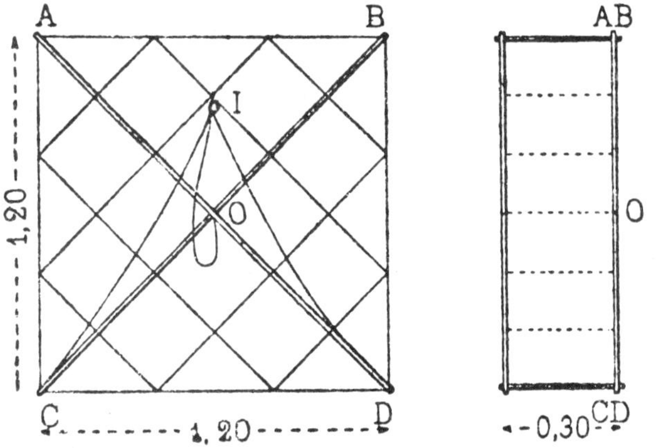


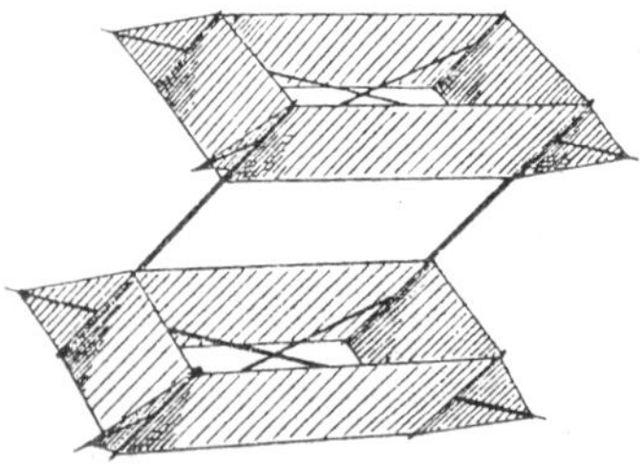

Lecornus Drachen aus gegeneinander versetzten Kästen.

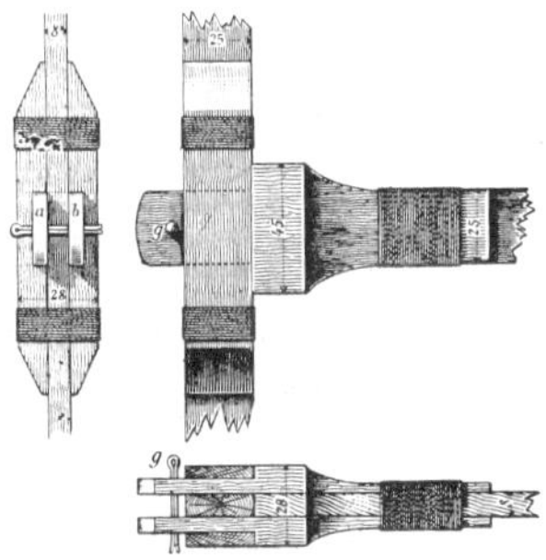

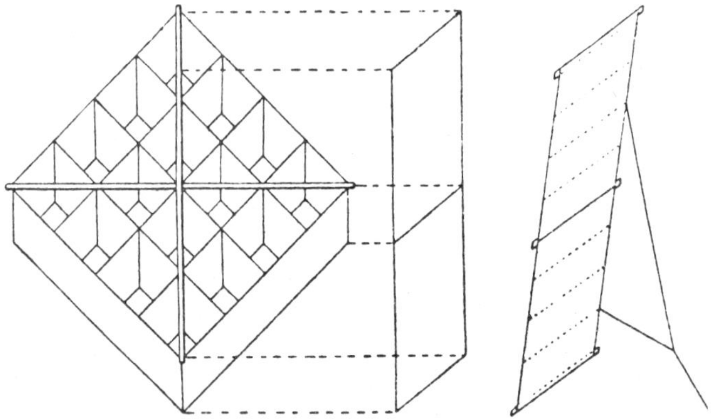

Hugo Nikels Beobachtungsdrachen von 1899 sollte selbsttätigen meteorologischen Instrumenten stetigen und sicheren Auftrieb verschaffen. Der Drachen maß 8 x 4 Meter und erwies sich bei den Erprobungen als höchst erfolgreich.

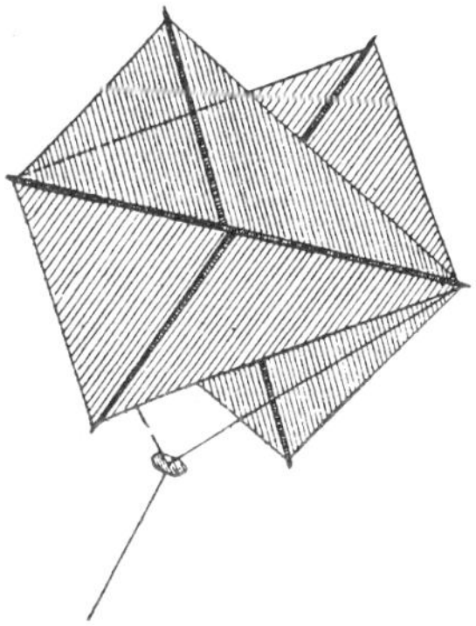

Flaix' Drachen, 1900.

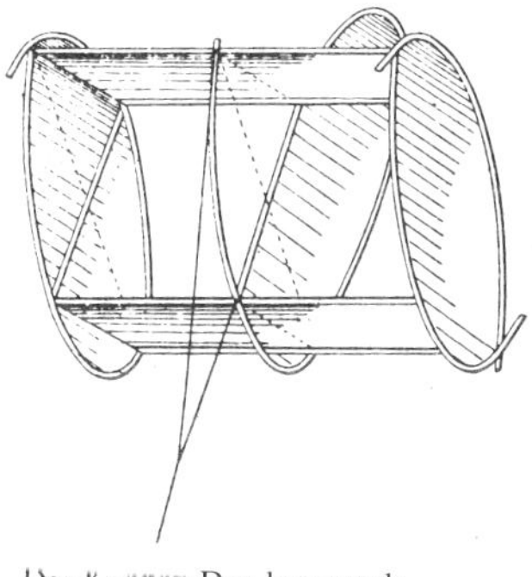

Der Koppen-Drachen wurde vom Hamburger Meeresobservatorium übernommen.

PHOTO: J. H. LARTIGUE

Ein schöner geflügelter Kastendrachen beim Aufstieg bei Château de Rouzat, 1905.

Drachenflug am Strand bei Biarritz, 1904.

PHOTO: J. H. LARTIGUE

Bedenkt man das Tempo, in dem sich im zweiten Jahrzehnt des 20. Jahrhunderts die Luftfahrttechnologie entwickelte, erscheint es kaum überraschend, daß der Drachen für eine Zeitspanne von etwa dreißig bis vierzig Jahren so gut wie vergessen wurde. Abgesehen von vereinzelten militärischen, meteorologischen und Reklameanwendungen während der beiden Weltkriege und dazwischen, vernachlässigten ihn alle, mit Ausnahme der Kinder. Erst in der Mitte der fünfziger Jahre verschaffte die Arbeit Francis Rogallos von der National Aeronautical and Space Administration dem Drachen wieder Geltung als potentiell bedeutsames Instrument der Wissenschaft.

2

1

1 Patrick Alexanders menschentragender Drachen von 1909, völlig aus Besenstielen, Leinwand und Draht angefertigt.
*Royal Aeronautical Society.*
2 Junge mit einem Drachen aus deutschen Banknoten während der Inflation nach dem Ersten Weltkrieg zu Beginn der zwanziger Jahre.
3 Ein Amateurflieger verwirklicht 1907 seine Träume bei Château de Rouzat.

3

PHOTO: J. H. LARTIGUE

Walter Brook mit einem Klüver-Kastendrachen. Brook baute zusammen mit seinem Bruder Thomas zu Beginn des 20. Jahrhunderts zum Spaß und auch berufsmäßig Drachen. Sie begannen in der Spielzeugbranche und führten sehr bald Aufträge für die britische Regierung aus. Marconi war ebenfalls ein guter Kunde. Heute exportiert die Firma Brookite jährlich Tausende von Drachen in alle Welt.

Eine Auswahl der von Brookite Mitte der zwanziger Jahre hergestellten Drachen.
1 »Menschenträger«, wie er an die britische Admiralität geliefert wurde.
2 Der Vampir, offensichtlich von Codys »Bat« beeinflußt.
3 Der bekannte Pilot- oder Signaldrachen, entwickelt aus den älteren französischen Rettungsdrachen.
4 Ein Exemplar des in verschiedenen Versionen gebauten Vogeldrachens.

1

2

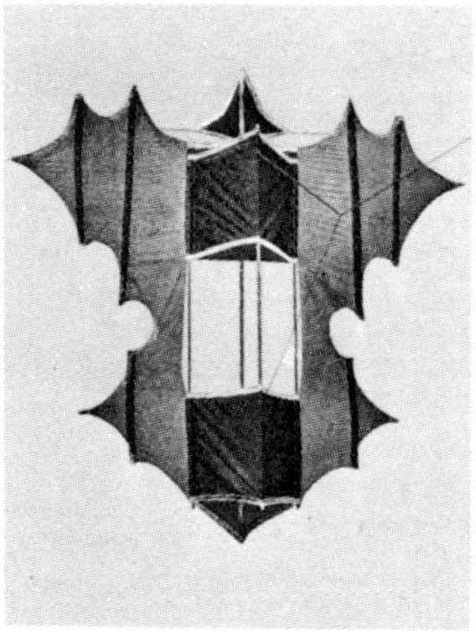

3

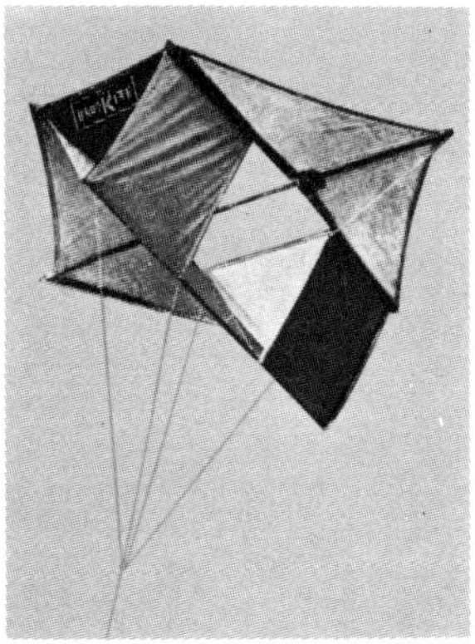

4

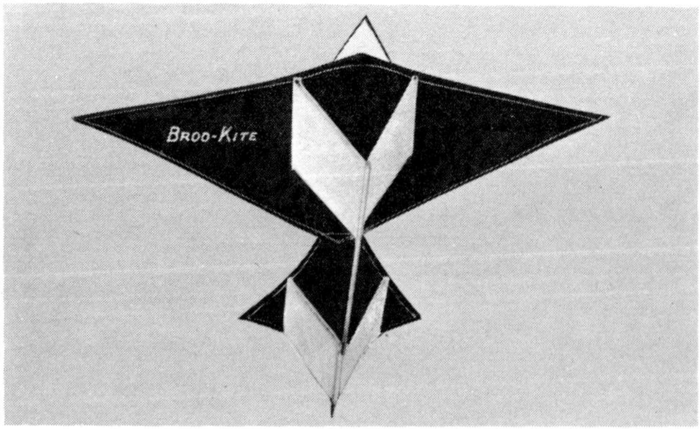

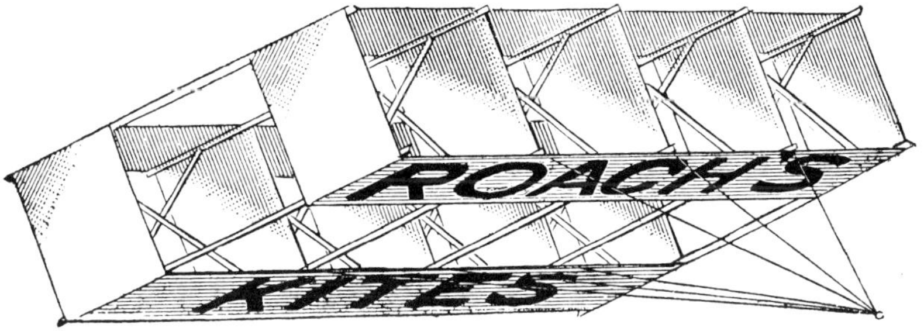


Eine Auswahl englischer Kasten-, Kiel- und Verbunddrachen aus der Mitte der zwanziger Jahre. Die großen vielzelligen Kastendrachen wurden speziell gebaut, um Reklamespruchbänder zu tragen.
*Mit freundlicher Genehmigung von Brookite Limited.*

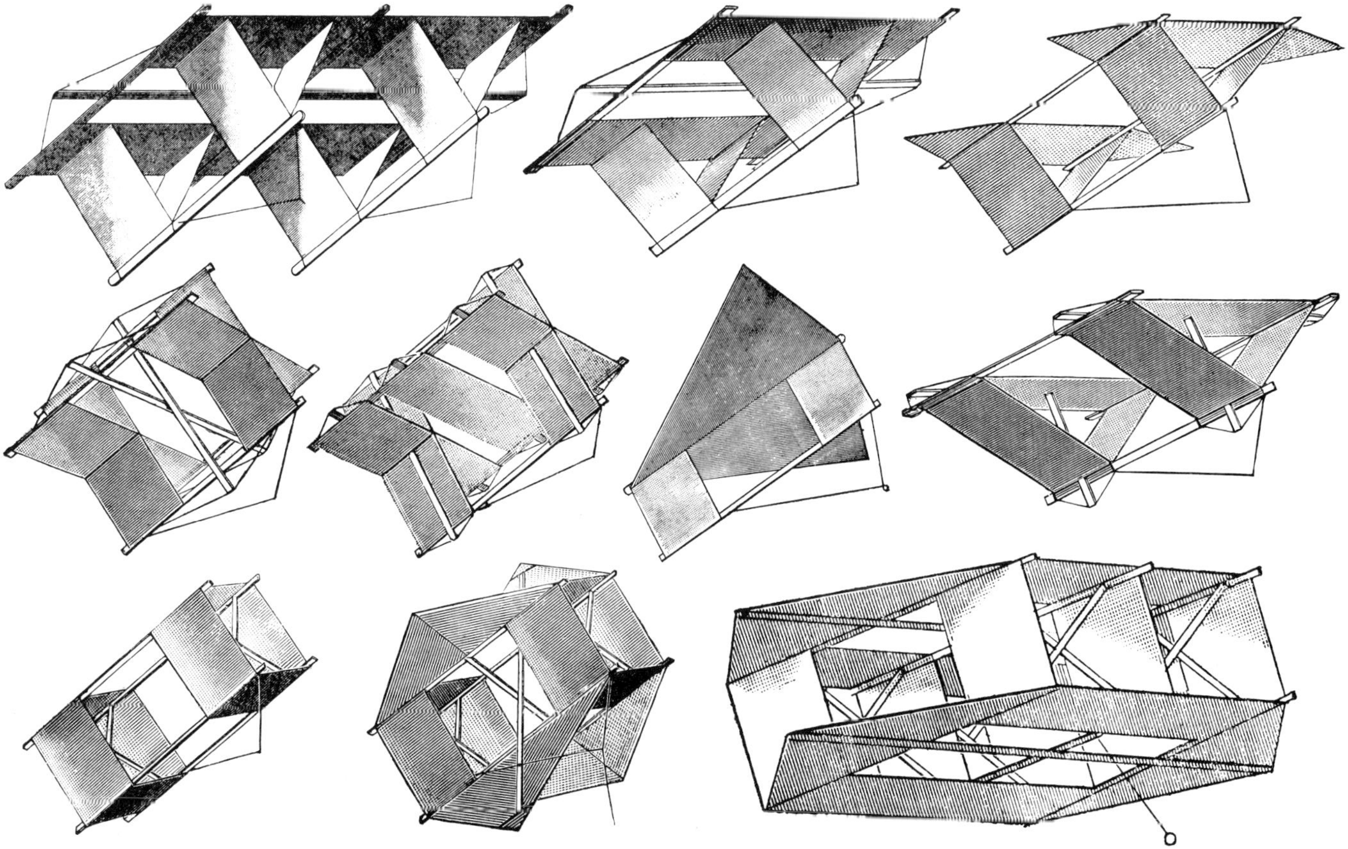

1911 führte die U.S. Navy Zielübungen auf Drachen durch, »mit dem Ziel, die Chancen der Abwehr von Luftfahrzeugen festzustellen«.[12] Im Zweiten Weltkrieg entwickelte Fregattenkapitän Paul Garber abermals einen sehr manövrierfähigen Zieldrachen, und zwar ebenfalls für Übungen der amerikanischen Marineartillerie.

Um ihren Beobachtungsradius auf See zu erweitern, verwendeten die Deutschen im Ersten wie im Zweiten Weltkrieg menschentragende Drachen, die von ihren aufgetauchten Unterseebooten aufstiegen. Die Sichtweite von 8 Kilometern auf Meeresebene vergrößerte sich in einer Höhe von 120 Metern auf ungefähr 40 Kilometer. Im Ersten Weltkrieg benutzte man riesige Kastendrachen. Sie wurden hinter dem Unterseeboot hergezogen und waren daher nicht auf günstigen Wind angewiesen. Der Beobachter wurde in einer Gondel am Drachenseil hochgezogen, sowie ausreichende Höhe und Stabilität erreicht waren. Der Drachen war kastenförmig, ähnlich dem bekannteren englischen Rettungsdrachen, den man im Zweiten Weltkrieg für Bergungsaktionen auf See einsetzte, allerdings um ein Vielfaches größer. Der britische Drachen war dazu gedacht, eine dünne Antenne hochzuziehen, die ein Notsignal aussenden konnte. Auch auf andere Weise wurden im Zweiten Weltkrieg die Signaleigenschaften von Drachen genutzt, wie sich aus einem Artikel ergab, der 1939 im Londoner *Daily Sketch* erschien. Unter der griffigen Schlagzeile »Drachenspion bei seiner Tätigkeit ertappt — Verhaftung an der Ostküste bei weihnachtlicher Razzia« ist zu lesen, wie Agenten der Gegenspionage einen Spion festnahmen, als er chiffrierte Informationen an die Nazis mittels eines Drachens mit einer automatischen Signaleinrichtung übermittelte.

Die Deutschen entwickelten während des Zweiten Weltkriegs eine weit ausgeklügeltere Methode, einen Beobachter in die Luft zu schicken. 1943 stellten sie den Focke-Achgelis-F. A. 330-Drehflügel- oder Tragschrauberdrachen in Dienst. Dies war ein äußerst manövrierfähiges Autogiro, das seinen Auftrieb gleichfalls dadurch erhielt,

12 *Aeronautics*, London Jg. 4, Nr. 1, Oktober 1911, S. 201.

1

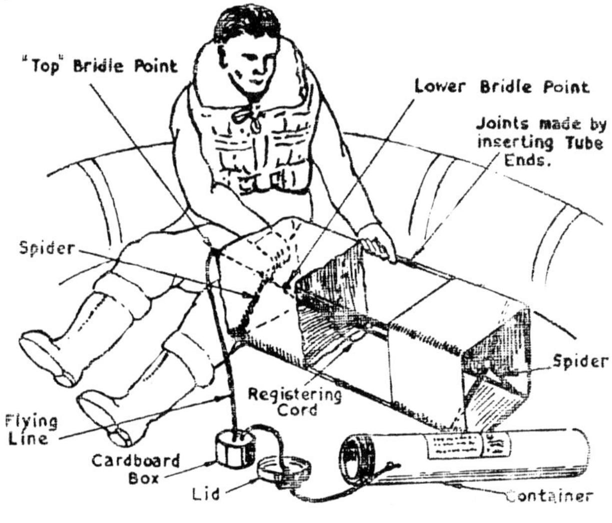


2

1 Illustration aus den Startanweisungen für den Gibson-Girl-Rettungsdrachen, der im Zweiten Weltkrieg für Seenotfälle verwendet wurde.
2 Gibson-Girl-Kastendrachen mit aufgedruckten Anweisungen auf der Vorderzelle. Der ohne Waage fliegende Drachen hatte drei alternative Schnurbefestigungspunkte für wechselnde Windgeschwindigkeiten.

3

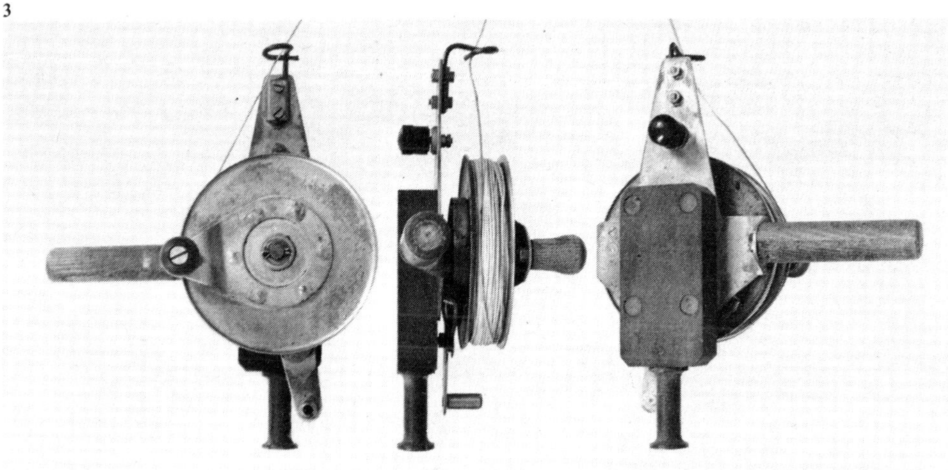

3 Isolierte Seilwinde, verwendet in Verbindung mit dem Gibson-Girl-Drachen. Gesamthöhe 28 cm, Trommeldurchmesser 12,7 cm.
*Mit freundlicher Genehmigung von L. Pradier.*
4 Der deutsche Focke-Achgelis-Tragschrauber-Beobachtungsdrachen, 1943.
*Smithsonian Institution.*

4

daß es von einem Unterseeboot gezogen wurde. Die Steuerung ermöglichte ein Seitenruder, das mittels eines konventionellen Steuerknüppels bedient wurde, und die Drehblätter ließen sich in einer Notlage abwerfen, während der Pilot mit einem Fallschirm absprang. Der ganze Apparat ließ sich dank einer Reihe rasch ausklinkbarer Verbindungen schnell zerlegen und verstauen. Das Girogleiten mit abgewandelten Versionen des Focke-Achgelis ist derzeit ein immer beliebter werdender Sport in den Vereinigten Staaten.

Ein weiterer kriegsbezogener Einsatz des Drachens bestand in der Luftabwehr für amerikanische Geleitzüge im Jahr 1941. Der dafür verwendete Drachen wurde von Harry C. Sauls von der U.S. War Shipping Administration in zwölfjähriger Arbeit entwickelt. Sauls baute einen bereits vorhandenen, bisher für Werbezwecke benutzten Drachen beträchtlich um. Etwa 6 Meter breit und von doppelter Kastenform, flogen Sauls' stattliche Drachen an 609 Meter langen Drahtseilen, von denen weitere Drahtseile herabhingen. Sie waren in der Lage, Tragflächen durchzutrennen und Propeller zu beschädigen,

2

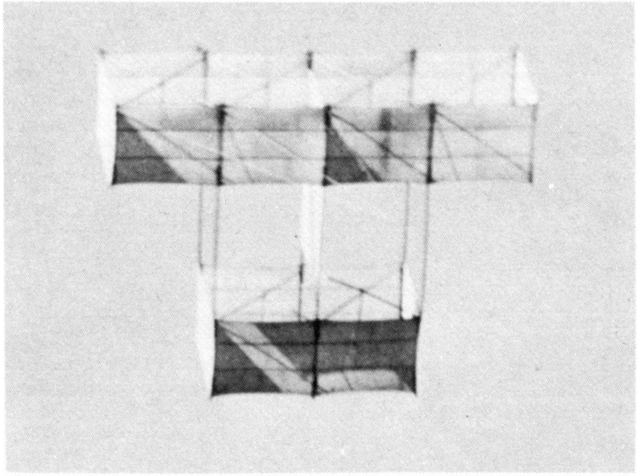

1

so daß sie eine erhebliche Abschreckung für gegnerische Piloten bildeten, die die Frachtschiffe bombardieren wollten.

1940 hatte die britische Admiralität außerdem einen klug ersonnenen tödlichen Abwehrdrachen in Dienst gestellt, der Zerstörer gegen Luftangriffe schützte. Von diesem Drachen, einem modifizierten Hargrave-Doppelkasten, hing ein Draht herab, an dessen Ende sich eine Bombe befand. Der Aufprall eines angreifenden Flugzeugs auf den Draht veranlaßte einen von einer 0,22-Patrone abgefeuerten Schlagbolzen, das Flugseil unter der Bombenvorrichtung zu durchtrennen, wodurch der Drachendraht lose wurde und über die Tragfläche des Flugzeugs glitt. Durch den Zug des Drachens und die Vorwärtsbewegung der feindlichen Maschine wurde die Bombe rasch auf das Flugzeug gezogen, wo sie beim Aufprall explodierte. Selbst wenn er seine tödliche Vorrichtung nicht trug, war der Drachen nach Ansicht der Admiralität eine wertvolle Abschreckung gegen Luftangriffe.

Einer der bedeutsamsten Beiträge zur Entwicklung eines wahrhaft modernen Drachens war derjenige Francis Rogallos in den Vereinigten Staaten. Die Erfindung und die anschließende Ausarbeitung seines flexiblen Drachens, der 1948 zum Patent angemeldet wurde, führte zu dem berühmten Delta-Flügel-Drachen, der Rogallo zum Vater des Hanggleitens machte, wie wir es heute kennen. Mit dieser Erfindung realisierte er die Träume zahlloser mutiger und vergessener Menschen, die für ihre Überzeugung starben, der Mensch könne wie ein Vogel fliegen. Weder die »Turmspringer« des 11. Jahrhunderts noch Leonardo da Vinci erreichten ihr Ziel, und zu wirklich bedeutsamen Erfolgen kam es erst 1853 mit Cayleys »Neuem Flieger«. Hanggleit-Enthusiasten rühmen oftmals irrtümlich die Pionierarbeiten John J. Montgomerys vom kalifornischen Santa Clara College, dessen Experimente zwischen 1883 und 1886 aber ebensowenig Bedeutsames zur Eroberung der Luft durch den Menschen beitrugen wie die nachfolgenden Versuche im ersten Jahrzehnt des 20. Jahrhunderts. Montgomery starb an den Folgen eines Absturzes im Jahr 1911.

3

4

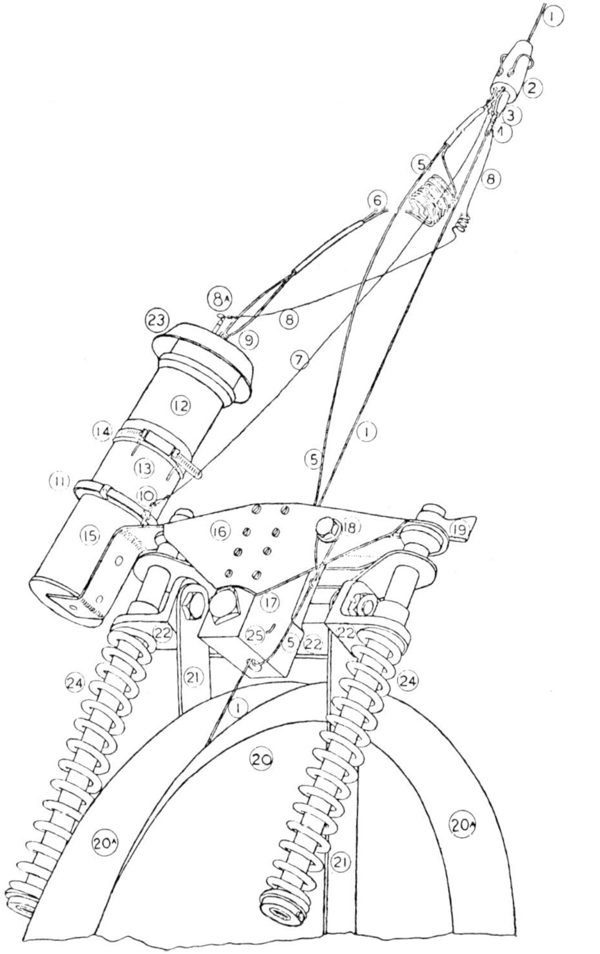


1, 2 Sauls' Luftabwehrdrachen.
3 David Williams aus Kentucky testet die Tragleinen seines modifizierten 9-Meter-Fallschirms. Fallschirmdrachen können einen beängstigenden Zug entwickeln und tendieren zur Ineffizienz. Alle Vorzüge, die solche Drachen haben mögen, dürften bei weitem durch die Gefahren bei ihrer Benutzung aufgehoben werden.
*American Kiteflyers Association.*
4 Die »tödliche Vorrichtung« des Luftabwehrdrachens der britischen Admiralität. Der Aufprall eines gegnerischen Flugzeugs, der zum Teil von den Federn (24) aufgefangen wurde, bewirkte, daß die Drachenleine (1) durch einen Schwungkraftschneider (17) durchtrennt wurde, wodurch die Bombe (12) gegen das Flugzeug hochgezogen wurde. Unmittelbar vor der Lösung der Bombe entfernte ein System von Seilen verschiedener Länge nacheinander den Bombenfreigabestift (10) und den Bombenschärfungsstift (8a). Der Pilzkopf der Bombe (23) betätigte beim Aufschlag auf das Flugzeug den Bombenzünder.

Rogallo, ein Luftfahrtingenieur, der mit der National Aeronautics and Space Administration in Virginia zusammenarbeitete, kam zu der Einsicht, daß flexible Flügel eine potentiell größere Stabilität verleihen als festmontierte Flächen und daß sich der Flugkörper der Bewegung des Winds anpassen solle, nicht der Wind der Form des Fluggeräts oder des Drachens. Rogallo installierte einen großen elektrischen Ventilator in seiner Wohnung und unternahm mit Hilfe seiner Frau Gertrude ausgedehnte Tests und Experimente mit Drachenbauarten, wobei er mit seinem flexiblen Drachen von 1948 schließlich Erfolg hatte. Die Erfindung kam zu einer Zeit auf den Markt, als man Drachen nur wenig Interesse schenkte, und so wurde das Projekt aufgegeben. Dennoch erwies sich das, was in Rogallos Theorien steckte, als sehr interessant für das US-Raumfahrtprogramm, und er war bald mit umfangreichen Forschungen in dem gewaltigen Windkanal von Langley in Virginia beschäftigt, wobei er eine Reihe höchst ausgeklügelter Paraflügel entwickelte, die sich bei der Landung zurückkehrender Raumkapseln ausfahren und mit großer Genauigkeit regulieren ließen. Bei seinen Bemühungen um eine minimale tragende Fläche mit maximalem Auftrieb ging es Rogallo um die völlige Ausschaltung steifer Streben. Über eine Reihe von Flügeln, die ihre Gestalt durch aufblasbare Holme erhielten, führten ihn seine Experimente zur Erfindung des schlaffen Flügels, einer völlig ungestützten Segelfläche, die ihre Form durch die Verteilung der Luftlast auf der Drachenoberfläche und die als Gegenkraft wirkende Spannung der Tragleinen bewahrte. Die Tragleinen bilden, ohne Rückhalt durch starre Streben, die mittlere Achse oder den Mittelkiel des Drachens und der vom Kiel in die tragenden Flügelflächen abgelenkte Wind gibt dem Drachen höchst ökonomisch sowohl Form wie Auftrieb.

Die Merkmale des schlaffen Flügels, der im Grunde ein äußerst manövrierfähiger Fallschirm mit hohem Gleitvermögen ist, ließen ihn rasch zu einem Favoriten der »skydiver« werden, die diesen Flügel als

1

2

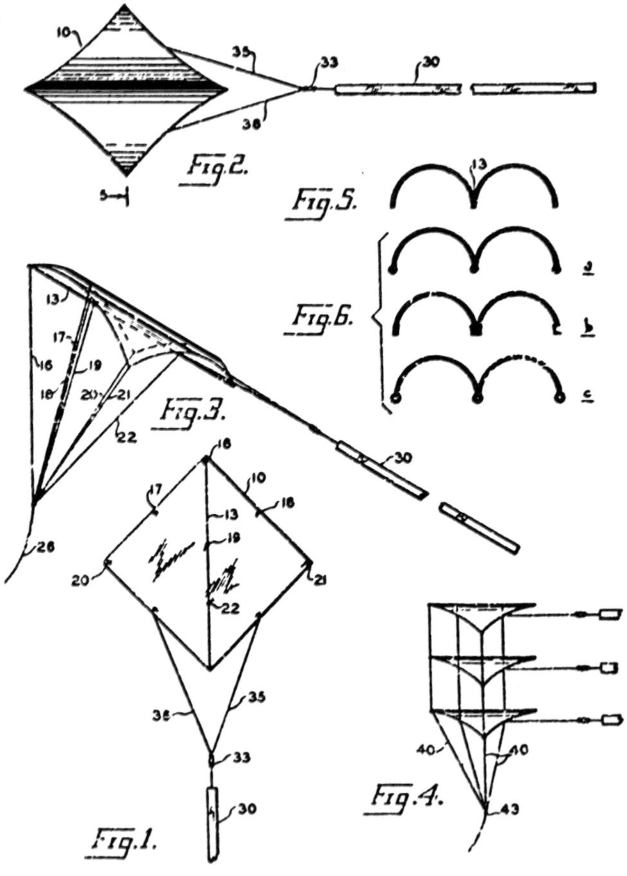


1 Francis M. Rogallo mit einer steuerbaren Version seines Flexiblen Drachens.
2 Rogallos Patentzeichnungen zeigen eine multiple Version seines Flexiblen Drachens.
3 Rogallo führt Modelle seiner flexiblen Tragfläche vor.

sehr leistungsfähigen Hanggleiter benutzen, der nicht absinkt, sondern einen ausgedehnten Gleitflug vollführt. Zu einer Zeit entwickelt, in der der Mensch seine Ressourcen in einer fast schon neurotischen Weise verschwendet, stellen Rogallos Konzepte klassische Beispiele von Reinheit und Effizienz dar. Die einfache Bauart und die hohe Stabilität seiner Flugkörper garantieren ihnen einen dauerhaften Platz in der energie- und kostensparenden Technologie der Zukunft.

PHOTO: TREVOR WOOD

3

PHOTO: ALFRED EISENSTAEDT/TIME-LIFE BOOKS © TIME INC 1975

1 Eine aufblasbare Tragfläche Rogallos bei Windkanaltests im Langley Research Centre in Virginia.
2 Entwurf einer Vorrichtung zum Wiedereintritt in die Atmosphäre mit flexiblen Tragflächen, hauptsächlich gedacht zur Bergung von Raketenmotoren, 1963. Die Signale zur Steuerung des Wiedereintritts und der Rückkehr wurden telemetrisch übermittelt.
3 Rogallos schlaffe Tragfläche bei Tests mit einer Raumkapsel als Last.
*American Kiteflyers Association.*

2

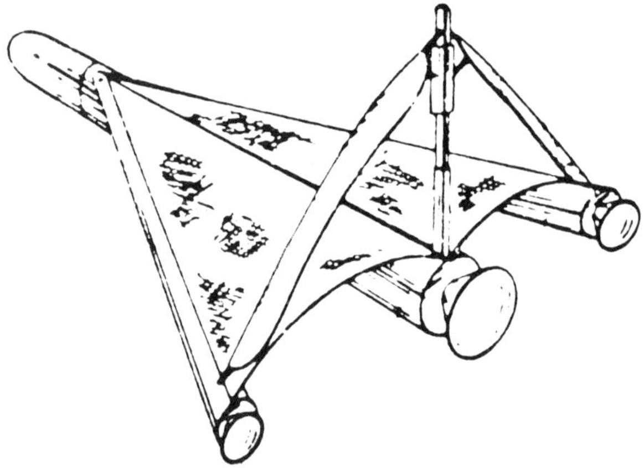

1

3

4

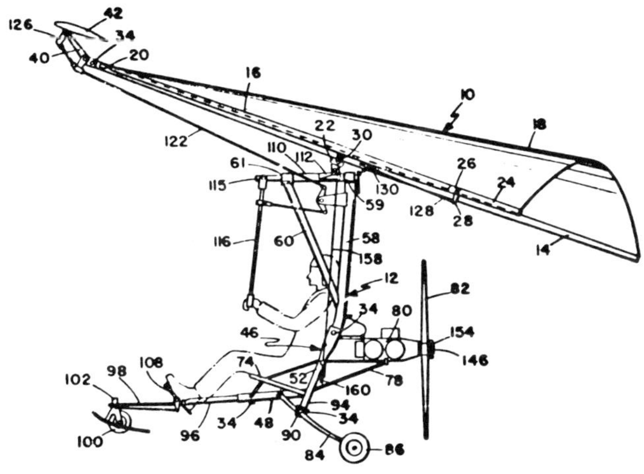


5

PHOTO: HUMPHREY SUTTON

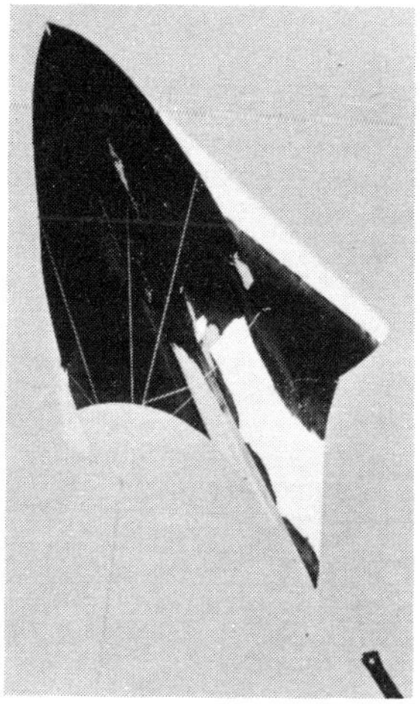

4 Zerlegbares Flugzeug mit flexibler Tragfläche, von Girard, La Mesa und Landgraf 1966 für die Ryan Aeronautical Company entwickelt.

5 Rogallos Flexibler Drachen, 1948.

6 Russell Halls Drachen, 1966.

7 Darstellung der raketengetriebenen Schleudersitz-Delta-Tragfläche der Bell Aerospace Company.

*Popular Science Publishing Co.*

6

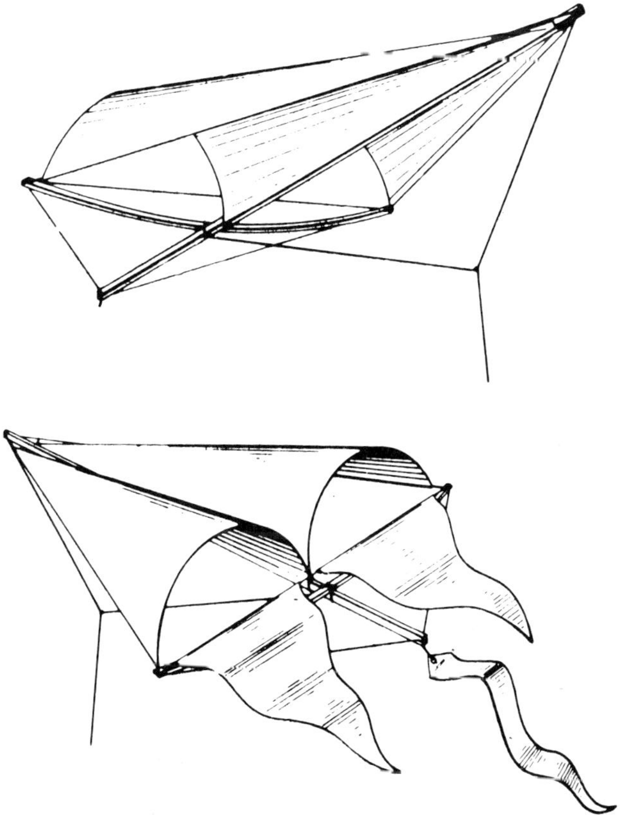

7

Eine andere, völlig neue Drachengattung kam 1950 mit der Patentanmeldung dessen auf, was als Allison- oder Scott-Schlitten bekannt werden sollte. Die Konzeption dieses Drachens war das Werk William M. Allisons aus Dayton, Ohio, dessen Patent wegen eines möglichen Konflikts mit dem noch ausstehenden Patent für den flexiblen Drachen Rogallos erst 1956 erteilt wurde. Im wesentlichen handelt es sich bei Allisons Erfindung um einen halbstarren Baldachindrachen, der nur in der Längsfläche eine Stütze hat und den Wind nutzt, der den Baldachin durch seitliche Stützung des Gebildes offen hält. Die ganz außen an den Seiten angebrachten Schnüre halten eben diese Seiten nieder, so daß sie Kiele bilden und dem Drachen eine bemerkenswerte seitliche Stabilität verleihen. Allisons Patentbeschreibung zeigt, daß dieses gleichfalls als flexibler Drachen bezeichnete frühe Modell drei Grate hatte, die eine spitz zulaufende Bespannung ohne Luftöffnungen trugen.

2

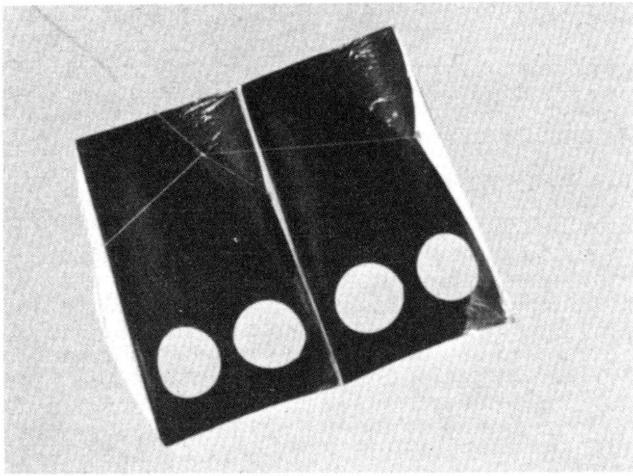

1

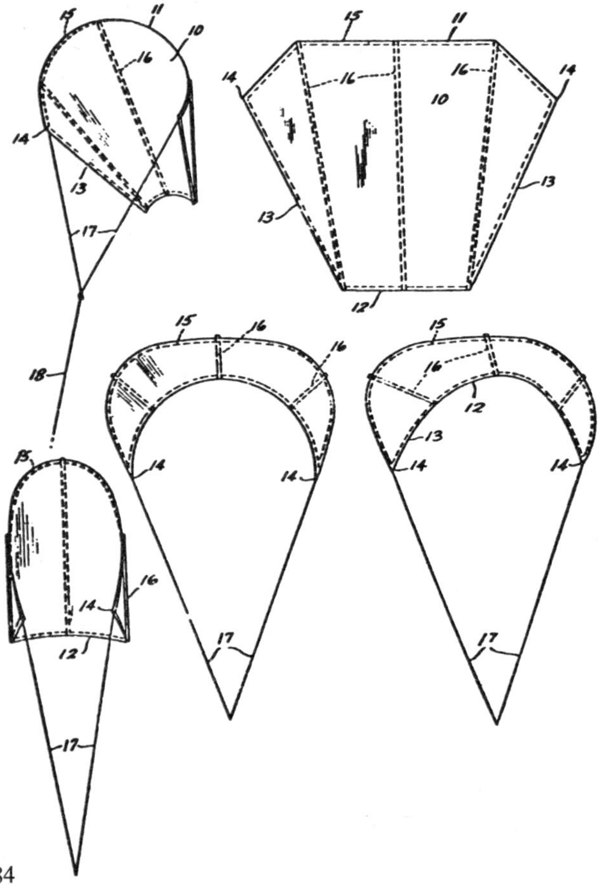

3

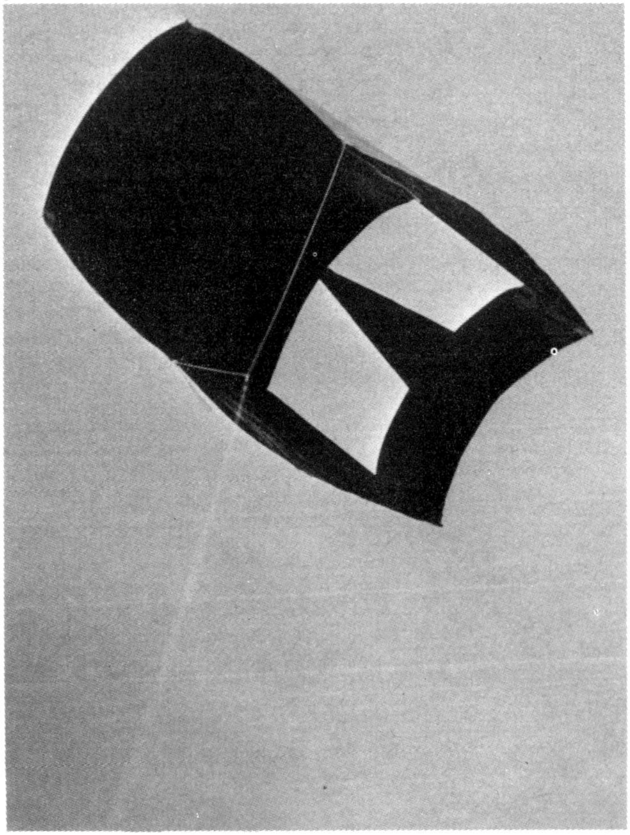

4

Der Allison-Schlitten scheint in dieser Form wenig erfolgreich gewesen zu sein, bis Frank Scott, gleichfalls aus Dayton, 1964 eine modifizierte Spielart des Originals einführte, die in der unteren Hälfte eine Luftöffnung aufwies und deren Seiten nicht mehr spitz gegen die Hinterkante zu, sondern parallel verliefen. In dieser Form ist der Drachen ein höchst leistungsfähiger und beweglicher Flugkörper, der in steilem Winkel thermisch aufsteigen kann, aber auch dazu neigt, seine Form zu verlieren und zusammenzuklappen, wenn entweder der Wind nachläßt oder ihn ein heftiger Seitenwind trifft. Wegen dieser Eigenschaft ist es besonders wichtig, den »Schlitten« an einer straffen Schnur steigen zu lassen, damit sich seine Form durch eine rasche Betätigung der Leine wiederherstellen läßt.

1 Patentzeichnungen zu William Allisons flexiblem Drachen, 1950.
2 Polyäthylen-Doppelschlitten, ein äußerst leistungsfähiger Drachen bei stetigem Wind, nicht teuer und leicht zu bauen.

5

PHOTO: MARK ELLIDGE: TOPIX

6

3 Ed Grauels Abwandlung des Scott-Schlittens verwendet die wirksamsten Luftöffnungen, die je für diesen Drachentypus ersonnen wurden. Ein Zusammenfallen ist so gut wie ausgeschlossen. Der Drachen steigt schnell und hat einen steilen und stabilen Flugwinkel.
4 Der Peter-Powell-Stunter ist ein steuerbarer Hochleistungsdrachen. Er reagiert sehr feinfühlig auf Seilzug und kann komplizierte Luftmanöver vollführen, darunter Sturzflüge, seitliche Schleifen und Heckenspringen mit Geschwindigkeiten bis zu fast 100 Stundenkilometern bei kräftigem Wind.
5 Powell mit Stunter-Drachen. 23 Meter lange Himmelsschreiberbänder lassen erkennen, wo sich der Drachen befunden hat. Die Abbildung zeigt drei Stunters im »Staffelflug«.
6 Gruppenweise in »Staffeln« fliegend, bilden Powells Stunters ein eindrucksvolles Schauspiel für den Betrachter, während derjenige, der sie bedient, nur den untersten Drachen sieht.

Die neueste Errungenschaft in der Geschichte der Drachenform ist die Parafolie (parafoil), ein völlig originelles Konzept im Drachenbau, erfunden von Domina C. Jalbert aus Boca Raton in Florida. Jalbert hat ein Leben lang damit zugebracht, die Ressourcen des Winds zu nutzen, indem er entweder vorhandene Methoden übernahm und weiterentwickelte oder indem er neue erfand. Wie Rogallo geht Jalbert davon aus, daß die Form sich an die Windbewegung halten solle, und eine seiner früheren Erfindungen, ein vielzelliger Fallschirm, der sich durch eine Vervielfachung der Segelschwerpunkte auszeichnet, nutzt die Windkraft in weit höherem Grad als die Standard-Baldachinbauart mit ihrem einfachen Segelschwerpunkt. Jalbert entdeckte, daß die allgemeine Form des herkömmlichen Fallschirms ineffizient war, weil sie so viel Luft ungenutzt ließ, und ging daran, eine zu entwerfen, die eine größere Luftmasse aufnehmen konnte, höhere Tragfähigkeit besaß und stabiler und sanfter zu Boden glitt. Zusätzlich war der Fallschirm um der höheren Stabilität und Manövrierfähigkeit willen mit einem doppelten Kiel ausgerüstet. Jalbert ersann mehrere geistreiche Neuerungen: Dank seinem bemerkenswerten Geschick, die Windkräfte zu verwenden und seiner Liebe zum gleitenden Flug brachte er eine höchst leistungsfähige Luftklappe zustande, die eine Brise unabhängig von ihrer Richtung zu »finden« und unter die Tragflächen zu lenken vermochte. Seine Verwendung vielzelliger Oberflächen brachte ihn auch dazu, einen sehr verstärkten Spinnaker für Rennjachten zu entwickeln, bei dem jede Zelle so gut wie unabhängig von den anderen wirkt und die Kraft, wie Jalbert erklärt, auf eben die Weise zustande kommt, wie ein Fenster mit vielen Scheiben stärker ist als eine nicht unterteilte große Glasscheibe. Der als Super-Chute bekannte Spinnaker Jalberts verleiht außerdem dem Bug einer Jacht zusätzlichen Auftrieb, wodurch sich der Widerstandsfaktor des Rumpfs beträchtlich verringert. Für Byrds Antarktisexpeditionen entwickelte Jalbert ein Kleinluftschiff als Antennenträger. Das Gebilde, eine Art Kreuzung zwischen Drachen und Ballon, wurde Kytoon genannt und war im Grunde ein Flugballon mit starren Auftriebs- und Stabilisierungsflächen. Während die Stabilisa-

1

2

1 Überprüfung der Steuerleinen des vielzelligen Jalbert-Fallschirms.
*Mit freundlicher Genehmigung von Florida Life.*

2 Die nach ihrem Erfinder, dem bekannten amerikanischen Luftfahrtkonstrukteur Jim Bede, benannte Bede-Tragfläche. Sie ist eine sicherere Alternative zum Hanggleiter gewöhnlicher Bauart und wird vor dem Start mit Helium gefüllt.

3

toren den Kytoon gegen den Wind halten konnten, sorgten die Flügelflächen für einen guten Auftrieb und gestatteten, den Flugkörper genau über seinem Ankerpunkt zu vertäuen, wobei er sich, anders als ein normaler Ballon, in den Wind erhob, statt zur Erde getrieben zu werden. Wegen seiner verhältnismäßig hohen Steuerbarkeit sind große Versionen von Jalberts ursprünglichem Kytoon noch immer in der kanadischen Holzindustrie in Gebrauch; man verwendet sie, um Stämme in sonst unzugänglichen Gegenden hochzuheben.

1963 kam Jalbert, angeregt durch den Tragflügelteil seines Luftfahrzeugs, die Idee, eine Auftriebsfläche in Gestalt eines steifen Flügels für niedrige Geschwindigkeiten herzustellen, der völlig aus Stoff bestand und seine Form nicht durch schwere feste Gebilde erhielt, sondern völlig durch die Wirkungsweise des Winds, der durch Öffnungen in der Vorderkante eintrat und einen inneren Druck erzeugte. Der Flügel ist unterteilt durch eine Reihe tragflächenförmiger Spanten aus Stoff, Rippen oder Steigstücke genannt, die während des Flugs die entscheidende Tragflächenform halten. Die seitliche

4

5

3 Jalbert mit einem kleinen Kytoon.
4 Der Jalbert-J-15 demonstriert den leistungsfähigen Flugwinkel der Parafolie.
5 Die J-30-Parafolie wiegt nur zweieinhalb Pfund. Die Jalbert-Parafolien errangen 1975 einen ersten Platz bei den nationalen »Sky Diving«-Wettkämpfen der USA.
*Jalbert Aerology Laboratory, Inc.*

Stabilität kommt durch ein System dreieckiger Bauchflossen oder Ausbauchungen zustande, die an die Vorder- oder Unterseite des Drachens genäht sind. Diese Flossen werden durch ein System von Trägleinen in Form gehalten, die im Grunde eine vielschenklige Waage bilden, an der die Parafolie fliegt.

Die Parafolie ist ein echter Drachen und das Ergebnis aus einer Verschmelzung von Jalberts Hauptinteressen. Sie vereinigt Ballon-, Fallschirm-, Tragflächen- und Drachenmerkmale und ist die leichteste, leistungsfähigste und wirtschaftlichste nicht-motorisierte Auftriebsfläche, die je erfunden wurde. Das als Druckluft-Aufblähung bekannte Prinzip nutzend, ist die Parafolie die Verwirklichung des sprichwörtlichen »Himmelsankers«.

Eine weitere Verfeinerung dieser Grundidee bildete der Einbau einer Luftklappe oder eines Flatterventils, das vorn an die Mittelzellen genäht wurde. Diese Vorrichtung sorgt dafür, daß der Druck in den Zellen nie so groß ist, daß er ihre Form verzerrt, was die Leistungsfähigkeit ungünstig beeinflussen würde. Das Ventil ist ein-

2

1

3

1 Typische indische Kampfdrachenwinde.
2 Mit der Hand gehaltene Hochflugwinden.
3 Will Yolen, ein amerikanischer Drachenveteran, mit einer Thunfischfangwinde, die für den Drachengespannflug verändert wurde.
*American Kiteflyers Association.*

4 Hochflugwinde auf einfüßigem Ständer.
5 Rekordbrecher Vincent Tuzo überprüft einen vom Wind beschädigten achteckigen Bermuda-Drachen, ähnlich dem, mit dem er den Dauerflugrekord von 49 Stunden und 40 Minuten aufstellte.
*Mit freundlicher Genehmigung von Bermuda News Bureau.*
6 Start eines Bermuda-Riesen.

4

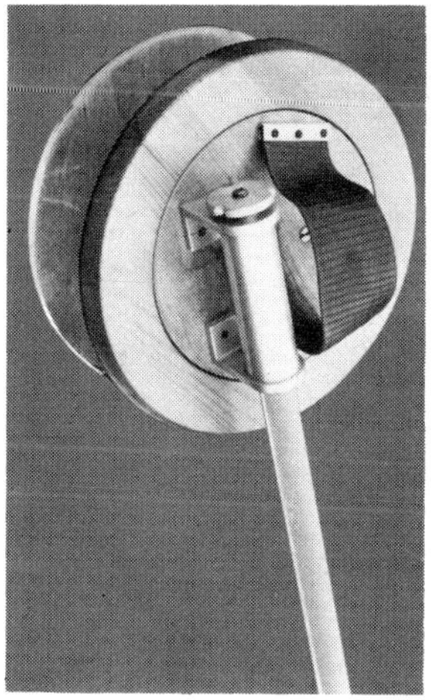

fach ein Rechteck aus Nylongewebe, das in den Bauch des Drachens eingelassen ist. Eine entsprechende luftundurchlässige Klappe ist in der Zelle angebracht und nur an der Leitkante angenäht. Steigert sich der Luftdruck in der Zelle bis zu dem Punkt, daß er höher ist als derjenige der umgebenden Luft, wird die Klappe infolgedessen nach vorn gedrückt, so daß sie den überschüssigen Druck abläßt und die Zelle ihre optimal wirksame Form behält. Das Prinzip des Flatterventils ist im Paraschlitten — einem nahen Verwandten der Parafolie — weiter ausgebaut. Auch hier ist das Ventil in die Öffnungen der Leitkante eingebaut und sorgt im Fall nachlassender Windgeschwindigkeit dafür, daß der Druck in der Zelle erhalten bleibt; dies bewahrt den Drachen vor dem Verlust seiner notwendigen Form.

Die Parafolie wird auf vielfältige Weise für militärische Zwecke eingesetzt. Ihre vollen Möglichkeiten, Nutzlasten hochzuheben, sind dabei noch nicht voll genutzt, während ihre Verwendung als Fallschirm einen Piloten oder Fallschirmspringer in die Lage versetzt, Entfernungen zurückzulegen, die fünfmal so groß sind wie die

5

6

Absprunghöhe: Damit ermöglicht sie Ausweich- und Fluchtmanöver weit über die Grenzen eines herkömmlichen Fallschirms hinaus. Wer die Parafolie benutzt, kann auch bei weit kräftigeren Winden sanft landen, als dies normalerweise denkbar ist, indem er nämlich seinen Fallschirm unmittelbar vor dem Aufsetzen in den Wind dreht.

J. G. Hagedoorn, Professor für Geophysik an der Universität Leiden, entwickelt derzeit eine weitere Anwendung der Parafolie. Ein leistungsfähigeres — und wahrscheinlich optimales — Segelgerät vor Augen, verfolgt Hagedoorn das Endziel, den Jachtrumpf völlig aufzugeben, weil er ein ineffizientes und Bremswirkung erzeugendes Hemmnis sei. Sein »Aquaviator« wird im Prinzip durch eine riesige Parafolie über Wasser gehalten, während an seiner Takelage eine hochentwickelte Spielart des Ottergeräts, des Unterwasserdrachens hängt, der beim Minenräumen Verwendung findet. Durch eine geschickte Steuerung des Luft- wie des Wasserdrachens möchte Hagedoorn über die Wasserfläche streifen und dabei den absolut minimalen Widerstand und die maximale Effizienz beider Elemente nutzen.

1

2

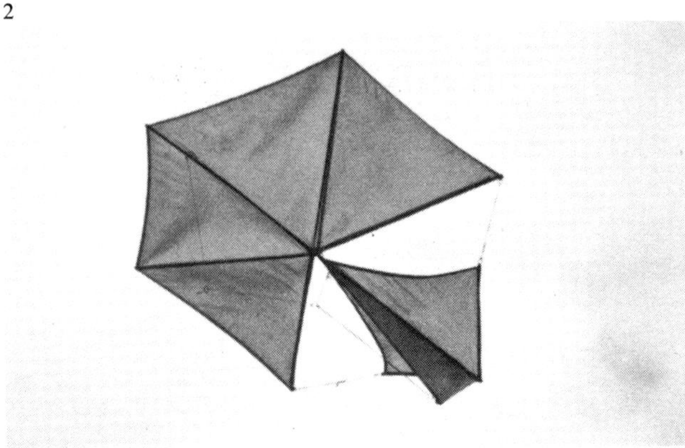

PHOTO: PAUL HILDER

3

PHOTO: PAUL HILDER

1 Sechzehnzelliger Tetraeder der Synestructics, Inc.
*Mit freundlicher Genehmigung von Go Fly a Kite Store, Inc.*
2 Sechseckiger Rolloplan mit Flosse und Seitenruder, gebaut vom Verfasser.
3 Segelvogeldrachen mit Seitenruder.
4 Vielfarbiger Doppelkasten oder doppelter Conyne-Drachen mit abnehmbaren Flächen für den Flug in kräftigem Wind.
5 Standardausführung eines Eddy-Bogendrachens.
6 Jalberts J-7,5-Parafolie mit Schleppsack. Dieser nur 91,5 cm große Typus wird als Spielzeug verkauft.

4

5

6

PHOTOS: HARRI PECCINOTTI

1

2

3

PHOTOS: HUMPHREY SUTTON

4

PHOTO: HARRI PECCINOTTI

5

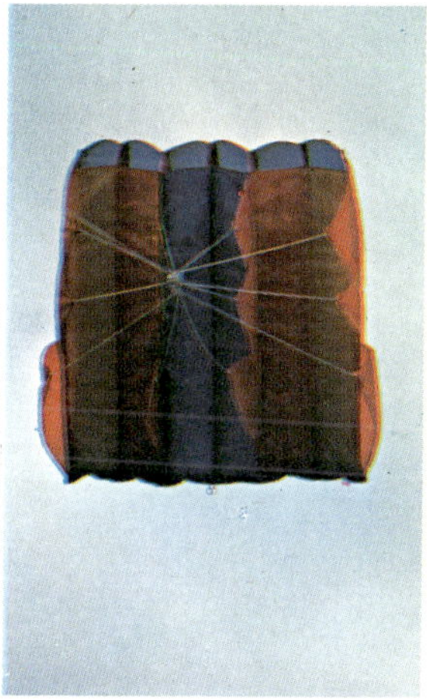

PHOTO: HUMPHREY SUTTON

6

PHOTO: HARRI PECCINOTTI

1 Vom Verfasser konstruierter leichtgewichtiger, vielfach gebauschter Drachen für extrem geringe Windgeschwindigkeiten.

2 Vom Verfasser konstruierter sechseckiger Rolloplan mit Aluminiumrahmen, Flosse, Seitenruder und Luftöffnung.

3 Doppelsegel-Rolloplan mit Aluminiumrahmen für leichten Wind.

4 Vom Verfasser konstruierter extrem leichter Bauschdrachen, der bei allen Windgeschwindigkeiten, ausgenommen extrem geringe, mit Schleppsack fliegen kann.

5 Sechszellige Parafolie.

6 Riesenparafolie beim Testflug zum Trimmen der Zugleinen.

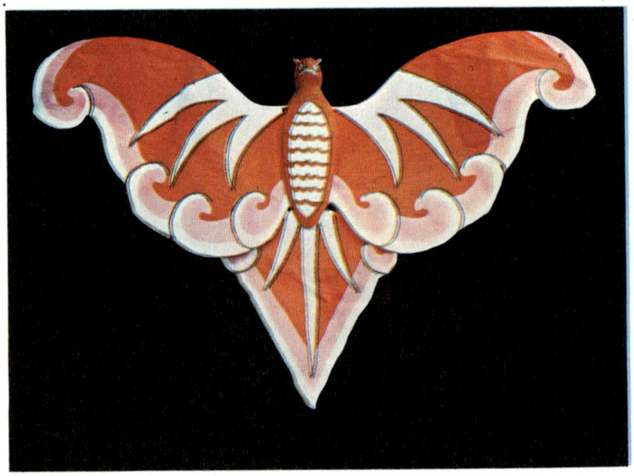
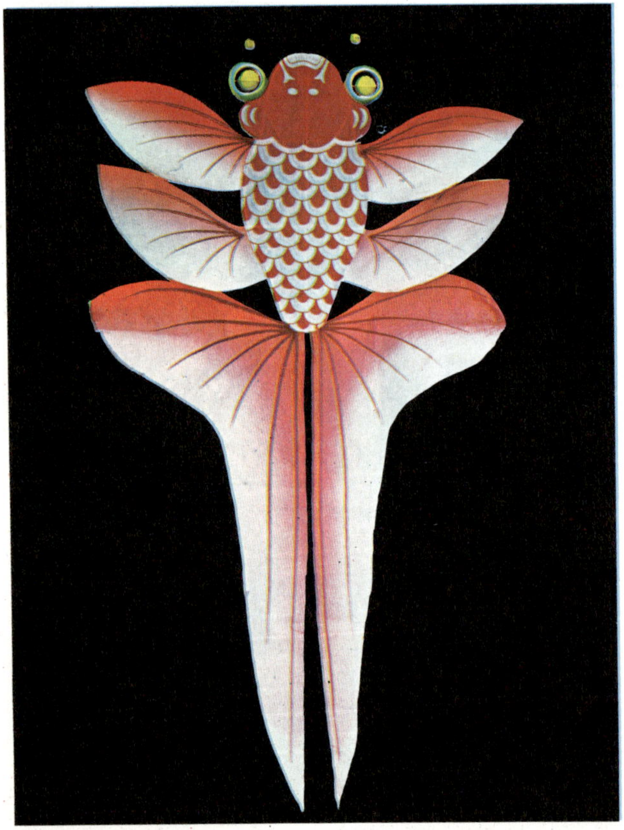

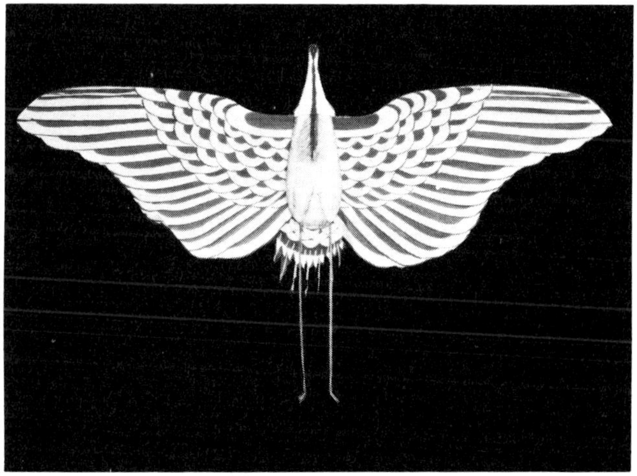

Eine Auswahl moderner Papierdrachen aus der Volksrepublik China.

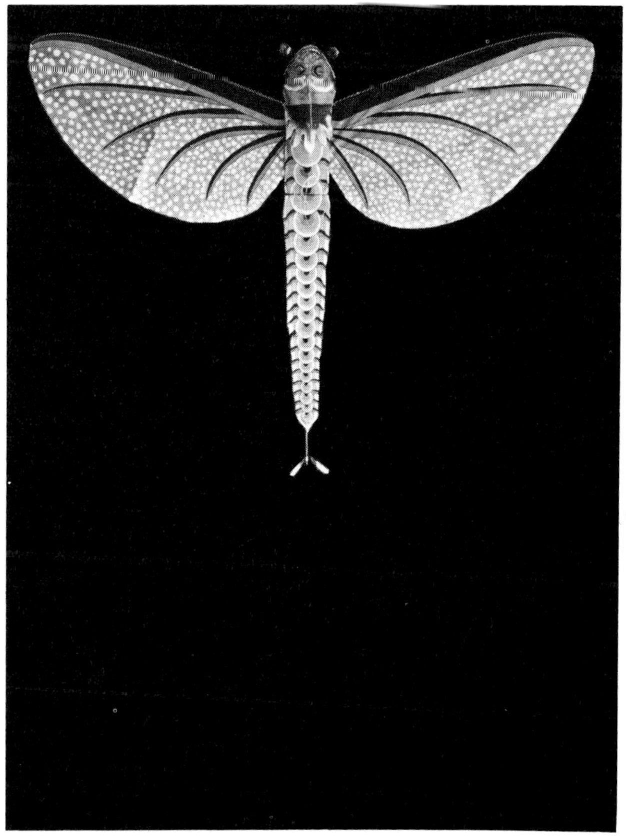

Es hat etwas Tröstliches festzustellen, daß der Drachen, bei allen Fortschritten in seiner Bauweise, die durch militärische oder wissenschaftliche Bedürfnisse bewirkt wurden, als ästhetischer Gegenstand betrachtet, auch heute noch Künstler inspiriert.

Während die lange Tradition der Drachenmalerei — die mitwirkt, die Träume und die Legenden des alten Japan lebendig zu erhalten — von modernen Meistern wie Teizo Hashimoto, Toranosuke Watanabe, Tatsusaburo Kato und Tsuzan Yoshitani fortgeführt wird, beschäftigt sich eine Anzahl begeisterter Künstler und Handwerker in Ost und West noch immer mit dem Konzept des Drachens als eines Mediums, das ihren kreativen Impulsen Ausdruck verleiht.

Das Werk des bekannten amerikanischen Bildhauers Tal Streeter ist hier insofern von besonderem Interesse, als es traditionelle japanische Drachenbaumethoden mit einer ihrem Wesen nach westlichen Einstellung zur bildenden Kunst vereinigt. Nachdem er einige Jahre mit geschweißtem Stahl gearbeitet und sich intensiv mit Objekten befaßt hatte, die den Blick mittels der Skulptur auf die umgebende Landschaft und den Himmel lenken, widersetzte sich Streeter der etablierten Maxime, daß das Augenmerk des Betrachters auf das Werk selber zu lenken sei. Als er seine 21 Meter hohe Zickzackform *Endless Column* im New Yorker Central Park errichtete, erkannte er, daß die Erweiterung seines Werks — da die Arbeit ausdrücklich darauf angelegt war, den Blick immer weiter nach oben zu führen — im Himmel selber lag. Infolgedessen reiste er lediglich deshalb nach Japan, um die alte Kunst des Drachenbaus zu studieren, mit vielen Drachenbauern, -sammlern und -liebhabern zusammenzukommen und zu sprechen, wobei er völlig in der japanischen Kultur aufging und sich alles Erreichbare von den Fertigkeiten, den Auffassungen und gelegentlich auch den Geheimnissen Japans aneignete. Streeter, der in Japan selber Drachen baute, veranstaltete in der angesehenen Minami-Galerie in Tokio eine Einzelausstellung, ehe er nach New York zurückkehrte, wo er weiterhin schöne Drachen baut und nicht nur ein hohes Maß an Kunstfertigkeit erkennen läßt, sondern auch eine tiefe Wertschätzung japanischen Denkens und Empfindens.

1

2

1 Tal Streeter bei der Arbeit an einem quadratischen Drachen unter Verwendung traditioneller japanischer Methoden und Materialien.
*Mit freundlicher Genehmigung von Tal Streeter.*

2 Eine Ausstellung von Streeters »Fliegenden Roten Linien«, 1972.
*Mit freundlicher Genehmigung der A. M. Sachs Gallery.*

3 »Drachen, rote Linie am Himmel«, 1970. Kolorierte Bleistiftzeichnung Tal Streeters auf Millimeterpapier.
*Museum of Modern Art, New York.*

4 Streeter und Helferin bei den Startvorbereitungen für eine 4,6 Meter große »Fliegende Rote Linie«.
*Mit freundlicher Genehmigung von Tal Streeter.*

3

4

PHOTO: JIM ENYEART

Das Steigenlassen von Drachen blieb im Osten jahrhundertelang eine regelmäßig geübte gesellschaftliche Betätigung, und ein einziger am Himmel auftauchender Kampfdrachen gilt als Aufforderung zu einem Wettkampf. Häufig bauen ganze japanische Dörfer kollektiv Drachen und lassen sie einfach um des Spaßes willen steigen, da Drachen dieser Größe für Kämpfe zu gefährlich sind. Das alljährliche zweitägige Fest in Hoshubana ist zwar in mancher Weise typisch, aber doch auch insofern außergewöhnlich, als die Hoshubana-Drachen die größten sein sollen, die heute in Japan gebaut werden. Sie messen 14,5 mal 11 Meter, ihre Seile sind 30 Meter lang, und es sind 50 Mitglieder des O-dako-Vereins von Hoshubana nötig, um die Riesen zum Vergnügen der 70000 Zuschauer in den Himmel steigen zu lassen.

Formelle Vor-dem-Flug-Aufnahme der Hoshubana-Flugmannschaft.
*Mit freundlicher Genehmigung von Tal Streeter, aus The Art of the Japanese Kite.*

Ein hervorragender Drachenbauer aus Yokosuka, Matsutaro Yanase, setzt seine große Kunstfertigkeit ein, um eine verblüffende Vielfalt von Drachen zu bauen, die Kindern und Erwachsenen gleicherweise optisches und geistiges Vergnügen bereiten. Seine farbigen, hoch am japanischen Himmel fliegenden Schöpfungen sind fragile Sinnbilder einer geruhsameren, freundlicheren und angenehmeren Lebensweise.

Im Westen bildet die zehn Jahre alte American Kiteflyers Association das Zentrum des Drachenflugs. Sie hat Mitglieder in allen amerikanischen Staaten und sechsundzwanzig verschiedenen Ländern, und über ihre immer umfangreicher werdenden Aktivitäten wie auch über Drachenformen, Neuigkeiten und Auffassungen berichtet die Vierteljahresschrift der Vereinigung, *Kite Tales.* Das Vorhandensein gut gehender Geschäfte wie des *Go Fly a Kite Store* in New York und von *Come fly a Kite* in San Francisco, die nur Drachenenthusiasten beliefern, läßt etwas vom Ausmaß des derzeitigen Aufschwungs erkennen. Angesichts der bedeutsamen Entwicklung des Drachens und seiner Anpassung an die technologischen, ästhetischen und Erholungsbedürfnisse des modernen Menschen erscheint die Annahme nicht unwahrscheinlich, daß die Zukunft des bescheidenen Drachens so reich sein könnte wie seine Vergangenheit.

Drachenbaumeister Matsutaro Yanase inmitten der Utensilien seines alten Handwerks.
*Mit freundlicher Genehmigung von Tal Streeter.*

Der Bekkako-Drachen gibt einen einheimischen Schausteller wieder, der ins Leben der Bewohner von Yokosuka traditionell Glück und Fröhlichkeit bringt. Von Meister Matsutaro Yanase, Yokosuka. Falls nicht anders angegeben, sind alle Fotos dieses Abschnitts mit freundlicher Genehmigung von Tal Streeter der Veröffentlichung »The Art of the Japanese Kite« entnommen.

Der Semi, einer der vielen beliebten japanischen Insektendrachen, stellt die Zikade dar. Von Matsutaro Yanase, Yokosuka.

Der Tsugaro ist insofern einzigartig unter den japanischen Drachen, als sein Rahmen aus einem bestimmten Zypressenholz gebaut ist, nicht aus dem sonst unvermeidlichen Bambus. Von Tsuzan Yoshitani, Hirosaki.

Die Malereien auf der Vorderseite des Tsugaro-Drachens gehören zu den schönsten, die man in Japan findet. Von Tsuzan Yoshitani, Hirosaki.

Ein sechseckiger Sanjo-Drachen mit der Darstellung eines Kabuki-Schauspielers als Oishi Yoshio. Von Toranosuke Watanabe, Shirone.

Ein alter Sanjo-Drachen mit dem
Porträt des Samurai-Kriegers
Yoshitsune. Sammlung des Verfassers.

Ein schönes Exemplar des Edo
Drachens. Edo war der alte
Name Tokios.
Von Teizo Hashimoto, Tokio

Ein Suruga-Drachen mit dem
traditionellen Kriegermotiv.
Von Tatsusaburo Kato, Shizuoka.

Ein Yakko- oder Dienerdrachen, Von Matsutaro Yanase, Yokosuka.

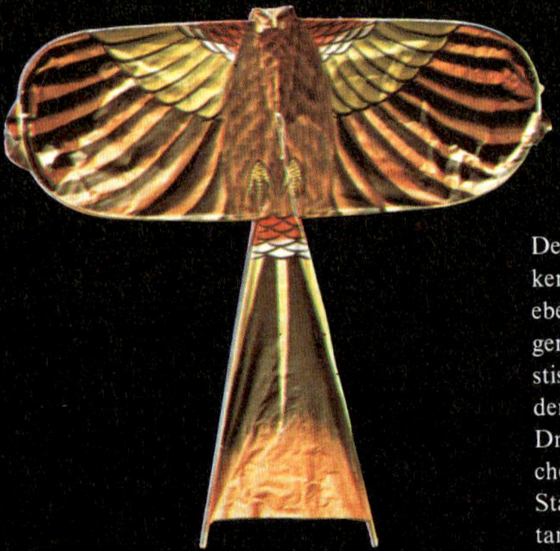

Der Mikawa-Tombi- oder Falkendrachen. Die Flügel sind ebenso konstruiert wie diejenigen des Yakko. Die charakteristische Fältelung des Papiers an den Flügelenden verleiht dem Drachen einen natürlichen Flächenwinkel, der erheblich zur Stabilität beiträgt. Von Matsutaro Yanase, Yokosuka.

Kimono-Drachen aus Honno mit einem Bildnis Kintaros, einer beliebten Gestalt aus der japanischen Mythologie.

Ein prachtvoller Mori-Buka-Drachen mit dem zähen Karpfen, der sich flußaufwärts voran-kämpft. Das »Buka« im Namen bezieht sich auf das Geräusch, das der Drachen macht, wenn er in die Luft steigt.

Der Hirado-Oniyocho-Drachen stellt die Maskenhelme dar, die einstmals die Samuraikrieger trugen, damit ihre Gefährten sie im Kampf sofort erkannten. Der Rahmen des Oniyocho-Drachens gehört zu den kompliziertesten, die man in Japan findet.

Der Izumo-Iwai-Drachen verwendet kühn ein Ideogramm als Dekoration und Gestaltungsgrundlage. Das Symbol repräsentiert die Schildkröte, die man traditionsgemäß mit langem Leben assoziiert.

## Drachenbau: Papierdrachen

Die vermutlich besten Methoden und Materialien zum Bau von Papierdrachen sind diejenigen, die schon von alters her benutzt werden. Hölzer wie Bambus, Zypresse und Fichte vereinigen Stärke mit Leichtigkeit und sind vergleichsweise leicht zu bearbeiten. Der Rahmen muß leicht, kräftig und so symmetrisch wie möglich sein, und die Stäbe sind vor dem Zusammenbau auf ihr Gleichgewicht hin zu prüfen. Dies geschieht, indem man den Mittelpunkt des Stabes anzeichnet und ihn auf einer Messerkante balanciert. Alle Ungleichheiten sollte man mit Sandpapier abschleifen oder wegschnitzen, bis ein gutes Gleichgewicht erzielt ist. Obgleich der Bambus viele ausgezeichnete Eigenschaften hat, wie Leichtigkeit, Stärke, Biegsamkeit und Haltbarkeit, erfordert ein Bambusstab oder -bogen ein großes Maß an sorgsamer Vorbereitung, ehe man ihn mit Erfolg für einen kleinen bis mittelgroßen Drachen verwenden kann. Das Gewicht eines gewöhnlichen Bambusstabs ist ziemlich ungleichmäßig über seine ganze Länge verteilt, und die Knoten verdienen besondere Aufmerksamkeit bei der Ausbalancierung. Für die komplizierter geformten Drachen des Ostens verwendet man gespaltenen Bambus oder spanisches Rohr, da sich diese Hölzer leicht in die kompliziertesten Formen zurechtbiegen lassen, wenn man sie entweder in Wasser einweicht oder während des Formens über einer Gasflamme oder einer Kerze erwärmt. Es ist jedoch ratsam, diese Technik mit einigen Abfallstücken zu üben, ehe man ernstlich an die Arbeit geht. Die gebogene Vorderseite oder »Nase« des französischen Birnenspitzendrachens wird, ebenso wie die Längsrippe, traditionsgemäß aus einem Hartholzrundstab angefertigt; allerdings benutzten Kinder im Frankreich des 18. Jahrhunderts hölzerne Faßringe, da die Formung des gekrümmten Stabs sehr zeitraubend sein kann und nicht besonders einfach ist. Wichtig ist, mit einem Stück Rundholz zu beginnen, das längsgemasert und astfrei ist. Man sollte es gut in warmem Wasser einweichen. Ist es durchtränkt, untersucht man es abermals auf Äste, da das Wasser die Maserung hervortreten läßt und Unvollkommen-

Ob Bambus oder Rundholz, die Stabenden sollten mit Schnur oder Band umwickelt sein.

Ein Sägeeinschnitt schafft eine gute saubere Kerbe. Die Umwickelung verhindert ein Splittern.

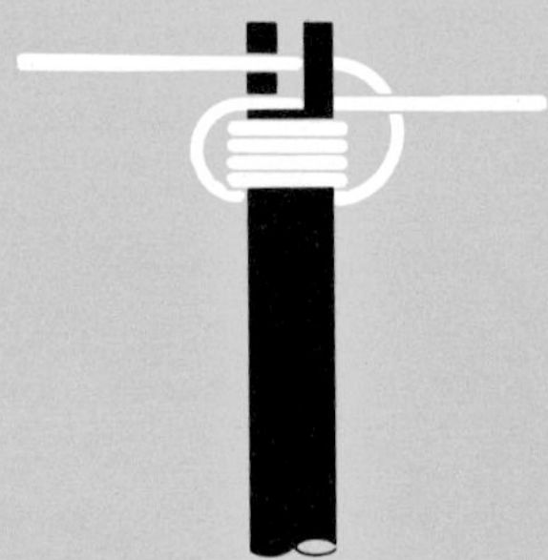

Die Umfassungsschnur wird durch die Stabenden geschlungen und legt den Drachenumriß fest.

Überschneidungen sollten fest verknüpft und reichlich mit Leim bestrichen werden.

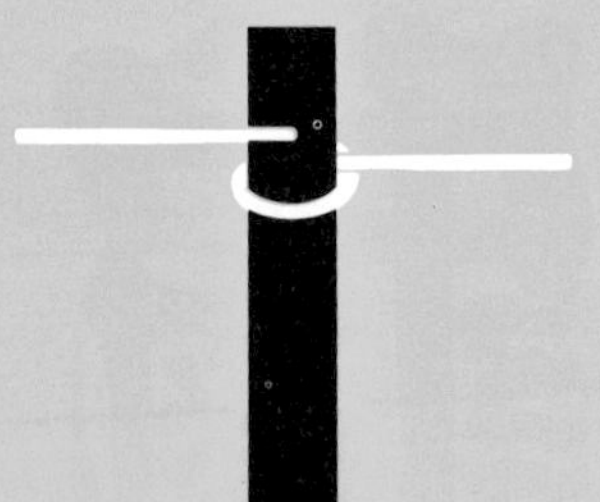

Die Umfassungsschnur läßt sich auch durch in die Stabenden gebohrte Löcher führen.

Eine weitere Methode zur Befestigung der Umfassungsschnüre an den Stabenden ist ein einfacher Knoten.

Die Spannung einer Umfassungsschnur erhöht sich durch Umwickeln der Stabenden nach dem Spannen.

Überschneidungen bilden kräftige Waagenpunkte. Die Waagenschnüre laufen durch die Bespannung.

heiten deutlicher erkennbar werden. Man setzt das Holz einer Dampfquelle aus, bis es biegsam ist, und beginnt sehr langsam, den Bogen zu formen. Fängt das Holz an, sich einer weiteren Formung zu widersetzen, sichert man die Enden mit einem Stück Schnur, um die Krümmung zu fixieren. Dann weicht man das Holz wieder ein und wiederholt die Prozedur. Dieser Prozeß muß möglicherweise mehrmals wiederholt werden, bis die gewünschte Form erzielt ist. Ist das Holz ausreichend gekrümmt, hält man es mit der Bogensehne fest und läßt es trocknen. Nun schneidet man die Längsrippe zurecht und schnitzt in die beiden Enden kleine Kerben, durch die die Rahmenschnur läuft, wenn Bogen und Längsrippe miteinander verbunden sind. Die beste und abermals älteste Technik zur Verbindung zweier gekreuzter Stäbe besteht im Zusammenbinden mit einer kräftigen Baumwoll- oder Leinenschnur. Man stelle die Verbindung nie dadurch her, daß man Einschnitte im Holz anbringt; dadurch entstünden schwache Punkte, die man sich beim Drachenbau nicht leisten kann. Nachdem die Bindfäden gewickelt sind, verknotet man sie und überzieht das Ganze mit einem dünnen Harzleim, von dem man so viel aufträgt, daß er zwischen die Fäden eindringt, da dies nicht nur die Verbindung verstärkt, sondern sie auch wasserfest macht. Feuchtigkeit kann die Schnur länger werden lassen und so bewirken, daß der Drachenrahmen — der in fertigem Zustand unter beträchtlicher Spannung steht — unter den Belastungen, denen er in der Luft ausgesetzt ist, die erforderliche Form verliert. Es zahlt sich aus, Maße und Symmetrie im Fortgang der Arbeit immer wieder zu überprüfen, da ein Grundfehler nicht mehr gutzumachen ist, wenn die Bespannung einmal angebracht ist. Man beginnt am Schwanzende der Längsrippe, befestigt die Rahmenschnur, führt sie zum Bogenende und befestigt sie dort abermals; dann zieht man sie durch die Kerbe an der Spitze des Drachens und kommt zuletzt wieder auf dem Weg über das andere Bogenende am Schwanzende der Längsrippe an. Nachdem man die Rahmenschnur gut befestigt hat, bringt man eine kleine Schlaufe zur späteren Befestigung des Schwanzes an. Die Rahmenschnur sollte kräftig und straff sein; allerdings kann man,

Bambus sollte in Querrichtung gesägt, in Längsrichtung gespalten werden.

Bambus und spanisches Rohr lassen sich durch Verleimen und Umwickeln verbinden.

Um eine kräftige Verbindung herzustellen, sollten Flächen möglichst schiefwinklig gegeneinandergesetzt werden, damit ein maximaler Oberflächenkontakt entsteht.

Alle Bogenstäbe sollten sorgfältig bearbeitet werden, bis eine maximale Symmetrie erreicht ist. Das Geheimnis eines leistungsfähigen Kampfdrachens liegt in einem gut gefertigten Bogen.

falls man Naturfasern verwendet, dem Gebilde zusätzliche Festigkeit verleihen, wenn man die Schnur anfeuchtet und sie rasch wieder trocknen läßt. Nun schneidet man alle losen Schnurenden ab, und der Rahmen ist fertig.

Die wahrscheinlich beste Beschreibung eines idealen Bespannungspapiers gibt Woglom in seinem Buch *Parakites:*

»Es hat sich herausgestellt, daß — nachdem ein ausreichend großes Papier für eine Bespannung vorbereitet war — es eine viel bessere Qualität erhielt, wenn man es ganz zu einem Klumpen zusammenknüllte, es vorsichtig rieb, wie es eine Wäscherin bei der Handwäsche mit einem Stoffstück tut, und es dann wieder glattstrich: Es bekam so die Weichheit, die Elastizität und die Geschmeidigkeit einer alten Banknote. Papier, das ein solches Reiben und Knittern nicht aushält, ist nicht genügend dauerhaft für eine Bespannung. Glattes Papier bewirkt ein rasches und nervöses Verhalten, während geknittertes Papier für den anmutigen, zwanglosen Flug und die Bewegungen sorgt, die für Stoffdrachen charakteristisch sind.«

Woglom ging allerdings von rein praktischen Erwägungen aus und berücksichtigte nicht jene Drachenenthusiasten, die besonders gern einen lebhaften, ungebärdigen Drachen steigen lassen. Geht es mehr um diese Art des Drachenflugs, dann ist die alte englische Methode des Papierspannens ideal. Diese für die alten Bogendrachen traditionelle Technik besteht darin, daß man das Bespannungspapier zwischen zwei feuchte Stoffstücke legt, ehe man es am Rahmen befestigt. Man muß das Papier langsam und gleichmäßig trocknen lassen, dann entsteht eine äußerst glatte und reizvolle Oberfläche.

Die für Drachenbespannungen verwendeten Papiere reichen von derben braunen Packpapieren für große, praktisch genutzte Drachen durch das ganze Spektrum bis zu den feinsten Seidenpapieren, die traditionsgemäß für die indischen Kampfdrachen benutzt werden, während Bermuda-Drachen prachtvoll mit Streifen aus feinem vielfarbigem Gewebe geschmückt sind. Hat man sich für eine Bespannung entschieden, breitet man das Papier flach aus und legt den Rahmen darüber. Man schneidet entweder mit einer Skalpellklinge oder einer

Quasten an den Flügelspitzen dienen nicht einfach zur Dekoration. Indem man die Längsrippe eines fertigen Drachens auf die Kante eines Meterstabs legt, lassen sich die Quasten beschneiden, bis völlige Symmetrie erreicht ist.

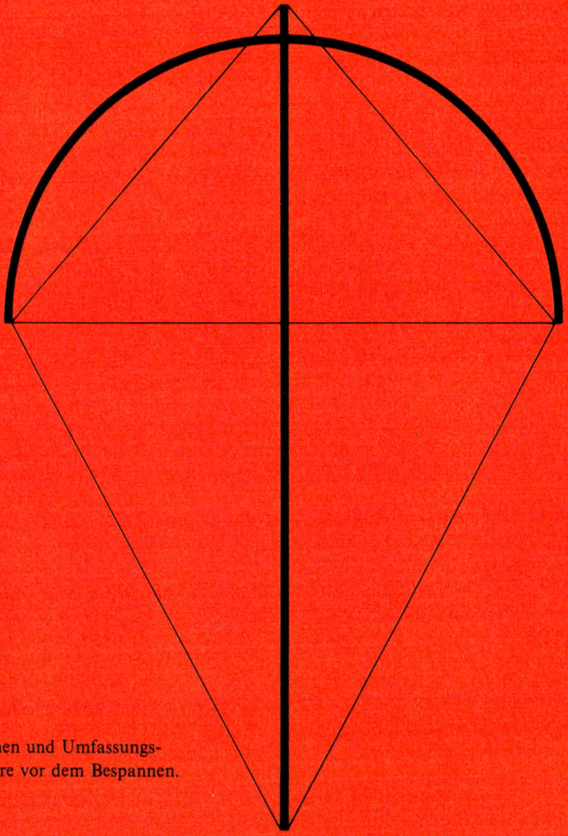

Rahmen und Umfassungsschnüre vor dem Bespannen.

Schere um den Rahmenumriß herum und läßt einen Rand von 3 cm zum Einschlagen. In die Papierränder des Bogens schneidet man Kerben, um ein gutes Aufliegen zu gewährleisten, und dann klappt man einfach alle Ränder über die Rahmenschnüre und klebt sie an der Drachenbespannung fest. Obgleich im Handel eine Vielzahl guter Klebstoffe erhältlich ist, eignet sich der traditionelle Mehlkleister ganz vorzüglich, zumal dann, wenn er erst leicht aufgekocht wurde, da er dadurch besser eindringt, leichter zu verarbeiten ist und nach dem Trocknen nahezu durchsichtig wird.

In der Regel sollte man alle Schnüre innerhalb des Drachenrahmens mit Papierstreifen fest auf die Bespannung kleben, um diese flach auf dem Rahmen zu halten. Auch sollte man ein paar Quadrate aus festem Papier als Verstärkung der Waagenpunkte auf die Rückseite kleben. Diese Punkte sind zwischen Überzug und Längsrippe zu bohren, um die Waagenschnur durchzuziehen. Die Enden dieser Schnur sind sicher an der Längsrippe zu befestigen, denn wenn sie sich lockern sollten, besteht die Gefahr, daß sie bei kräftigem Wind entlang dem Stab auf und ab rutschen und dadurch die Bespannung aufreißen.

Nach der Anbringung der Quasten und eines Papierschleifenschwanzes — der etwa siebenmal so lang wie die Längsrippe sein sollte — ist der Drachen aufstiegsbereit.

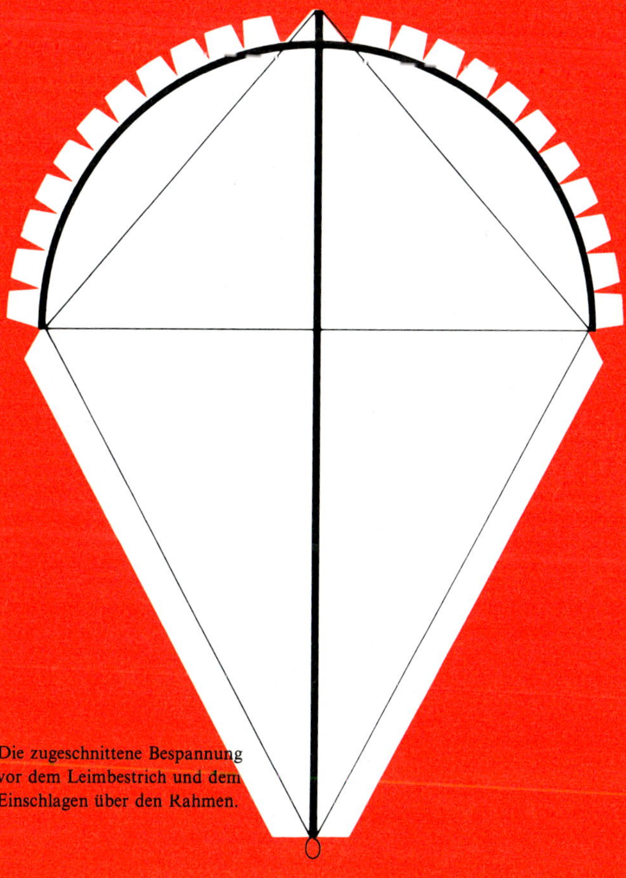

Die zugeschnittene Bespannung vor dem Leimbestrich und dem Einschlagen über den Rahmen.

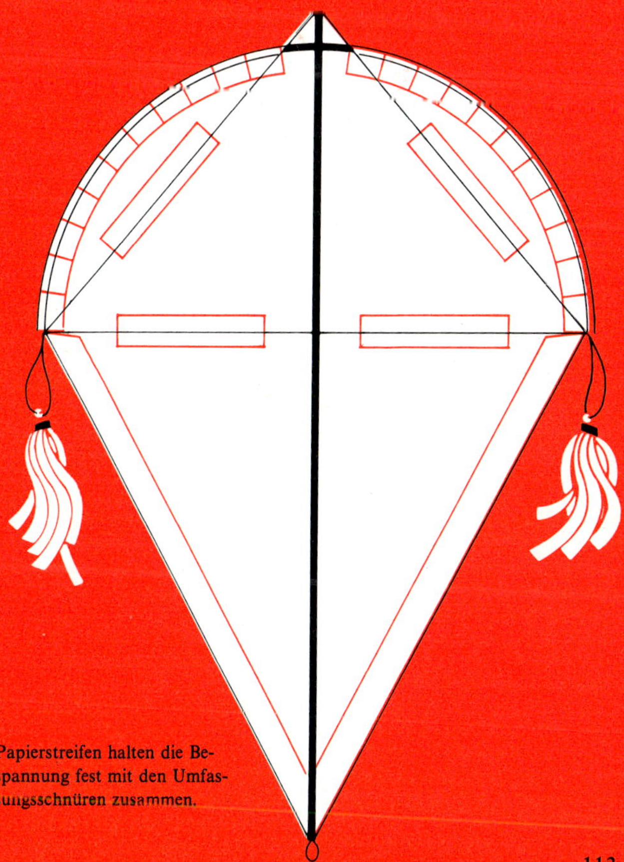

Papierstreifen halten die Bespannung fest mit den Umfassungsschnüren zusammen.

## Drachenbau: Stoffdrachen

Der Hauptvorteil von stoffbezogenen Drachen besteht darin, daß sie kräftig und fest sind, sich ausgeglichen und gleichmäßig durch die Luft bewegen und zusammenlegbar sind. Drachen sind zum Fliegen gedacht, und sie können auf der Erde so plump sein, wie sie in der Luft anmutig sind; infolgedessen befassen sich die hier skizzierten Konstruktionsmethoden mit den Bau von Drachen, die sich zum Transport und zur Aufbewahrung rasch zerlegen lassen.

Hat man Bau- und Stoffart gewählt, zeichnet man eine Schablone einer Drachenhälfte auf kräftiges Papier oder ein großes Stück Pappe. Wenn man sich für eine Stoffbespannung entschieden hat, besteht keine Notwendigkeit, an den Rändern zusätzliches Material zu belassen wie bei Papier- und Plastikdrachen. Man legt den Stoff auf eine glatte Fläche und bügelt ihn mit einem mäßig heißen Bügeleisen. Nun sollte man rings um die Stoffränder Gewichte legen, damit das Gewebe so flach wie möglich aufliegt, und die Mittelachse sollte durch die Laufrichtung des Stoffes bestimmt sein. Nachdem man die Schablone an die Längsachse gelegt hat, sollte auch sie beschwert und festgehalten werden, ehe die Drachenform aufgezeichnet wird. Sind beide Seiten des Drachens in den Umrissen markiert — Schneiderkreide eignet sich am besten dazu —, faltet man den Stoff längs der Mittelachse und prüft die Symmetrie. Nachdem man den Stoff wieder flach ausgebreitet und beschwert hat, bringt man ein 12 mm breites Zelluloseband rings um die Kanten der Form an, und zwar so sorgfältig, daß die Kante des Drachenumrisses genau in seiner Mitte verläuft. Für diese Arbeit sind vier Hände am besten, und falls man das gestraffte Band genau über die Formkante hält und es dann unmittelbar darauf legt, wird die Arbeit sehr vereinfacht. Anschließend beschneidet man den Stoff entlang der Außenkante des Zellulosebands, am besten mit einer Zickzackschere, obwohl bei bestimmten Stoffarten eine gewöhnliche Schere oder eine Klinge und eine gerade Meßlatte geeigneter sein können.

Das Zelluloseband sollte nun in der Mitte gefaltet werden — was bei seiner richtigen Anbringung genau über der ursprünglichen Umrißlinie geschieht. Diese Falte wird jetzt mit einem mäßig heißen

Die Anbringung von Zelluloseband über den Umrißlinien.

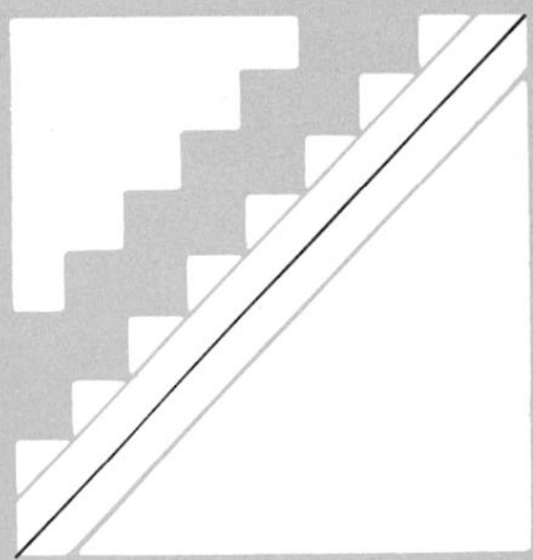

Beschneiden unmittelbar am Außenrand des Zellulosebands.

Das genaue Einschlagen aller Ecken über die Umrißlinie.

Das Annähen des Nahtbandes mittels zweier Stichreihen zur Fertigstellung der Kanten.

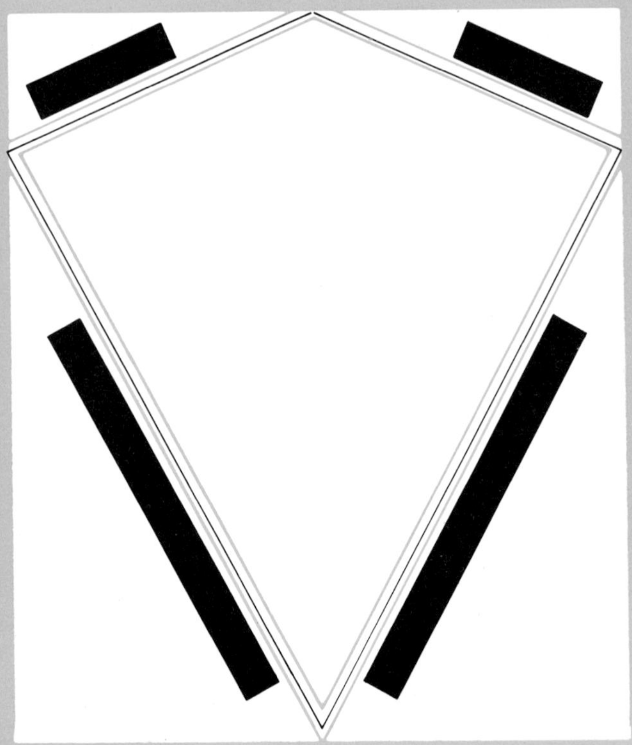

Das Gewebe ist beschwert, so daß es beim Nachzeichnen seine Form behält.

Das Zelluloseband sorgt dafür, daß die Form bei der weiteren Arbeit erhalten bleibt.

Eisen gebügelt, und nun ist die Nähphase gekommen. Mit einer Nähmaschine befestigt man ein 12 mm breites Nahtband — möglichst kein Schrägband, da dieses dazu neigt, sich zu dehnen — so genau wie möglich auf den Rand der Drachenbespannung und achtet darauf, daß der beschnittene (und umgeklappte) Rand der Drachenbespannung sich innerhalb der Nahtbandbreite befindet. Die Stellen, wo Längs- und Querstäbe des Drachens verlaufen, sollten ebenfalls mit Nahtband verstärkt werden. Alle für erforderlich gehaltenen Verstärkungsbänder sollten nun fest an den vorgesehenen Stellen angenäht werden. Anschließend bringt man am Längsrippenband, und zwar an den Waagenpunkten, Ösen an und näht die nötigen Befestigungslaschen vorn und hinten an der Längsrippe und an den Flügelspitzen an.

Jetzt wird das für die Längsrippe vorgesehene Rundholz von geeignetem Durchmesser auf die richtige Länge geschnitten, mit Glaspapier geschliffen und — vorsichtig gebogen — in die vorderen und hinteren Befestigungslaschen der Mittelachse gesteckt. Man prüfe, ob dieser Stab die richtige Länge hat, indem er nämlich den Stoff der Länge nach mäßig spannt und dabei glatt auf der Fläche aufliegt, ohne sich irgendwie zu biegen. Nach der Vorbereitung der Querstrebe setzt man sie in die Befestigungslaschen der Flügel ein und sichert die Befestigungsbänder rings um den Stab mittels Schleifen. Nun prüft man den Sitz der Bespannung. Sind die Ränder des Drachens nicht straff gespannt, ist entweder der Längs- oder der Querstab zu kurz. Treten auf der Oberfläche waagrechte Falten auf, sollte die Längsrippe durch eine längere ersetzt werden. Gibt es senkrechte Falten, ist eine längere Querstrebe nötig. Hat man festgestellt, daß die Bespannung der Länge wie der Breite nach gleichmäßig und straff ist, fertigt man zwei Waagenbefestigungen an, indem man zwei etwa 15 cm lange Nylonschnüre zurechtschneidet. Man nimmt sie jeweils doppelt und befestigt sie mittels eines Buchtknotens an einem metallenen Vorhangring. Man nimmt einen davon und führt beide Enden der Nylonschnur von der Vorder- zur Rückseite der Drachenbespannung durch eine der Ösen. Nun schlingt man die Schnurenden um die Längsrippe und bindet sie hinten mittels eines Kreuzknotens mit halben Schlägen zusammen, wobei man darauf

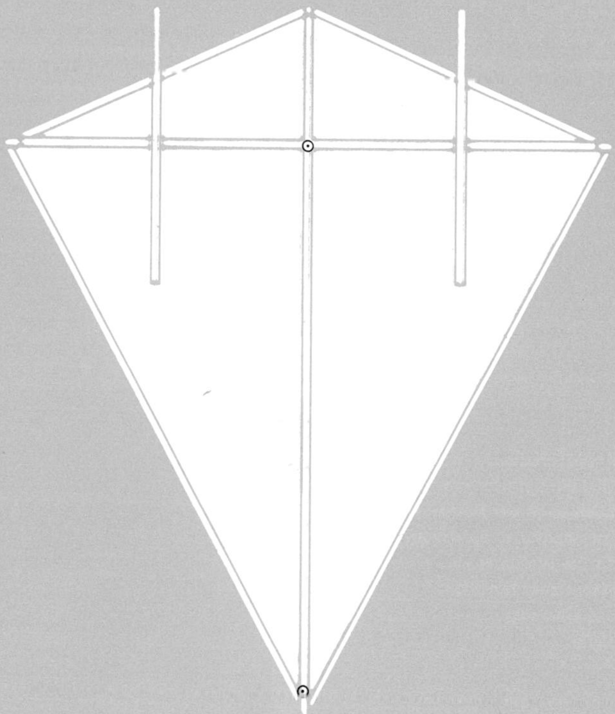

Das an alle Ränder und die Rippenpartien genähte Saumband sorgt für gleichmäßige Spannung auf der Oberfläche. Man bringt Ösen, Befestigungen und Bindevorrichtungen an.

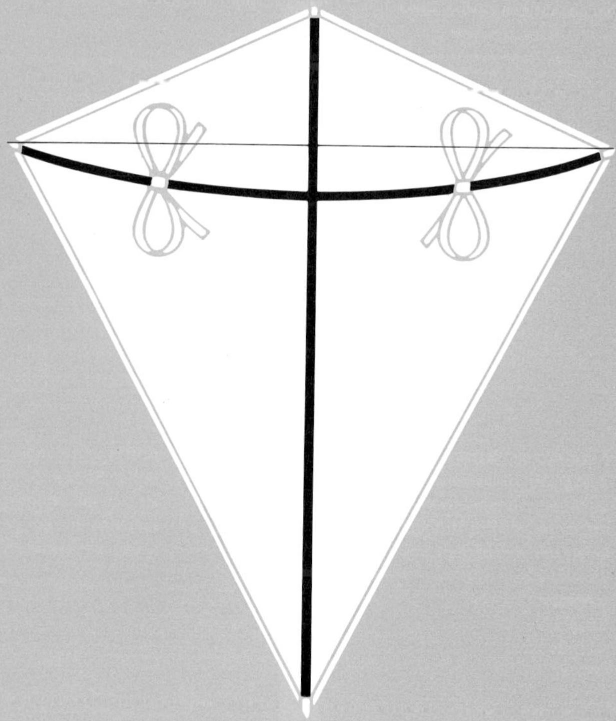

Man schneidet Rundholz für Quer- und Längsstreben zurecht und prüft ihren Sitz

Scharfe Ränder der Holzstäbe entfernt man mit einem Bleistiftspitzer.

achtet, die Enden nahe am Knoten zu beschneiden und anzusengen, um ein Aufgehen zu vermeiden. Das gleiche geschieht an der anderen Waagenbefestigung, und man bringt eine Nylonschnur als Waage zwischen den beiden Befestigungen an. An dieser Waage ist nun, abermals mittels einer Bucht, ein verstellbarer Zugring zu befestigen.

Zuletzt biegt man entweder die Querstrebe oder bringt einen Schwanz an oder versucht um der maximalen Stabilität willen beides. Nach einigen Vortests zur Feststellung des besten Anstellwinkels und der richtigen Krümmung müßte der Drachen sehr gut fliegen.

**Drachenbau: Befestigungen**

Beim Drachenbau hängt alles von allem ab. Ein großer Drachen mit einer sehr porösen Bespannung, die reichlich Luft durchläßt, erzeugt wenig Auftrieb und setzt die Stäbe geringem Druck aus, während ein gleichgroßer Drachen, der mit einem wenig porösen, nicht sehr luftdurchlässigem Gewebe überzogen ist, weit stärkeren Auftrieb erzeugt und die Stäbe zugleich einem viel höheren Druck aussetzt. Ein wenig Experimentieren mit verschiedenen Abwandlungen wird rasch ein Gespür für das Verhältnis von Porosität und Rahmenstärke entstehen lassen.

In den letzten Jahren sind viele scharfsinnige Methoden zur Befestigung der Stäbe am Gewebe entwickelt worden. Diese Punkte sind zumeist sehr empfindlich, da der Stoff gewöhnlich erheblicher Belastung ausgesetzt ist, und man sollte sie auf geeignete Weise mit Stoffbändern verstärken, falls der Drachen hohe Windgeschwindigkei-

Ringbefestigung mit zusätzlichem Ring zur Anbringung der Bogensehne bzw. Spannschnur.

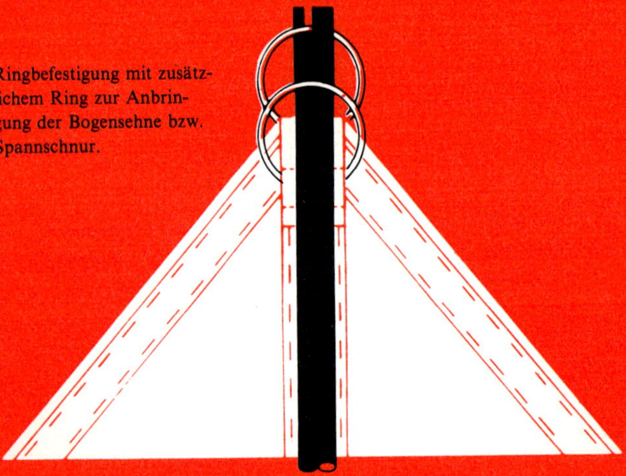

Textil-Taschenbefestigung mit Ring für die Bogensehne bzw. Spannschnur.

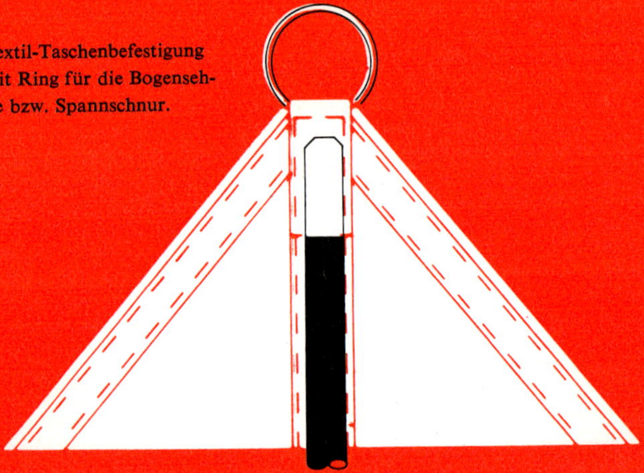

Rohrförmige Befestigung. Befestigungen lassen sich rasch aus Aluminium- oder thermoplastischen Rohren herstellen, indem man diese in kleine Stücke schneidet und ein Ende jedes Abschnitts flachdrückt und durchbohrt. So lassen sie sich mit Nylonfaden an der Bespannung festnähen.

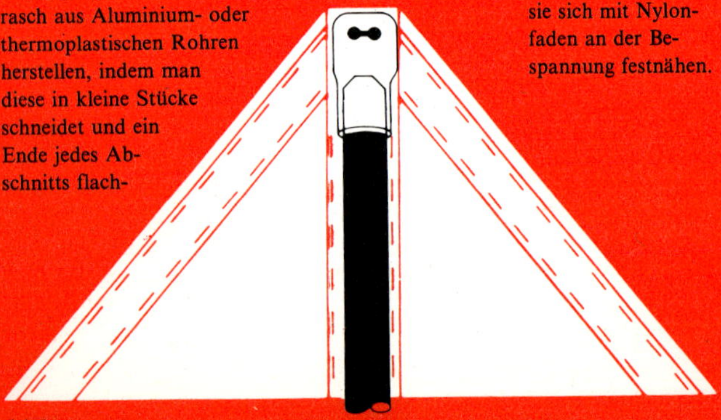

Knopfbefestigung. Ein kleiner Metallknopf wird mit Nylonfaden so an der Bespannung festgenäht, daß Spielraum für das Einführen des Stabes zwischen Knopf und Überzug bleibt.

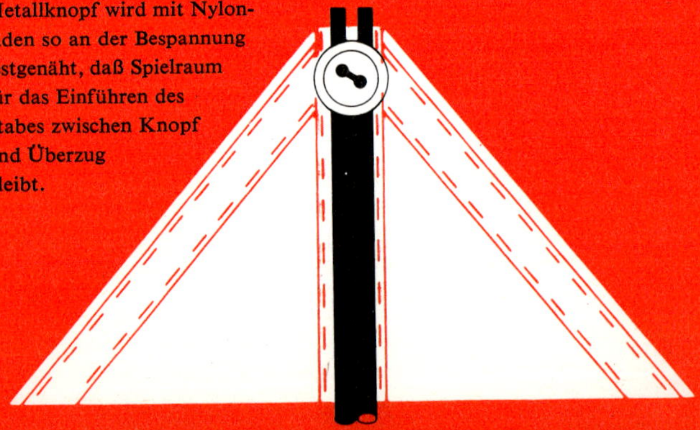

ten und einen gelegentlichen Absturz überstehen soll. Die Standardmethode, Holz an Gewebe zu befestigen, bedient sich sogenannter »Taschen«. Diese können aus Textilband oder auch aus Aluminium- oder thermoplastischen Buchsen bestehen, die man am einen Ende flachdrückt, durchbohrt und mit Nylonfaden an den Überzug näht. Eine praktische Alternative dazu ist die Verwendung von Ringen, in die sich die gekerbten Stabenden einführen lassen. Die auf die richtigen Stellen der Drachenrückseite aufgenähten Befestigungsbänder hindern Quer- und Längsstäbe am Zerren und wirken zugleich mit, die Spannung gleichmäßig über die Länge und die Breite der Bespannung zu verteilen.

Einige der komplexeren Kasten- und Verbunddrachen erfordern oftmals komplizierte Verbindungen und Stabbefestigungen. Liebhaber und professionelle Drachenbauer zögern nicht, dafür auch neue Materialien einzusetzen.

Plastikbefestigung. Eine rasche, wirksame Befestigungsmethode, verwendet für Plastikdrachen: ein kurzes Stück Polyäthylenrohr, das zur Aufnahme eines Stabs durchbohrt ist. Die Bespannung hat durchbohrte Laschen.

Einfache Ringbefestigung.

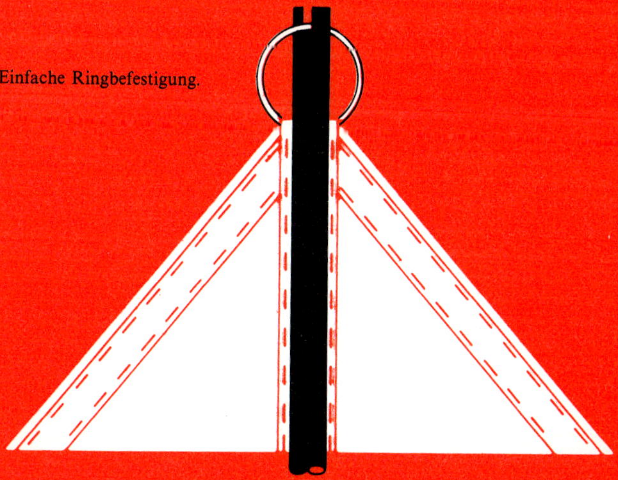

Dreieckstaschenbefestigung.

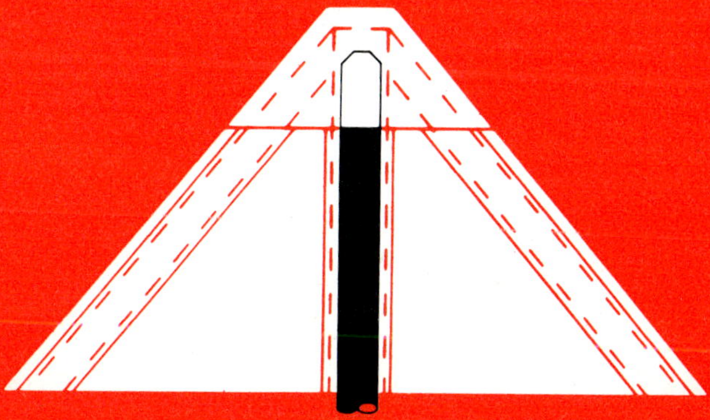

Durch einfaches Übereinanderlegen der Löcher und Unterschieben des Laschenendes entsteht eine sichere Befestigung.

## Drachenbau: Verbindungen und Rahmenmaterial

Äußerst sichere und rasch hergestellte Verbindungen und Befestigungen lassen sich aus biegsamen wie aus steifen synthetischen Rohren anfertigen. Flexible Polyäthylenrohre kann man zu einer fast unbegrenzten Vielfalt von Formen schneiden und biegen, die einen raschen Zusammenbau am Fluggelände gestatten. Thermoplastisches Rohrmaterial wird beim Erhitzen weich, erhärtet aber beim Abkühlen wieder, und dies erlaubt eine sehr leichte Formung. Das Erweichen und Härten von Thermoplast verändert dessen Eigenschaften nicht wesentlich, und daher bildet es ein sehr brauchbares Material zur Anfertigung fester Verbindungen. Es ist wesentlich vielseitiger und leichter als Aluminium, das jahrelang einen bevorzugten Platz im Vorratsschrank der Drachenbauer einnahm.

Das am häufigsten für die Rahmen von Stoffdrachen verwendete Holz ist Weißholz in Form von Rundstäben oder Flachleisten. Für die kleineren Spannweiten oder solche unter geringer Belastung reichen Rundstäbe von 6 mm Durchmesser oder Flachleisten mit einem Querschnitt von 10 · 6 mm aus. Für größere Spannweiten oder solche unter hoher Belastung sollte man 8-mm-Rundstäbe oder Leisten von 13 · 6 mm verwenden. Benutzt man Rundholz für eine Spannweite von mehr als 125 cm, ist es üblich, es in der Mitte mit einem etwa 15 cm langen Aluminiumringbeschlag zu vermuffen, um die Belastung gleichmäßiger über die Gesamtlänge des Stabs zu verteilen. Für sehr große Hochleistungsdrachen wird im Westen traditionell Fichtenholz zusammen mit Bambus verwendet. Auch Aluminiumstäbe sind ein gutes Material zur Verstrebung größerer Drachen, während die neueste Entwicklung, der Fiberglasstab, wegen seines bemerkenswert guten Stärke-Gewicht-Verhältnisses dem Drachenbau ganz neue Möglichkeiten erschließt.

Das Schlüsselwort beim Drachenbau heißt Genauigkeit. Genauigkeit beim Bau und Ausbalancieren des Rahmens, beim Entwurf und

Überschneidung, gehalten von zwei Polyäthylenverbindungsstücken.

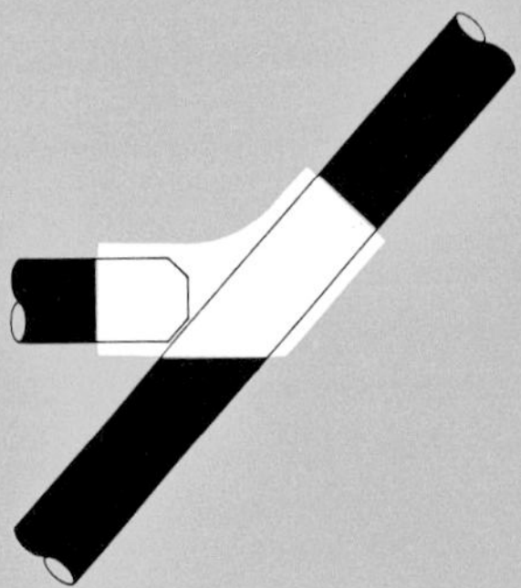

Verbindungsstück, das die Abstandsstütze eines Deltaflüglers hält.

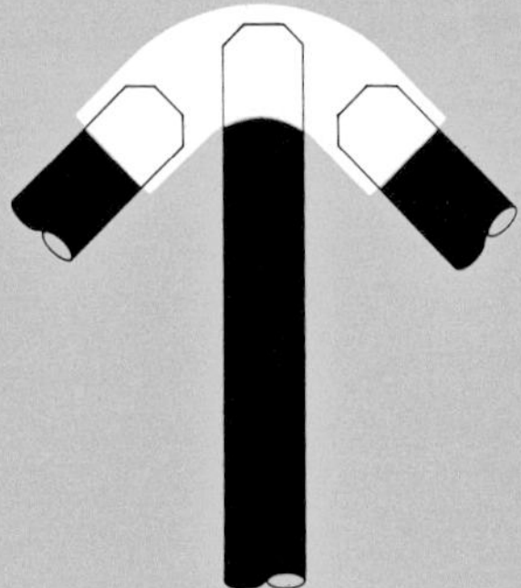

Wirkungsvoller Polyäthylen-Einsatz am Nasenstück von Powells Stunter.

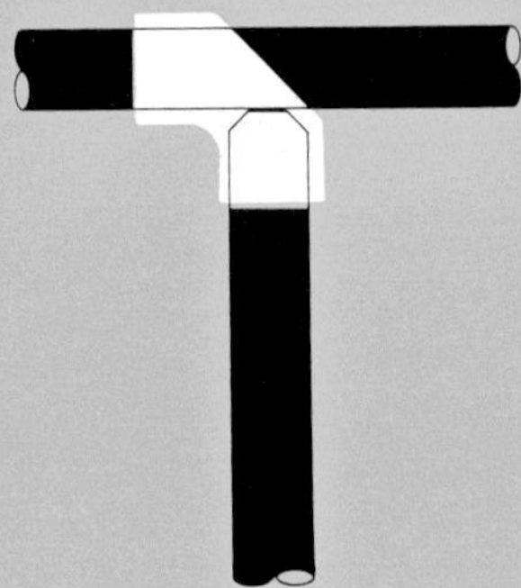

Eine einfache rechtwinklige Verbindung ist ideal für die Zellenstreben eines Kastendrachens.

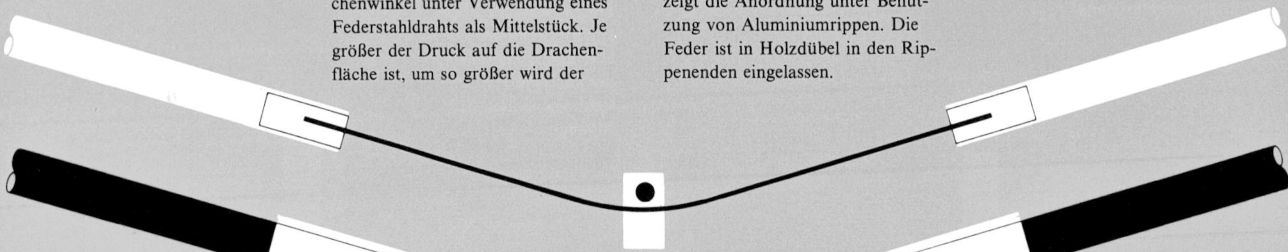

Ein sich selber regulierender Flächenwinkel unter Verwendung eines Federstahldrahts als Mittelstück. Je größer der Druck auf die Drachenfläche ist, um so größer wird der

Ausgleichswinkel. Die Zeichnung zeigt die Anordnung unter Benutzung von Aluminiumrippen. Die Feder ist in Holzdübel in den Rippenenden eingelassen.

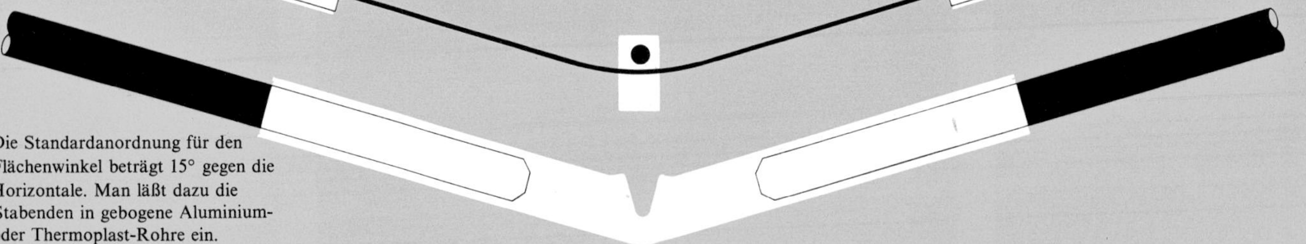

Die Standardanordnung für den Flächenwinkel beträgt 15° gegen die Horizontale. Man läßt dazu die Stabenden in gebogene Aluminium- oder Thermoplast-Rohre ein.

Zuschneiden der Bespannung und beim Annähen oder Befestigen der Bespannung ist unerläßlich für einen kräftigen, gleichmäßigen Auftrieb. Um diese Genauigkeit zu erzielen, ist es ratsam, einen Drachen zu bauen, der in Höhe oder Breite wenigstens 1 m mißt. Wiewohl es möglich ist, die Nachteile kleinerer Konstruktionen in gewissem Grad aufzufangen, gilt als allgemeine Regel, daß der größere Drachen auch stabiler im Flug ist. Alles, was in der einen Spannweite unter 1 m liegt, gilt als kleiner Drachen, und kleine Drachen neigen dazu, im Flug unberechenbar zu sein, es sei denn, sie sind mit fast mikroskopischer Genauigkeit gebaut. Diese Regel hält freilich Fumio Yoshimura nicht davon ab, Drachen herzustellen, die nicht größer als der Nagel eines Mittelfingers sind und die bei einem geeigneten Luftzug an einer Schnur aus Menschenhaar in Innenräumen fliegen.

Es lohnt sich, ein gewisses Maß an Stolz für die handwerkliche Leistung des Drachenbaus zu entwickeln. Sorgfältige Beachtung von Feinheiten und Details, wie etwa das Glätten der Rundhölzer mit Glaspapier und sogar die Anfertigung einer verschnürbaren Tasche zur Aufnahme des zerlegten Drachens — all das bewirkt eine Einstellung, die ein wirkungsvolleres und eindrucksvolleres Drachenfliegen zur Folge hat.

Mit einigen bemerkenswerten Ausnahmen wie den Kampfdrachen besteht das Hauptziel beim Steigenlassen von Drachen in einem guten, stetigen Auftrieb, der für eine fast ruhende Erscheinung am Himmel sorgt.

Ein angebohrtes Polyäthylenrohr zur Befestigung der Zellenstrebe eines Kastendrachens.

Federklemmen an den Enden von Zellenstreben geben einen festen Halt.

Ein in die Strebe eingelassener Nagel, der in ein enges Loch im Längsholm paßt.

Durch ein Loch in der Strebe geführter Draht wird durch Gleitmuffen festgeklemmt.

Um der besseren Zerlegbarkeit willen verklemmt ein Stück verschiebbares Rohr die beiden Hälften einer besonders langen Längsrippe. Ein Bandwickel vor und hinter der Verbindung verhindert ein Wandern der Muffe.

Bei einem rohrförmigen Aluminiumstab muß diese Art von Verbindung mit einem kurzen vorspringenden Kern aus massivem Aluminium versteift werden.

## Drachenbau: Bespannungsmaterial

Nach rund zweitausend Jahren ist Seide immer noch ein ideales Bespannungsgewebe. Ihrer Leichtigkeit und Geschmeidigkeit kommt bislang nichts gleich, um einem Drachen einen beachtlichen Auftrieb und eine elegante Bewegung zu verleihen. Allerdings besitzt Seide nur eine mäßige Reißfestigkeit, sie ist schwierig zu verarbeiten und teuer. Infolgedessen ist ein Seidendrachen etwas Besonderes und nimmt gewöhnlich einen Ehrenplatz in einer Sammlung ein. Das andere von Drachenbauern bevorzugte natürliche Gewebe ist Baumwolle. Die meisten frühen menschentragenden Drachen waren entweder mit Leinen oder Baumwollbatist bezogen.

Die meisten westlichen Drachenbauer bevorzugen moderne synthetische Gewebe aus der großen Familie der Industrienylons, darunter auch reißfestes oder Spinnakernylon und Plastikfolien oder -bahnen, etwa aus Polyäthylen oder Mylar. Zu den synthetischen Geweben aus Kunstfasern gehören Kunstseide, Nylon, Terylene oder Dacron, und man erhält sie in allen Gewichts- und Porositätsgraden. In ihren leichteren, dichter gewobenen Arten sind diese künstlichen Gewebe ideal für Drachenbespannungen, da sie kräftig und geschmeidig, leicht zu verarbeiten und verhältnismäßig preiswert sind. Reißfestes oder Spinnakernylon, ein mit einem einfädigen Netz verstärktes Hochleistungsgewebe, wurde ursprünglich für die Segel von Rennjachten entwickelt. Es ist eines der besten erhältlichen Bespannungsgewebe. Verwendet man es richtig, ist es praktisch unzerstörbar, und es wird in einer großen Vielfalt von Gewichten, Durchlässigkeitsgraden und Farben hergestellt. Polyäthylen ist ein zäher Thermoplast von hoher Flexibilität und beträchtlicher Stärke. In Bogen- oder Folienform hat es überhaupt keine Porosität, man bekommt es in allen Gewichten, und es ist ideal für alle plastikbezogenen Drachen. Es ist rasch und leicht zu verarbeiten und läßt sich entweder mit Zelluloseband oder Polyäthylenzement verkleben; obwohl es thermoplastisch ist, kann

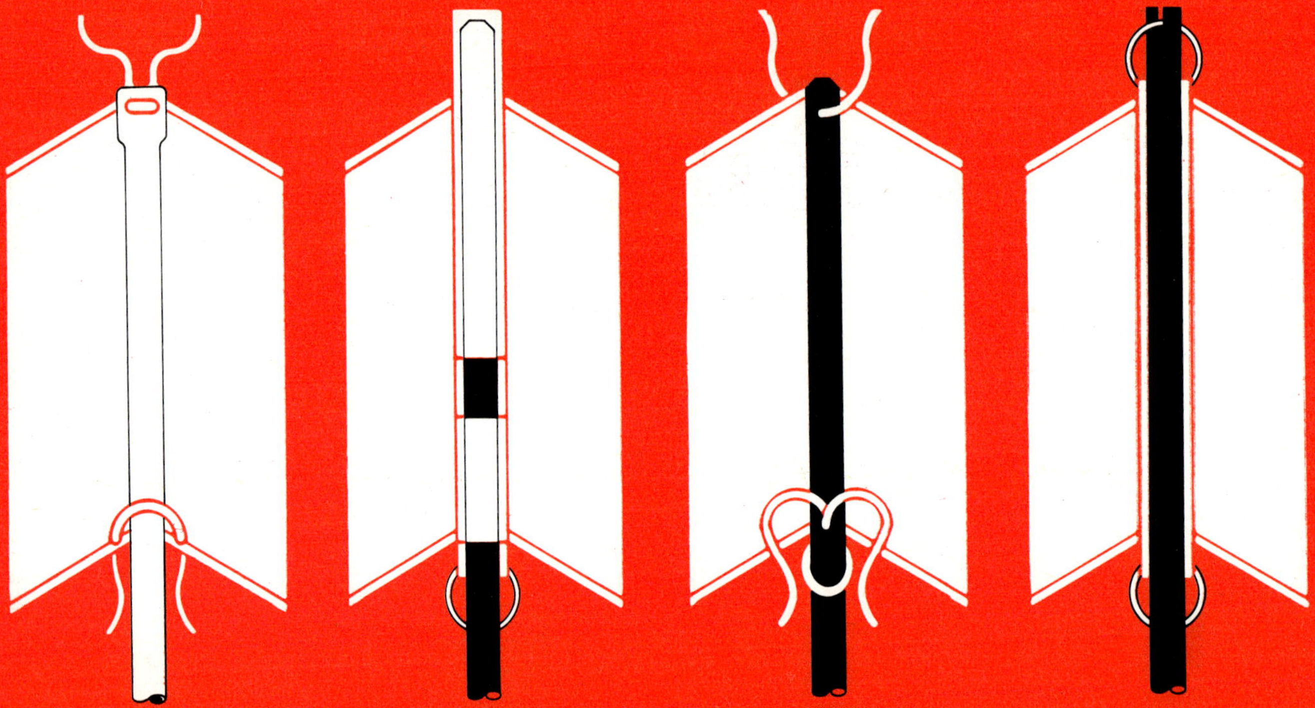

Alternative Methoden, Längsholme in Kastendrachenzellen anzubringen. Die Zeichnung zeigt, wie ein Aluminiumholm abgeplattet, gebohrt und an der Oberkante der Zelle befestigt werden kann.

Eine Bandhülle ist an einer Stelle unterbrochen, um eine Strebe aufzunehmen. Eine Schnur oder ein Band wird durch den Ring am Unterende geführt und an seinem Gegenstück an der Zelle darunter befestigt.

An den entsprechenden Stellen eines Holms, der dann an die Zelle gebunden wird, bohrt man Löcher. Schnurenden von der Unterkante werden an ihren Gegenstücken an der Zelle darunter befestigt.

An beiden Enden der Zelle ist Verstärkungsband mit Ringen befestigt. Abermals verbindet Schnur oder Band den unteren Ring mit seinem Gegenstück an der Oberkante der Zelle darunter. Vgl. S. 121.

man es auch unter Hitzeeinwirkung verschweißen. Obgleich billige Hitzeschweißstäbe zuweilen in guten Modellbaugeschäften erhältlich sind, läßt sich Polyäthylen auch recht erfolgreich mit einem geschickt gehandhabten Lötkolben verschweißen; allerdings ist ein gewisses Maß an vorhergehender Praxis zu empfehlen.

Ein verhältnismäßig neues Produkt, Tyvek, besteht zu 100% aus Polyäthylen von hoher Dichte und ist in seinen weicheren Formen ein so gutes Bespannungsmaterial, wie man es sich nur wünschen kann. Aus endlosen Polyäthylenfäden gesponnen und abgebunden, ist es billig, besitzt eine extrem hohe Reißfestigkeit und ist in einer ganzen Anzahl von Qualitäten und Gewichten erhältlich. Tyvek läßt sich schneiden, ohne auszufransen, man kann es nähen, kleben und allgemein stark beanspruchen, ohne seiner Struktur Schaden zuzufügen, es ist mit Mikroporen ebenso zu bekommen wie in seiner normalen Unporosität.

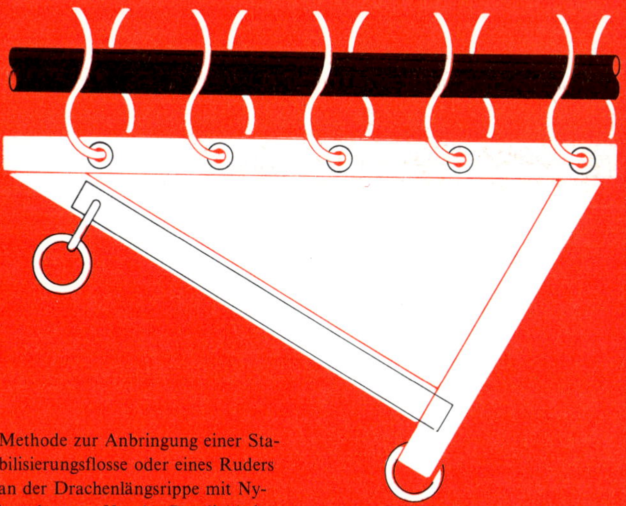

Methode zur Anbringung einer Stabilisierungsflosse oder eines Ruders an der Drachenlängsrippe mit Nylonschnüren. Um der Deutlichkeit willen wurde die Drachenbespannung weggelassen. In Wirklichkeit befindet sich die Bespannung zwischen der Strebe und der Flosse, und die Schnüre laufen durch Ösen, die entsprechend in der Bespannung angebracht sind.

Die Flossenkante, an der die Waage angebracht ist, wird durch einen Stab zwischen Band und Gewebe verstärkt. Eine Gleitwaage (vgl. S. 135) sorgt für einen gleichmäßigen Abwärtsdruck auf der ganzen Flossenlänge.

Der Zusammenbau eines Conyne-Drachens. Zellen und Flügel werden getrennt angefertigt. Die Schlaufe an der Innenkante des Flügels verbindet diese Kante mit dem Holm. Die Holme sind nur der Deutlichkeit halber schon in die Zeichnung aufgenommen, obgleich sie erst eingesetzt werden, wenn alle Näharbeiten abgeschlossen sind.

## Drachenbau: Knoten

Sowohl beim Drachenbau als auch während des Drachenflugs sind reichlich Knoten anzubringen. Diese sind gewöhnlich beträchtlichen Belastungen ausgesetzt, und ein schlecht geknüpfter Knoten kann leicht die Zerstörung oder den Verlust eines Drachens zur Folge haben. Synthetische Schnüre, etwa aus Nylon, Dacron oder Kunststoff, sind besonders schwierig zu befestigen, es sei denn, der richtige Knoten oder die richtige Schlinge wird verwendet, und ein wenig Übungszeit mit einem überflüssigen Stück Schnur kann einem leicht Enttäuschungen auf dem Fluggelände ersparen, zumal dann, wenn man sich an anspruchsvolleren Vorhaben wie Gespannflug oder Gewichttransport versucht. Mangelnde Sicherheit bei den vielen verschiedenen Befestigungen kann ein ansonsten spannendes Experiment verderben, zumal wenn eine kostbare Last, wie etwa eine Kamera, im Spiel ist.

An eines sollte man immer denken, daß nämlich *jeder* Knoten in der Flugleine, so gut er geknüpft sein mag, dazu tendiert, unter Belastung in die Leine einzuschneiden, und daher ein empfindlicher Punkt ist. Infolgedessen sollte man es vermeiden, Flugleinen zu verbinden, und es ist besonders riskant bei großen Drachen, die einen starken Zug ausüben können. *Muß* man jedoch zwei Stücke Flugleine verbinden, haben sich die folgenden Methoden als die befriedigendsten erwiesen. Bei der Verbindung von Naturleinen etwa aus Faden, Schnur oder Zwirn, ist der Fischerstek insofern eine gute Wahl, als er keine scharfen Knicke in der Leine bedingt; er ist schnell und einfach zu knüpfen und geht unter keinen Bedingungen auf. Dieser Knoten eignet sich auch gut für die Verbindung von Leinen verschiedener Dicke, allerdings ist er ganz ungeeignet für synthetische Leinen, die man mit einem Schotenstek verknüpfen sollte.

Die sicherste Methode, synthetische und Naturleinen zu verbinden, besteht darin, beide Enden an einem kleinen Messing- oder Alumi-

Die Bucht ist ein rascher und leichter Knoten, ideal zur Befestigung des Zugrings an der Waage. Unten der fertige Knoten.

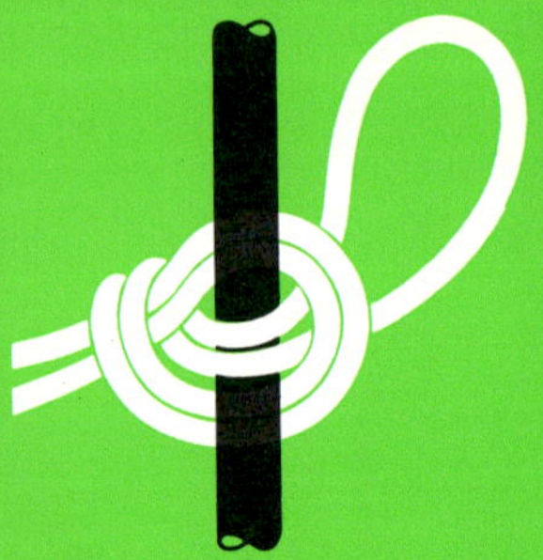

Der doppelte Palstek bildet weiche, wenig reißanfällige Schlaufen. Er ist ideal zur Befestigung von Nebenleinen beim Gespannflug.

Der Kreuzknoten mit Slipsteck ist sicher und leicht zu lösen und gut zur Anbringung einer Nebenleine an einem doppelten Palstek beim Gespannflug geeignet.

Der Kreuzknoten mit halben Schlägen ist im Drachenbau brauchbar für eine schnelle und leichte Verbindung zweier Leinen, die unter geringer Belastung stehen.

Die Bucht läßt sich zur Anbringung von Nebenleinen an der Hauptflugleine beim Gespannflug in leichtem Wind verwenden.

Ein Rundschlag mit zweifachem Schlag schafft eine ausgezeichnete Gleitschlinge zum Befestigen einer Drachenleine.

Der Zimmermannssteck eignet sich besonders zur Befestigung von Nylon- und einfädigen Leinen.

Der Palstek ist ein äußerst sicherer und zuverlässiger Knoten. Er besitzt hohe Bindekraft und ist vielfältig anwendbar.

niumring mit rundem Durchmesser von der Art eines Vorhangrings zu befestigen. Die synthetische Leine macht man mit einem Zimmermannssteck fest, während für die Naturleine ein Palstek am besten ist. Um absolut sicher zu gehen, daß die Verknüpfung nicht aufgeht, machen professionelle Drachenbauer gern an jedem abstehenden Leinenende einen einfachen Knoten, oder sie sengen bei Kunststoffleinen die Enden leicht an, wodurch eine Verdickung entsteht, die den gleichen Effekt hat.

Der doppelte Schotenstek ist ein guter Knoten zur Verbindung von verschieden starken Leinen.

Der dreifach gesicherte Schotenstek eiguet sich zur Verbindung von Nylon- und einfädigen Leinen gleichen Durchmessers.

Der Fischerstek bietet denkbar gute Festigkeit, wenn zwei Stücke Naturleine gleichen oder unterschiedlichen Durchmessers zu verbinden sind.

Die traditionelle Methode, eine vielschenklige Waage so zu verpacken, daß sich nichts verheddert.

**Drachenbau: Rollen und Winden**

Unter allen Ausrüstungsstücken, die beim Drachenflug Verwendung finden, ist das eigenwilligste und am häufigsten mit Enttäuschungen verbundene die Aufwickelvorrichtung. Vom traditionellen Holzstab bis zu hochentwickelten motorgetriebenen und mit Übersetzungen ausgestatteten Winden gibt es ebensoviele verschiedene Geräte wie Drachen selber. Die Freude, die der Drachenflug bereiten kann, wird erheblich beeinträchtigt, wenn man ein ungeeignetes Einholsystem benutzt: Je größer der Drachen und auch die zu erreichende Höhe ist, um so notwendiger ist es, ein leistungsfähiges Aufspulgerät zu benutzen. Während die Stecken, Flaschen und Blechbüchsen, die bei kleinen Jungen so hoch im Kurs stehen, durchaus brauchbar sind, wird das Einholen aus großen Höhen schwierig und mühselig ohne die richtige Ausrüstung.

Leichte bis mittlere Drachen lassen sich sehr gut mit einer Angelrute mit Rolle und einer einfasrigen Nylonschnur bedienen. Will Yolen, eine interessante und bekannte Gestalt der amerikanischen Drachensportgemeinde, läßt Drachen im Gespann von rund 200 Stück an einer entsprechend hergerichteten Tiefseefischereileine mit einer schweren Rolle fliegen, wie man sie beim Thunfischfang verwendet.

Ein wichtiger Aspekt der Drachenrolle ist deren Kernstück oder Trommel. Die Menge an Leine, die bei jeder Umdrehung eingeholt wird, hängt vom Durchmesser der Trommel ab. Eine extrem große Trommel von etwa 30 cm Durchmesser ist imstande, mit einer Umdrehung nahezu 1 m Leine einzuholen, während eine Trommel von 5 cm Durchmesser 6 Umdrehungen benötigt, um die gleiche Leinenlänge aufzuspulen. Je größer jedoch der Durchmesser der Trommel ist, um so schwerer ist die Rolle zu drehen. Winden mit großer Trommel haben oftmals einen langgestreckten Kurbelgriff, der eine stärkere Hebelwirkung garantiert. Große Trommeln werden gewöhnlich bei Drachen für leichte Winde in großen Höhen verwendet, obgleich eine ausgezeichnete Alternative dazu eine verkürzte Angelrute mit einer Übersetzungswinde ist.

Einfache Sperrholzrollen werden durch Fingerlöcher viel leichter bedienbar.

Eine Rutschhaspel. Der Drachen zieht durch seinen Zug die Leine über die Vorderkante.

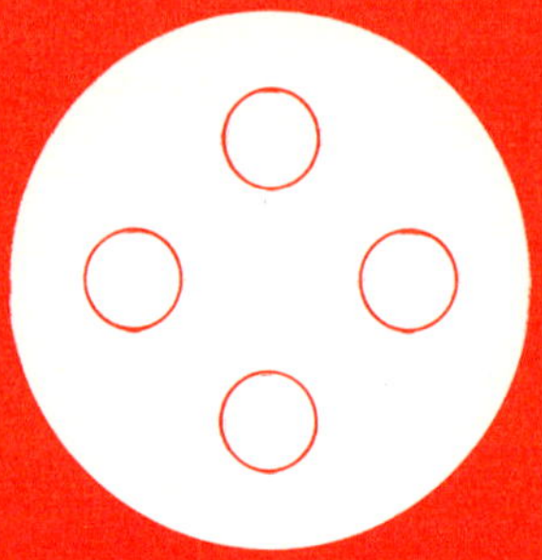

Eine brauchbare Spule aus zwei Sperrholzscheiben und Stäben.

Zwei Stabstücke stehen heraus und bilden Griffe. Man verklebe die Verbindungsstellen gründlich.

Die Rolle, besonders diejenige für Drachen, die in kräftigen Winden fliegen, sollte stabil gebaut sein, weil das Aufwickeln einer bereits gestrafften Leine unter Spannung einen außerordentlichen Druck auf die Windentrommel und in geringerem Maß auch auf die Seitenteile ausübt. Gelegentlich werden unter diesem Druck scheinbar gut konstruierte Winden regelrecht zermalmt und binnen Sekunden zu einem Gewirr von Leine und Splittern. Trotzdem sollte die Leine niemals aufgewickelt werden, wenn sie schlaff ist, da dies unvermeidlich zu Verschlingungen führt. Das Ideal ist eine geringe Spannung in der Leine beim Einholen.

Die höher entwickelten Handwinden sind gelegentlich mit Übersetzungen oder einer Scheiben- oder Klauenbremse ausgerüstet. Obwohl diese Vorrichtungen in äußerst wirkungsvoller Weise beträchtliche Leinenlängen zu bewältigen vermögen, sind sie in der Regel schwer, anstrengend und schwierig bedienbar, wenn sie nicht auf einer Stütze montiert sind. Dennoch werden sämtliche Winden in gewissem Maß durch den Zug der Drachenleine gehalten. Vorhaben mit wirklich starkem Auftrieb sollte man nie unternehmen, ohne eine ausreichende Anzahl von Hilfskräften zum Einholen der Leine zur Verfügung zu haben, und eine gut gesicherte — hand- oder motorgetriebene — Feldwinde ist vonnöten. Eine solche wird selten benutzt, es sei denn bei hochspezialisierten wissenschaftlichen Einsätzen, wiewohl man sie gelegentlich bei Drachenfestivals zu sehen bekommt. Motorgetriebene Winden tendieren dazu, dem Drachenflieger alle schwere Arbeit — und möglicherweise eine Menge Spaß — zu nehmen.

Die Verwendung von Wagenbolzen und drehbaren Griffen bei der Herstellung von Drachenschnurrollen zahlt sich aus. Die Bolzen werden am besten zur Verstärkung mit Aluminiumrohr vermufft. Die viergriffige Rolle hat Vorteile gegenüber der gebräuchlicheren zweigriffigen, wie sie auf der gegenüberliegenden Seite dargestellt ist. Nicht nur, daß ihre bessere Ausgewogenheit eine bequeme Bedienung gestattet, der Benutzer hat auch in einem Notfall eine doppelt so große Chance, einen Griff zu »erwischen«.

Ein ausgezeichneter Drehgriff entsteht dadurch, daß man eine Holzkugel — wie man sie leicht in Holzgeschäften bekommt — durchbohrt und sie wie in der Zeichnung oben mit einem Wagenbolzen, einer Belagscheibe und zwei Paar Gegenmuttern befestigt. Der Griff sollte sich um einer maximalen Hebelwirkung willen möglichst nah am äußeren Ende der Rolle befinden. Die Gegenmuttern am Ende des Bolzens sollten der Bequemlichkeit halber in den Griff versenkt und das Bolzenende hinter den Muttern verbreitert sein, um ein Abrutschen zu verhindern.

Eine kräftige und leistungsfähige Winde für große Höhen läßt sich unter Verwendung einer Fahrradnabe als Achse anfertigen. Dies verschafft eine extrem leichte Bewegung, was für Flüge in größerer Höhe wesentlich ist. Die Winde kann man entweder aus Holz oder Aluminium anfertigen, und obwohl hier die Version dargestellt ist, die man in der Hand halten kann, läßt sie sich auch an Pfosten oder dergleichen befestigen.

Die Abkürzungen AD und ID bezeichnen den Außen- und den Innendurchmesser.

A Siebenschichtige Sperrholzscheibe; 20,5 cm Durchmesser
B Plastikrohr; 11 cm AD, 10,3 cm ID
C Dreischichtiger Sperrholzring; 10,2 cm AD, 5 cm ID
D Standardfahrradnabe
E Dreischichtiger Sperrholzring; 10,2 cm AD, 2,5 cm ID
F Siebenschichtiger Sperrholzring; 20,5 cm AD, 17,5 cm ID
G Dreischichtiger Sperrholzring; 17 cm AD, 12 cm ID
H Siebenschichtige Sperrholzscheibe; 15 cm Durchmesser
I Leder- oder Gurt-Handschlaufe
J Rechteckige Aluminium-Unterlegscheiben

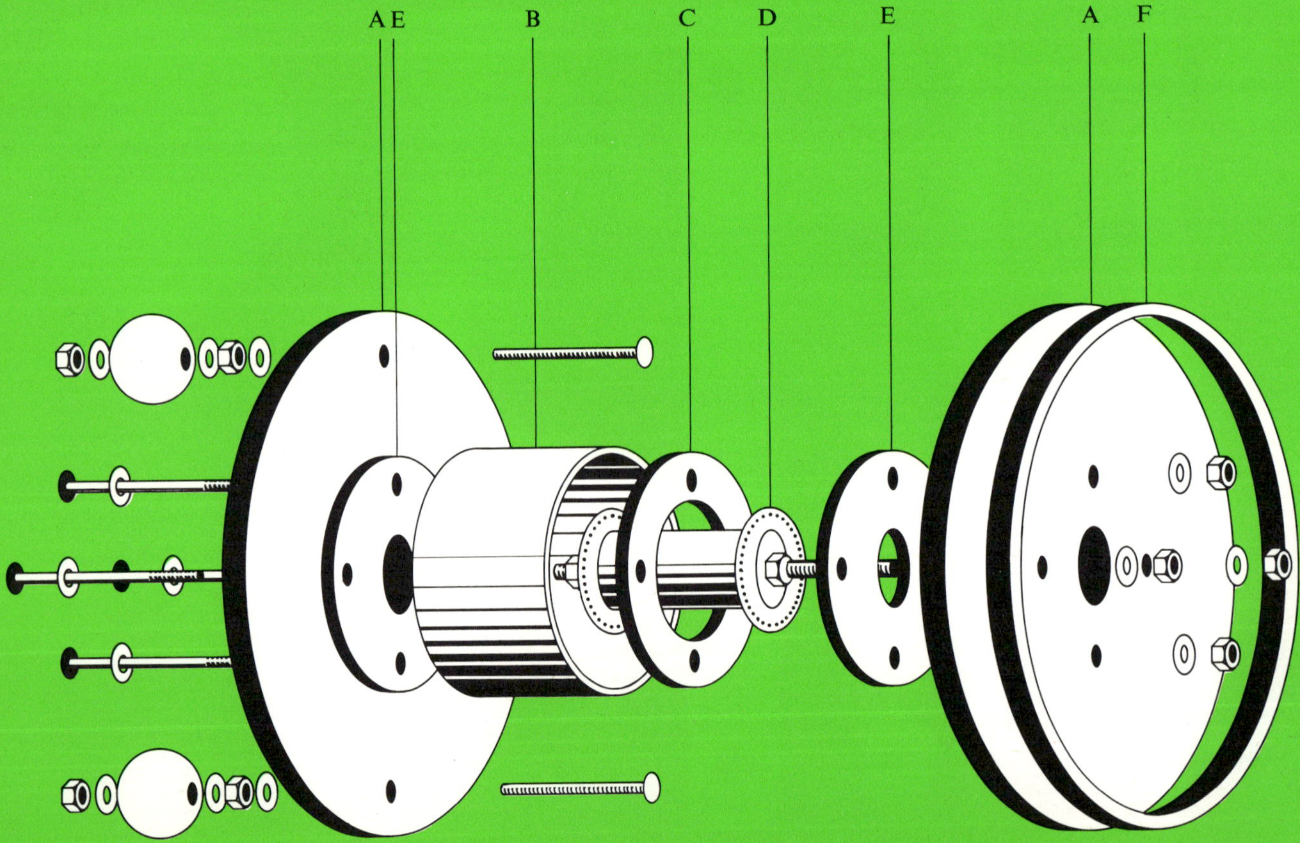

**Drachenbau: Leinen**

Die Wahl der Flugleine kann das Verhalten eines Drachens stark beeinflussen, da sie selber an jeder Stelle ebenso wie der Drachen vom Zug beeinflußbar ist. Ein zu großer Querschnitt tendiert dazu, einen Drachen nach hinten und abwärts gegen den Horizont zu ziehen, während ein zu geringer Querschnitt ein Reißen der Leine zur Folge hat. Um eine unerwünschte Windreibung zu vermeiden, sollte man eine Leine von möglichst kleinem Durchmesser verwenden, obgleich sie natürlich der zu erwartenden Belastung angepaßt sein muß. Die Feststellung dieser zu erwartenden Belastung ist nur durch Erfahrung möglich, auch wenn das eine etwas vom Glück abhängige Sache ist. Verschiedene Windgeschwindigkeiten und Waagenanordnungen können den Zug enorm verändern, deshalb sollte man Leinen nie Belastungen aussetzen, die ein Drittel ihrer Reißfestigkeit überschreiten. Wie ein erfahrener Segler weiß, wann er Segel wegnehmen muß, so sollte es ein guter Drachensportler rechtzeitig beurteilen können, wann der Winddruck im Begriff ist, die Kraftreserven seiner Leine zu bedrohen. Um nicht allzuviele Drachen zu verlieren, während man sich diese Erfahrung erwirbt, hält man sich an eine etwas willkürliche, aber ganz verläßliche Regel für die Festlegung der Leinenstärke: Man mißt die Fläche des Drachens in Quadratfuß und wählt dann eine Leine, deren Reißfestigkeit — in (englischen) Pfund — wenigstens dreimal größer ist, gemessen an der Gesamtfläche. (Grobe Umrechnung in metrische Maße: 1 qm entspricht einer Reißfestigkeit von 15 kg.) Hat man beispielsweise einen Drachen von 5 Quadratfuß (ca. 45 qdm), sollte man eine Leine von keinesfalls weniger als 15 (englischen) Pfund (ca. 6,75 kg) Reißfestigkeit verwenden. Normalerweise ist die Leinenstärke vom Hersteller auf die Rolle oder die Spule aufgedruckt, doch wenn man Zweifel hat, kann man mit einer Federzugwaage und etwas Scharfsinn zumindest bei dünneren Leinen die Reißfestigkeit feststellen. Schwerere Drachen läßt man

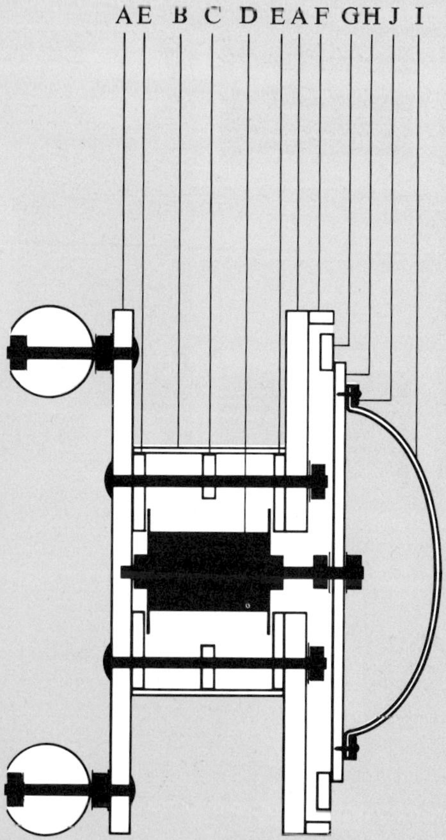

gern an Zwirn, Schnur, Seil, Polsterleinenfaden, Dacron- oder Nylonleinen — die entweder gesponnen oder gezwirnt sind — und an Haifangleinen steigen — je nach der Größe des Drachens, dem Verfügbaren und dem eigenen Geldbeutel.

Geflochtene Nylonleinen gibt es in zwei Arten: mit oder ohne Mittelfaden. Als einfach geflochtene Hülle aus fein gewobenem Nylon hat die stärkere Art einen Innenkernfaden aus gezwirntem Nylon, Dacron oder Baumwolle. Beide Arten sind sehr angenehm zu benutzen, reibungslos und leicht zu handhaben und neigen nicht — wie gezwirnte Leinen — unter Druck zum Verdrehen. Gewöhnlich aus drei Strängen von gesponnenem Flachs oder synthetischen Fasern angefertigt, bekommen gezwirnte Leinen ihren inneren Halt durch die Trägheit, die aus dem Gesponnensein der einzelnen Stränge resultiert. Sind sie in beträchtlicher Länge der Luft ausgesetzt, hat die ausgeübte Belastung den Effekt, diese drei Hauptstränge aufzudröseln und so die Elastizität zu erhöhen. Doch wie gut das auch unter dem Aspekt der Lastbeförderung sein mag: Wird die Leine zuletzt in diesem gestreckten Zustand auf ihre Winde zurückgerollt, übt sie starken Druck auf die Windentrommel aus.

Eine beliebte Leine für Drachen in leichtem Wind ist eine einfasrige Nylon-Fischfangschnur, auch wenn man zuweilen Segelmacherfaden oder sogar Knopfzwirn verwendet. Obgleich eine einfasrige Schnur dehnanfällig ist, ist sie doch eine gute, feste Leine und wie keine andere imstande, den Wind abgleiten zu lassen, weshalb man sie sehr fasrigen, locker gewebten Schnüren vorzieht, die einen Zug bewirken. Sollte jedoch nichts anderes verfügbar sein, verbessert die alte Technik, eine fasrige oder haarige Schnur mit einer Kerze zu wachsen, während sie vom Drachen abgespult wird, ihre Leistungsfähigkeit erheblich.

Idealerweise sollte die Leine entweder ausgestreckt in der Luft oder fest auf die Winde gewickelt sein. Man sollte sie mit Achtsamkeit behandeln, da selbst schon ein Darauftreten die Fasern beschädigt,

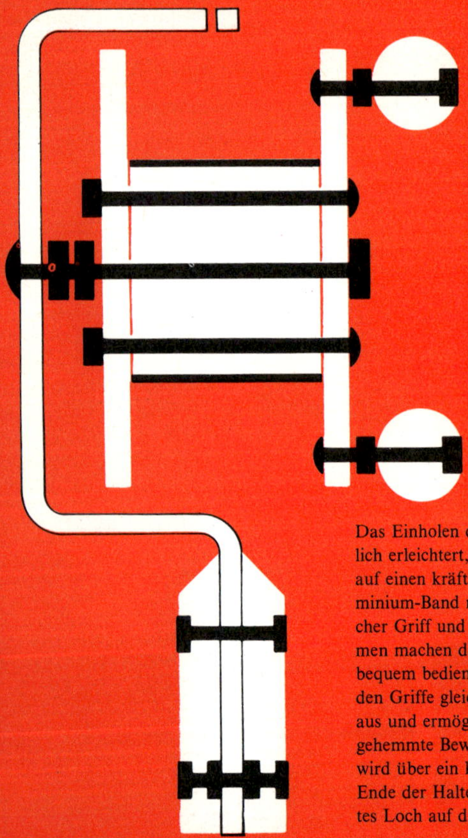

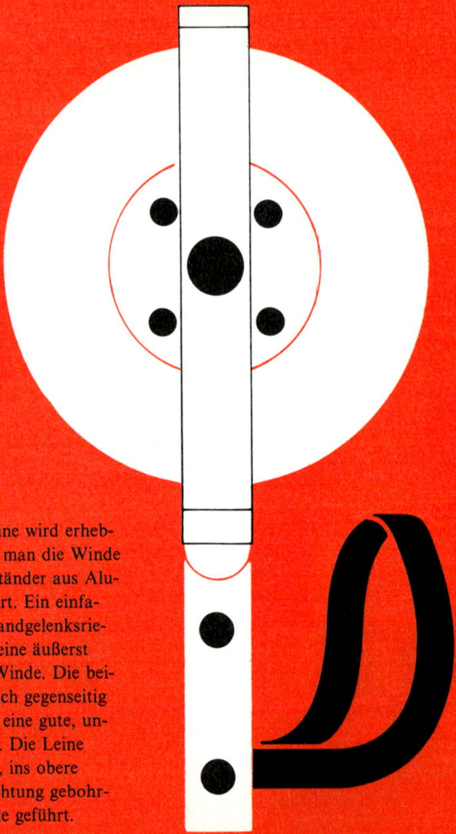

Das Einholen der Leine wird erheblich erleichtert, wenn man die Winde auf einen kräftigen Ständer aus Aluminium-Band montiert. Ein einfacher Griff und ein Handgelenksriemen machen daraus eine äußerst bequem bedienbare Winde. Die beiden Griffe gleichen sich gegenseitig aus und ermöglichen eine gute, ungehemmte Bewegung. Die Leine wird über ein kleines, ins obere Ende der Haltevorrichtung gebohrtes Loch auf die Rolle geführt.

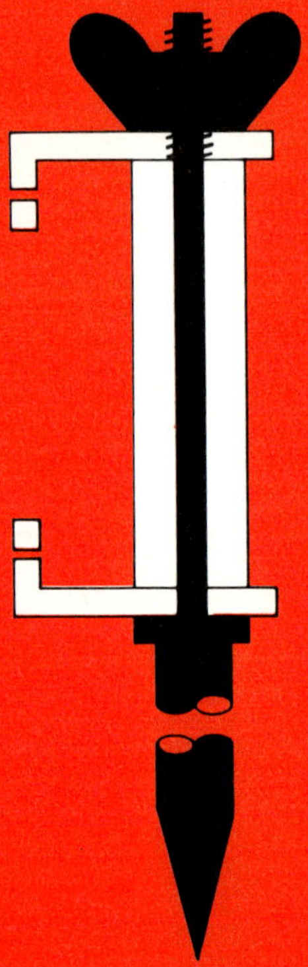

Ein rohrförmiger Windengriff aus Metallegierung läßt sich mit einem abnehmbaren Ständer versehen.

was sich bei großen Höhen durchaus auswirken kann. Gelegentlich mag es ein rascher Aufstieg oder ein beträchtliches Nachlassen der Windgeschwindigkeit notwendig machen, die Leine auf dem Boden auszubreiten, wie auch ein möglichst rasches Einholen erforderlich sein kann — was ein Einziehen Hand über Hand bedeutet. Da auch dabei Fehler gemacht werden können, einige Hinweise: Unter solchen Umständen sollte man die Leine mit fließender Bewegung einholen, wobei man gelegentlich einen Schritt nach hinten tut und die Leine gleichmäßig verteilt, unverschlungen und gut sichtbar auf den Boden gleiten läßt. Diese Leine sollte man möglichst bald unter leichter Spannung auf die Rolle zurückspulen.

Der englische Meteorologe Archibald schickte nicht nur als erster eine Kamera in die Höhe, er machte auch den Anfang mit der Verwendung von Stahlseilen oder Klaviersaiten als Flugleinen. Obgleich dieses Material als kräftiger, feiner und leichter galt und möglicherweise noch immer gilt, ist seine Verwendung für Flugleinen nicht ohne Gefahren. Der unermüdliche Woglom sagt zu diesem Thema:

»Klaviersaiten haben ihre Vorzüge ... Doch da es jeden von uns Drachensportlern nur einmal gibt und wir auf der Erde von Nutzen sein mögen, ist es unklug, einen unzeitigen Eingang ins große Nachher zu riskieren; die Menge atmosphärischer Elektrizität, die sich akkumuliert, wenn sich mehrere tausend Fuß Stahldraht — als ein riesiger Generator — in der Atmosphäre befinden, und die sich am unteren Ende entladen kann, ist eine zu gefährliche Elementarkraft, um damit zu spielen, verglichen mit der harmlosen, nicht-leitenden Leinenschnur.«

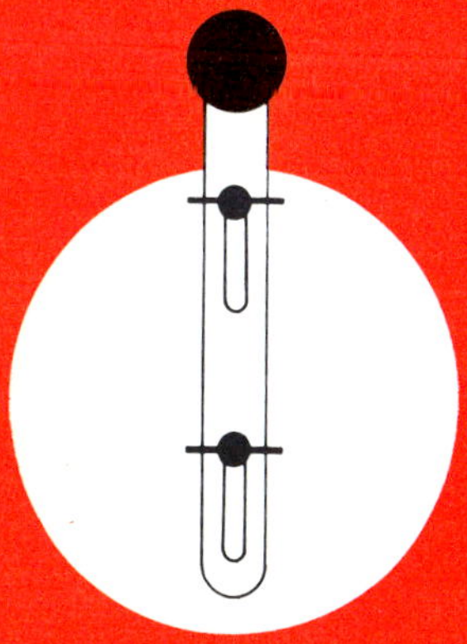

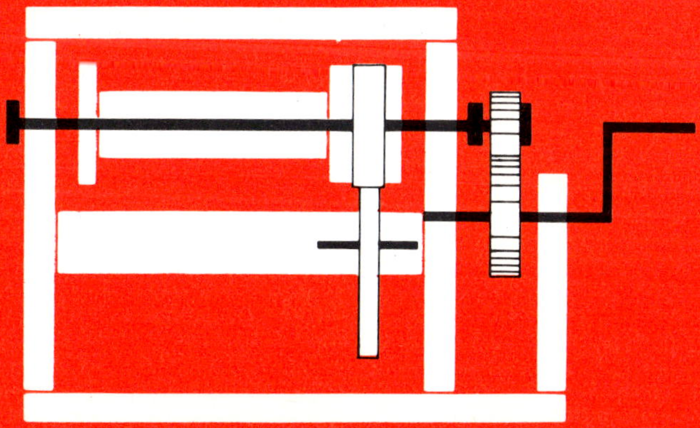

Die Grundform einer Feldwinde mit einem übersetzten Kurbelgriff und einer Riemenbremse, die auf die Bremstrommel rechts vom Windeninnenteil wirkt.

Ein ausziehbarer Kurbelgriff ermöglicht die Erzielung größerer oder geringerer Hebelwirkungen in Anpassung an wechselnde Windgeschwindigkeiten.

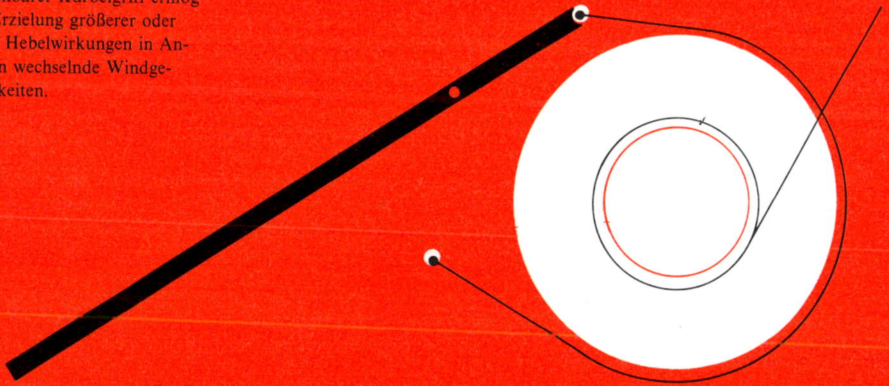

Wegen seiner wirkungsvollen Einfachheit wird das Riemenbremssystem noch immer bei einigen modernen Feldwinden angewandt.

## Drachenflug: Auftrieb und Stabilität

Einer ganzen Anzahl von Drachenenthusiasten bereitet das Entwerfen und Bauen von Drachen ebensoviel Spaß wie das Drachensteigen, und häufig wird für einfallsreiche und gut ausgeführte Schöpfungen ein beträchtliches Maß an Zeit und Anstrengung verwandt. Leider bewirken Einfallsreichtum und handwerkliches Können noch nicht auch Auftrieb und Stabilität. So ist es gut, sich vor der Ausführung einer eigenen Drachengestalt einen Begriff von den Prinzipien der aerodynamischen Theorie in ihrer Anwendung auf Drachen zu verschaffen, denn wie in allen anderen Bereichen des Entwerfens ist die Qualität eines Entwurfs direkt proportional zur Informationsmenge, die man über das Problem besitzt.

Ein Drachen ist ein angebundener Flugkörper in überzogener Fluglage. Da er schwerer ist als Luft, muß seinem Gewicht, damit er schweben bleibt, eine aufwärts gerichtete Tragkraft entgegenwirken. Dies wird mittels der Einstellung der Drachenfläche — durch die Waage — in einen geeigneten Winkel zum Wind bewerkstelligt, so daß dieser Druck auf die Fläche ausübt. Der Auftrieb resultiert aus diesem, an der Drachenfläche abgelenkten Druck. Der Drachen wird dadurch nicht nur nach oben gedrückt; in geringerem Maß wird er auch gezogen oder angesogen, und zwar durch eine entsprechende Zone geringeren Drucks oder ein partielles Vakuum, das sich hinter ihm fast genauso aufbaut, wie eine Zone niedrigen Drucks auf der Oberfläche einer gewölbten Tragfläche entsteht. Wie die Tragfläche zur Aufrechterhaltung des Auftriebs auf einen Vorwärtsimpuls angewiesen ist, so hat der in der Luft gehaltene Drachen den Widerstand der Flugleine oder der »Fessel« als Impuls-Lieferant nötig. Normalerweise ist ein Drachen im Verhältnis zur Oberfläche so leicht, daß der Auftrieb kein Problem bildet.

Auf einen fliegenden Drachen wirken sich drei Hauptkräfte aus: Auftrieb, Schwerkraft und Zug. Um der Deutlichkeit willen sei

Eine Tragfläche in flachem Anstellwinkel veranlaßt die Luft, sich über der oberen Fläche zu beschleunigen, wodurch der Druck abnimmt und Auftrieb zustande kommt.

Eine Tragfläche in extremem Winkel veranlaßt die Luftströmung über der oberen Fläche, Turbulenzen zu bilden, so daß der Auftrieb abnimmt.

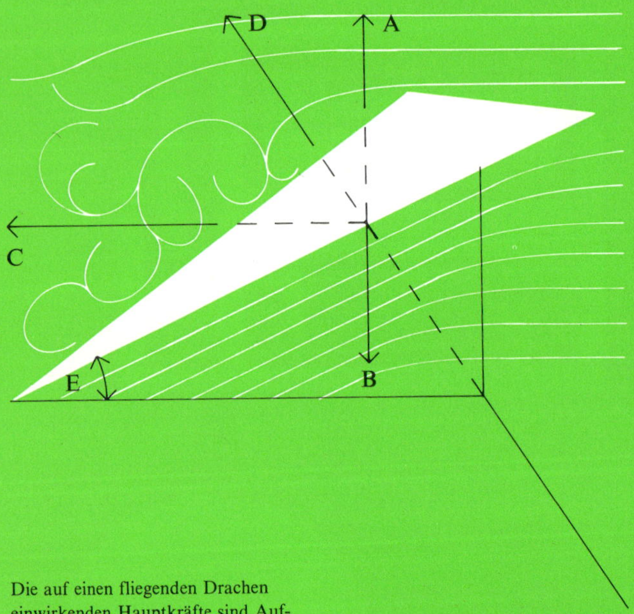


Die auf einen fliegenden Drachen einwirkenden Hauptkräfte sind Auftrieb, Schwerkraft und Zug. Diese Kräfte konzentrieren sich auf Auftriebszentrum (A) Gravitationszentrum (B) und Zugzentrum (C). Kombiniert bilden diese Kräfte das Druckzentrum (D). Die Waage sollte so angebracht werden, daß der Anstellwinkel (E) mit dem Druckzentrum (D) harmoniert.

Die Längsstabilität betrifft die Bewegung in der Symmetrieebene, wie Aufstieg, Abstieg und Vornüberkippen. Die Seitenstabilität betrifft die Bewegung aus der Symmetrieebene heraus, wie seitliches Abrutschen, Schlingern und Gieren.

Die drei Drachenachsen: longitudinal (Schlingern), lateral (Vornüberkippen) und vertikal (Gieren).

angenommen, daß jede dieser Kräfte sich auf einen einzigen Punkt auf der Drachenoberfläche konzentriert. Das Auftriebszentrum ist der Punkt, in dem sich der Luftdruck gegen die ganze Fläche konzentriert; das Gravitationszentrum ist der Punkt (Schwerpunkt), in dem sich alle Gewichtskräfte des Drachens konzentrieren; und das Zentrum des Zugs ist der Punkt, wo sich alle Widerstandskräfte der Luft gegen den Drachen konzentrieren. Alle drei Kräfte balancieren sich im Druckzentrum aus, in dem Punkt, von dem man sagen kann, daß in ihm alle Druckkräfte wirksam sind. Infolgedessen ist ein gutes Verhältnis von Auftrieb und Zug erreicht, wenn der Drachen in seiner Struktur gut ausbalanciert und die Waage richtig für den vorgesehenen Anstellwinkel eingerichtet ist, den der Drachen einnehmen soll. Ein niedriges Auftrieb-Zug-Verhältnis auch des leichtesten Drachens veranlaßt ihn, im flachen Winkel zum Horizont zu fliegen, während eine schnittigere Oberfläche mit hohem Auftrieb-Zug-Verhältnis den Wind durchschneidet und an ihrem Bogen stetig bis zu seinem Zenit hochsteigt.

Ein weiteres Instrument in den Händen des geübten Drachenentwerfers ist das Streckungsverhältnis. Dies ist die Beziehung der Spannweite oder Breite des Drachens zu seiner Profilsehne oder Länge. Ein Drachen von hohem Streckungsverhältnis ist beträchtlich breiter als lang und, obwohl er äußerst schwungvoll zu fliegen vermag, schwer zu stabilisieren. Umgekehrt ist ein Drachen von niedrigem Streckungsverhältnis beträchtlich länger als breit; er ist dann zwar bemerkenswert stabil, hat aber eine hohe Absinkrate.

Maximaler Auftrieb läßt sich nur erzielen, wenn der Drachen direkt gegen die Windrichtung steht, und um ihn gegen den Wind zu halten, bedarf er der Seiten- oder Richtungsstabilität.

Es gibt zahlreiche Methoden, einem Drachen Stabilität zu verleihen; die einfachste ist der Schwanz, der unerläßlich für Flachdrachen ist. Schwanzlose Drachen benutzen unterschiedliche Methoden, deren gebräuchlichste die beim Eddy-Drachen verwendete gebogene Querstrebe ist, die beim Schlingern in etwa der gleichen Weise für

Der Flächenwinkel stellt bei einem Schlingern automatisch das Gleichgewicht wieder her. Die untere Tragfläche bietet einem vertikalen Druck mehr Angriffsfläche als die höhere. Infolgedessen veranlaßt der auf die untere Tragfläche einwirkende Druck sie dazu, in ihre normale Stellung zurückzukehren.

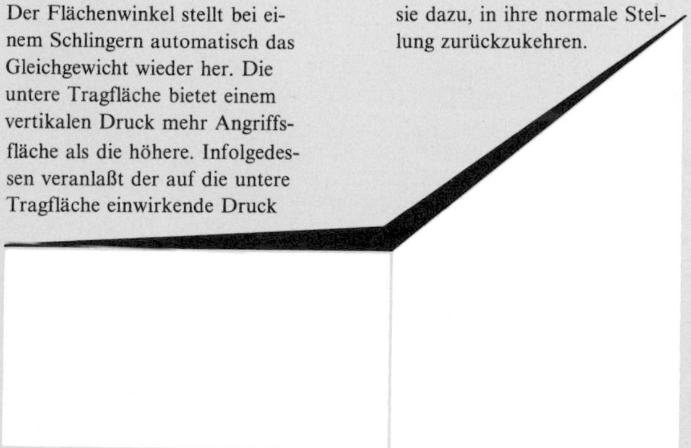

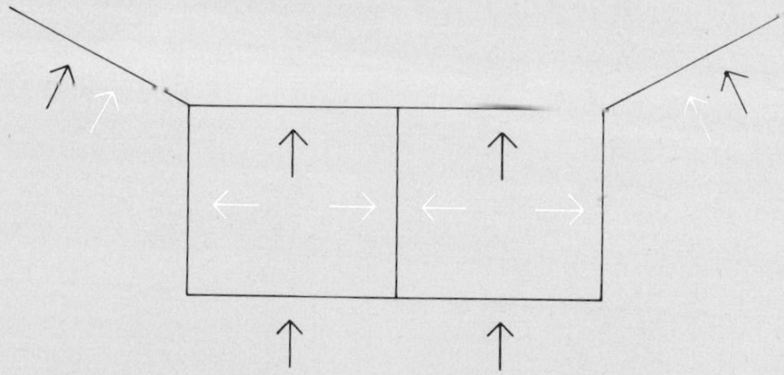

Die Flächen von Kasten- und Verbunddrachen sorgen entweder für Auftrieb, für Stabilität oder für eine Kombination beider, je nach ihrem Oberflächenwinkel.

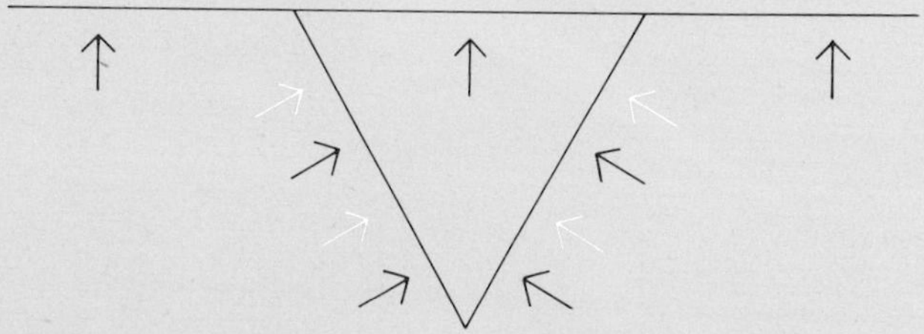

Horizontale Flächen verleihen Auftrieb (schwarze Pfeile), während vertikale Flächen Stabilität geben (weiße Pfeile).
Entwirft man eine eigene, neue Form, die ohne Schwanz fliegen soll, ist es wichtig, das erforderliche Auftriebs-Stabilitäts-Verhältnis zu bedenken, das weitgehend von der Windgeschwindigkeit bestimmt wird, für die der Drachen gedacht ist.

Stabilität sorgt, wie es flächenwinklig montierte Streben tun. Ein weiterer schwanzloser Klassiker ist der Kastendrachen, der, um Stabilität zu halten, auf seine vertikalen Seiten angewiesen ist. Kiele und Seitenruder entweder auf der Vorderseite (ventral) oder dem Rücken (dorsal) des Drachen verleihen ihm ebenfalls eine sehr gute Richtungsstabilität, zumal wenn sie in Verbindung mit einer winkelflächigen Auftriebsfläche verwendet werden,

Der Gebrauch von geschickt angeordneten und gut proportionierten Luftöffnungen, wie sie etwa der Grauel-Schlitten besitzt, zeigt sehr deutlich, wie diese Technik einem ansonsten eigenwilligen Drachen auch Stabilität verleihen kann.

**Drachenflug: Waagen, Kiele und Seitenruder**

Die Waage ist die Leine, die von vorn nach hinten über den Drachen läuft und an der die Flugleine befestigt ist. Der Punkt, an dem die Flugleine an der Waage angebracht ist, heißt Zugpunkt (Schlepppunkt). Dieser Zugpunkt ist wahrscheinlich insofern der kritischste Teil des ganzen Drachens, als bei seiner falschen Anbringung selbst der bestentworfene und -gebaute Flugrahmen sich nicht vom Boden erhebt. Der Zugpunkt und die Waage üben die wichtige Funktion aus, die richtige Flughaltung oder den korrekten Anstellwinkel festzulegen.

Hargrave ließ seine Kastendrachen ausnahmslos ohne Waage fliegen, und die Flugleine war stets unmittelbar an der Drachenvorderseite befestigt. Die normal von vorn nach hinten verlaufende Waage wird als zweischenklig bezeichnet, und es gibt keine Regeln darüber, wie viele Schenkel eine Waage haben muß. Gewöhnlich bestimmt die Drachengestalt die Waagentechnik, und diese kann von einer sozusa-

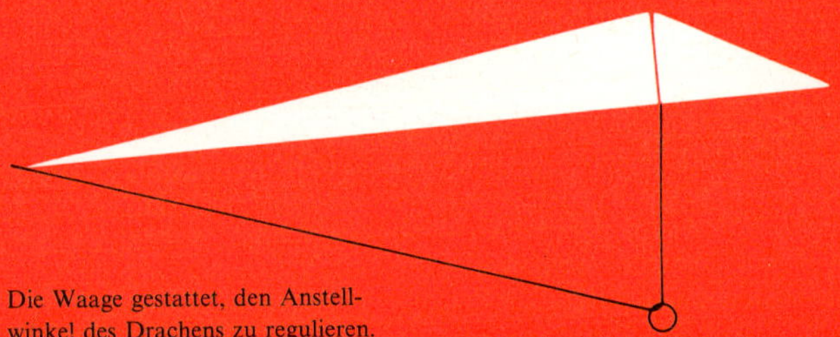

Die Waage gestattet, den Anstellwinkel des Drachens zu regulieren. Auf genau die gleiche Weise, wie Antrieb und Anstellwinkel eines Flugzeugs aufeinander abgestimmt sind und ein steiler Winkel bei geringer Geschwindigkeit, ein flacher Winkel bei hoher Geschwindigkeit gewählt werden, ist auch der Drachen an unterschiedliche Windgeschwindigkeiten anzupassen.

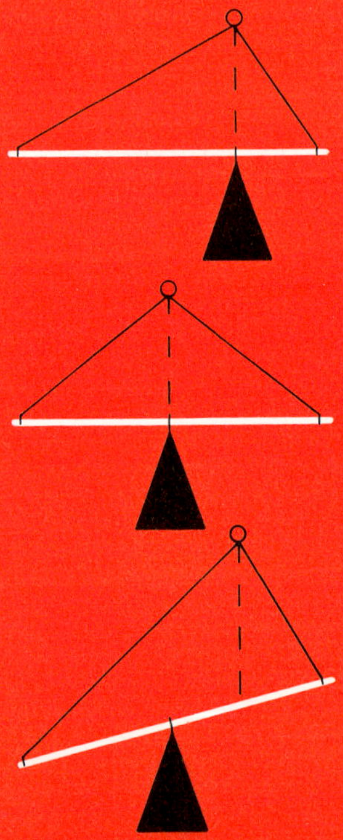

Die Wirkungsweise der Waage wird leichter verständlich, wenn man sich einen mit einer einzigen, an der Mitte befestigten Schnur aufgehängten Stab vorstellt. Wird ein Gewicht an den Stab gehängt, kippt er augenblicklich ab. Ist jedoch eine Waage an dem Stab befestigt, läßt sich an jeder Stelle zwischen den Schnüren ein Gewicht anbringen, ohne daß sich der Stab in beträchtlichem Maß schräg stellt. Nur wenn sich das Gewicht — oder eigentlich das Schwerezentrum — genau unter dem Aufhängepunkt befindet, wird der Stab genau horizontal sein.

Ein Drachen fliegt in einem optimalen Winkel, wenn der Zug der Flugleine auf das Drachenzentrum abgestimmt ist.

Die Verwendung einer kräftigen Karabiner-Klemme bei der Befestigung der Waage schaltet die Tendenz der Waage aus, sich zu verdrehen.

gen einschenkligen Waage, wie sie Hargrave verwendete, bis zu hundert- oder noch mehrteiligen reichen. Die vielen Leinen, die eine multiple Waage bilden, heißen nicht Schenkel, sondern Tragleinen, wiewohl offenbar nicht festgelegt ist, bei welcher Anzahl von Schenkeln diese zu Tragleinen werden. Der Zweck einer vielschenkligen oder Tragleinenwaage ist es nicht nur, den Drachen in seinem wirkungsvollsten Anstellwinkel zu halten, sie verteilt auch die Belastung gleichmäßig über die ganze Drachenkonstruktion und hilft mit, ihre Gestalt bei hoher Windgeschwindigkeit zu erhalten.

Bei normalen Konstruktionen wird die Waage in der Regel so angebracht, daß man den Drachen auf den Rücken legt und nach der Befestigung der Waagenschnur an den Befestigungspunkten vorn und hinten an der Längsrippe das Vorderende des Drachens hochhebt, indem man die Waagenschlaufe über einen Finger hält. Nach der entsprechenden Verschiebung der Schnur, bis das Schwanzende des Drachens einen Winkel zwischen 20 und 30 Grad zum Boden (also unter der Horizontale) bildet, sollte man den Punkt festhalten, an dem der Drachen jetzt in diesem Winkel balanciert. Mittels einer Bucht ist dann an dieser Stelle ein Zugring anzubringen. Normalerweise sollte der Zugpunkt am Ende des ersten Drittels der Längsachse liegen und sich etwa anderthalb Achsenlängen vom Drachen entfernt befinden. Ist der Zugpunkt richtig bestimmt, sollte der Drachen, wenn er vorwärts gezogen wird, steil und gerade aufsteigen und auf dem Fluggelände nur noch ein geringes Versetzen zur Anpassung des Winkels an die vorhandene Windgeschwindigkeit erforderlich sein.

Die Grundregel der Waageneinstellung lautet: geringe Windgeschwindigkeit — steiler Winkel; hohe Windgeschwindigkeit — flacher Winkel. Mit anderen Worten: Bei geringer Windgeschwindigkeit ist ein steilerer Anstellwinkel erforderlich als bei kräftigem Wind. Ist eine größere Fläche einer leichten Brise ausgesetzt, wird mehr Wind über die Drachenoberfläche abgeleitet, zumindest bei der Starthaltung, was mithilft, der Schwerkraft entgegenzuwirken, bis der Drachen (hoffentlich) weiter droben in frischeren Wind kommt. Bei hoher Windge-

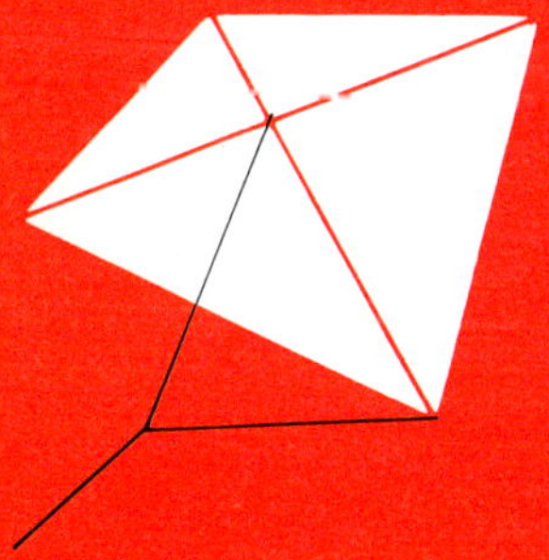

Zweischenklige Waage.

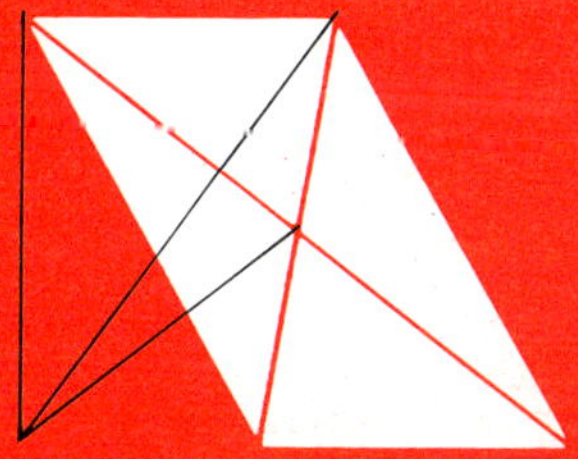

Dreischenklige Waage.

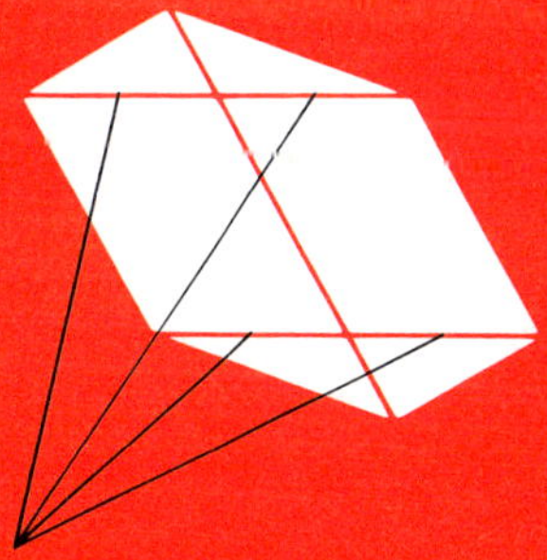

Vierschenklige Waage.

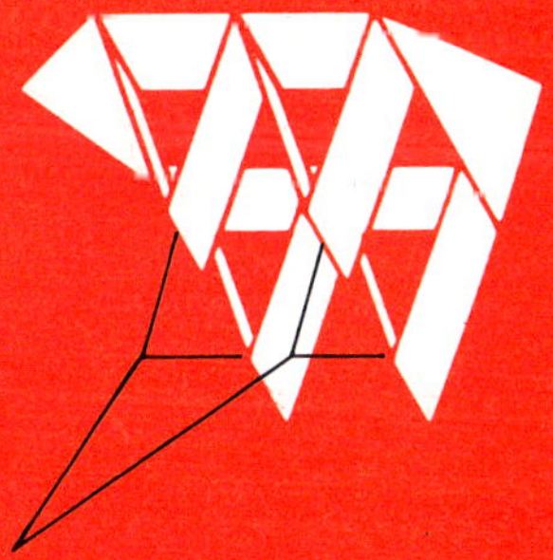

Verbundwaage.

Auf der Kante fliegender Kastendrachen mit zweischenkliger Waage.

Flach fliegender Kastendrachen mit vierschenkliger Waage.

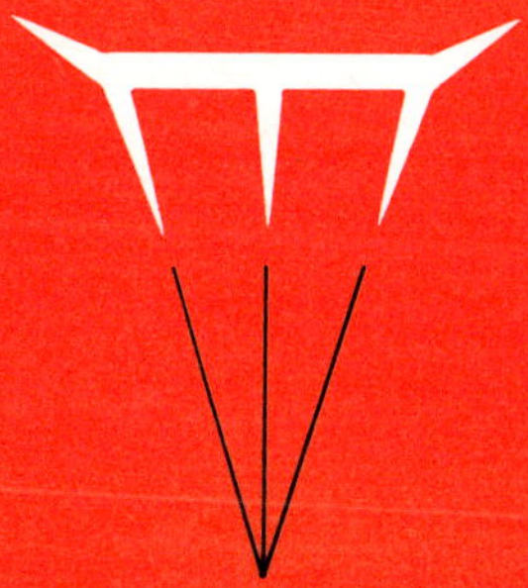

Mehrteilige Waage an einem mehrflossigen Bogendrachen

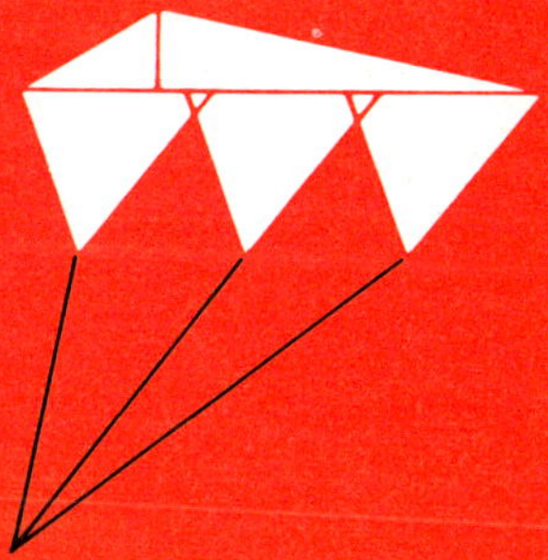

Dieselbe mehrteilige Waage in Seitenansicht.

schwindigkeit besteht alle Aussicht, daß der Druck der Luft gegen eine zu steil gestellte Fläche die Streben zerbricht, ehe der Drachen den Boden verläßt; ist er allerdings kräftig gebaut und steigt auf, wird er sehr instabil sein, da der Wind das Stabilisierungssystem, bestehe es aus Schwanz, Zellen, Flossen oder was immer, außer Kraft setzt. Herkulische Kraft ist vonnöten, einen großen Drachen zu halten, wenn er *wirklich* in die Luft steigt, und falls ihm kein Leinenriß widerfährt, wird er sehr wahrscheinlich eine Reihe seitlicher Drehungen vollführen, ehe er böse abstürzt. Ein flacher Anstellwinkel schließt dies aus, indem er eine größere Luftstreuung rings um den Drachen zuläßt, und bei verringertem Druck auf die Vorderseite haben die Stabilisatoren eine Chance, wirksam zu werden.

Ein äußerst leistungsfähiges Waagensystem, das auch gute Stabilität verleiht, ist die Kielwaage. Diese ist eine normale zweischenklige Waage, wobei das Dreieck zwischen den beiden Schenkeln und der Längsrippe mit Stoff oder Papier ausgefüllt ist. Es ist leicht einsichtig, daß es am günstigsten ist, zwei oder drei alternative Zugpunkte an der unteren Spitze des Kiels zu haben, die eine gewisse Anpassung an verschiedene Windgeschwindigkeiten ermöglichen. Ein gut proportionierter Kiel verleiht nicht nur gute Stabilität, sondern trägt auch dazu bei, daß der Drachen eine ausgeglichene Form behält. Entlang der vorderen und hinteren Längsachse auf die Drachenbespannung genäht, sorgt der Kiel für einen insgesamt nach unten wirkenden Druck, der auch die Belastung über die ganze Länge der Bespannung verteilt und ihr eine Gleichförmigkeit und einen natürlichen Flächenwinkel verschafft, die sehr zu einem ruhigen, kontrollierten Flug beitragen. Die meisten Kiele und Seitenruder nutzen den durch die Flugleine ausgeübten Druck nach unten zur Beibehaltung ihrer Form.

Drachen für leichte Winde sind oft mit einem Seitenruder weit hinten am Ende der Längsrippe ausgestattet, wobei die Seitenstabilität weithin so zustande kommt, wie ein Flugzeug durch das Seitenruder stabilisiert wird. Wie die Kiele sollte auch ein Seitenruder

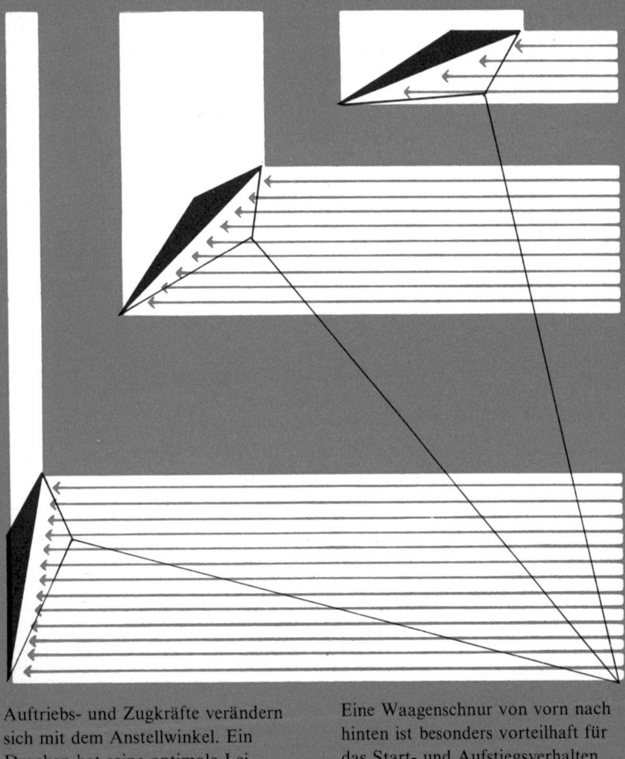

Auftriebs- und Zugkräfte verändern sich mit dem Anstellwinkel. Ein Drachen hat seine optimale Leistungsfähigkeit erreicht, wenn die Auftriebskräfte maximal und die Zugkräfte minimal sind.

Eine Waagenschnur von vorn nach hinten ist besonders vorteilhaft für das Start- und Aufstiegsverhalten, da das Druck-Zentrum sich beim Aufstieg vom Hinterende nach vorn verlagert.

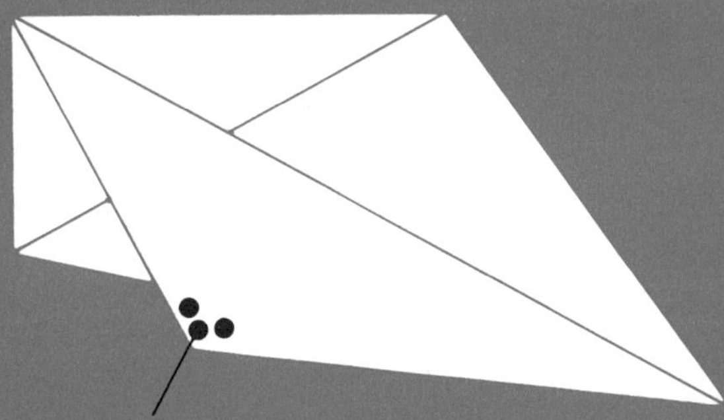

Kielwaage.

Die Zeichnung zeigt die Anschirrmethode für rechteckige Drachen. Sämtliche Leinen sollten unmittelbar über der zweiten horizontalen Rippe von vorn und genau über der Mittelachse zusammenlaufen. Wiewohl die Länge der Waagenleinen nicht entscheidend ist, beträgt das traditionelle japanische Maß etwa die zweifache Länge der Drachendiagonale.

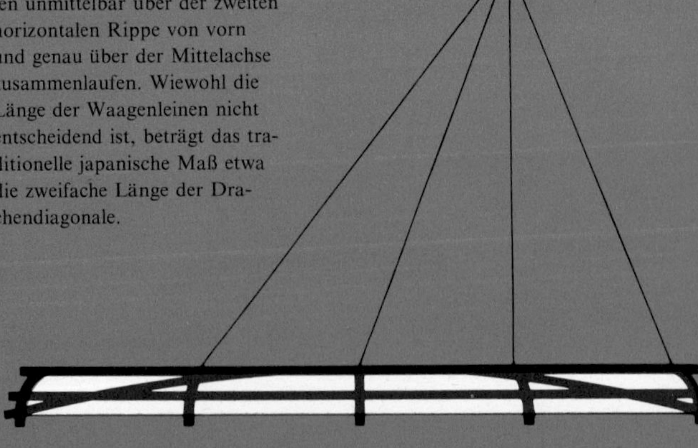

sorgsam proportioniert sein; ist es nämlich zu klein, bleibt es wirkungslos und bringt den Drachen in heftiges Schwanken, ist es hingegen zu groß, fängt es jede gelegentliche Brise ein, und der Drachen wird über den ganzen Himmel getrieben. Nimmt, wie gesagt, der Winddruck auf die Drachenoberfläche zu, tritt ein Punkt ein, an dem er imstande ist, den Druck auf das Seitenruder außer Kraft zu setzen, so daß die Stabilität verlorengeht. Eine gute Möglichkeit, diesen unerwünschten Druck abzuschwächen, ist die elastische oder mit einer Feder versehene Waage, die imstande ist, den Anstellwinkel des Drachens während des Flugs zu korrigieren. Man baut eine leichte Feder oder ein elastisches Band in den hinteren Schenkel einer zweischenkligen Waage ein und veranlaßt das Schwanzende des Drachens, sich zu heben, wenn die Segelbelastung zu groß wird. Hebt sich das Schwanzende, wird an den Schlepp- wie an den Flügelkanten Luft ungenutzt gelassen, und das Seitenruder behält seine Fähigkeit, Stabilität zu verleihen. Läßt der Winddruck nach, zieht sich die Feder zusammen und stellt den Drachen in einen geeigneteren Winkel. Ein ganz ähnlicher Effekt läßt sich entweder durch die Einfügung einer Luftöffnung oder den Einbau eines wenig porösen Gewebestreifens ins Schwanzende der Drachenbespannung erzielen; oder auch — und dies gilt für alle Aspekte des Drachenentwurfs — durch eine Kombination aller drei Systeme.

Eine überraschende Anzahl von Drachen läßt sich in der Luft steuern, wenn man sie an doppelten oder gar vierfachen Leinen fliegen läßt. Bei den doppelten hält man eine in jeder Hand und kann den Drachen zum Niedergehen, zum Überschlag, zum Steigen und zum Fliegen in fast drei Windrichtungen veranlassen. Je stärker die Windgeschwindigkeit ist, um so sensibler wird der Drachen auf die Leinensteuerung eingehen. Ein aerodynamisch leistungsfähiger steuerbarer Drachen, dessen Leinen geschickt bedient werden, kann ein sehr faszinierender Anblick sein und zieht fast immer eine große Zahl von Zuschauern an. George Pocock bediente sich vierleiniger steuerbarer

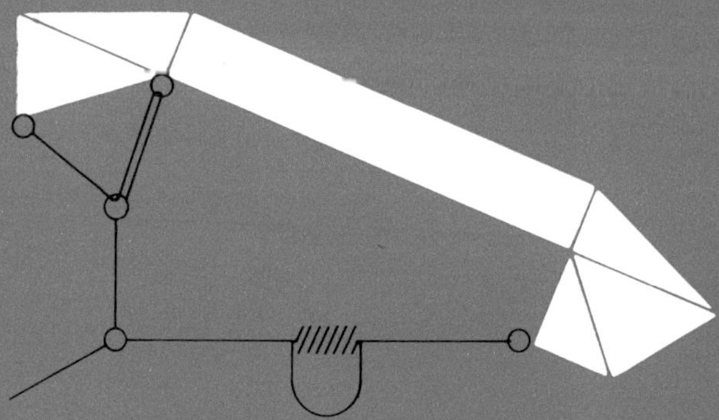

Mit einer Feder ausgestattete Waage.

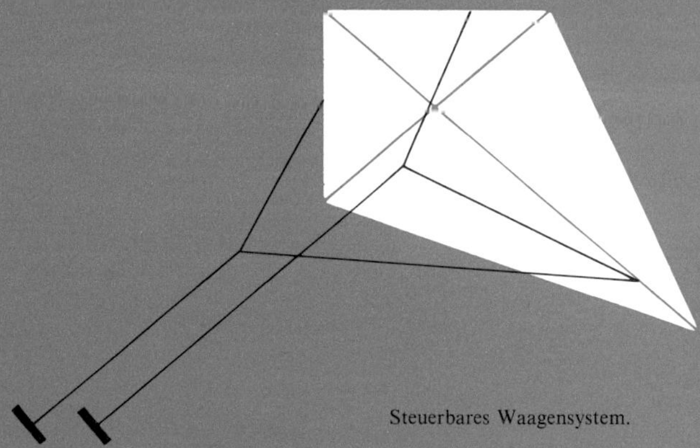

Steuerbares Waagensystem.

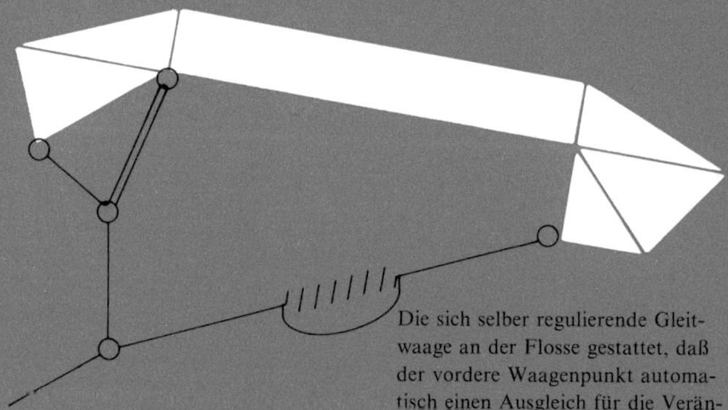

Die sich selber regulierende Gleitwaage an der Flosse gestattet, daß der vordere Waagenpunkt automatisch einen Ausgleich für die Veränderung des Druckzentrums beim Hochgehen des Schwanzes schafft.

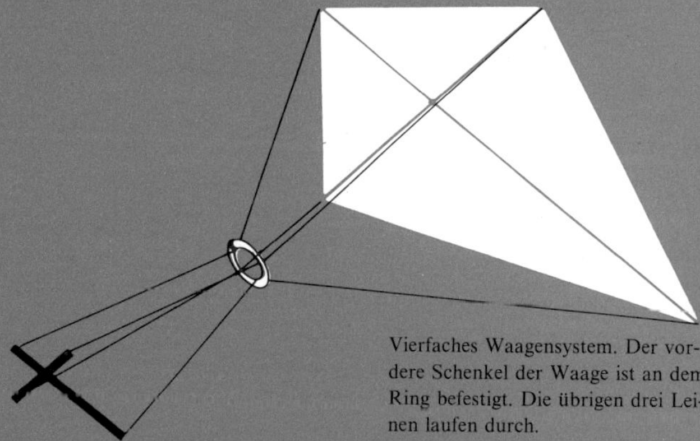

Vierfaches Waagensystem. Der vordere Schenkel der Waage ist an dem Ring befestigt. Die übrigen drei Leinen laufen durch.

Drachen, um seine verschiedenen drachengezogenen Fahrzeuge in den frühen Jahren des 19. Jahrhunderts durch die ansonsten friedliche Landschaft um Bristol schleppen zu lassen. Seine vierfach einstellbaren Waagen verschafften ihm völlige Kontrolle über seine Drachen, und in seinem Buch *The Aeropleustic Art* beschreibt er recht detailliert seine Techniken, praktisch gegen den Wind zu fahren, indem er geschickt seine vierfach angeschirrten »Zugpferde« handhabte.

**Drachenflug: Schwänze und Schleppsäcke**

Obgleich der Schwanz insofern theoretisch ineffizient ist, als er Zug ausübt, ist er doch eben dafür vorgesehen, und wenn das richtige Maß an Zug an der rechten Stelle ausgeübt wird, kann er sich aus einer negativen in eine positive Kraft verwandeln. Man darf Zug nicht mit Gewicht verwechseln. Gewicht hat mit vertikalen Kräften zu tun, und Zug — zumindest in dieser Anwendung — mit horizontalen. Der Zugfaktor läßt sich durch Verlängerung und Verkürzung des Schwanzes vergrößern oder verringern. Die auf die Drachenfläche einwirkenden Kräfte werden mittels des Schwanzes ausgeglichen. Diese Kräfte erhöhen sich mit der Windgeschwindigkeit, und man braucht einen entsprechend längeren Schwanz, um sie auszugleichen. Obgleich die Formel, daß der Schwanz siebenmal so lang sein soll wie die Längsachse, eine vernünftige Faustregel ist, kann man die genaue Schwanzlänge nur durch eigene Versuche und Korrekturen feststellen.

Der Kreuzknoten eignet sich zur Befestigung von Schwanzschleifen, da bei ihm nicht jedesmal die ganze Schwanzschnur durch die Schlinge gezogen werden muß.

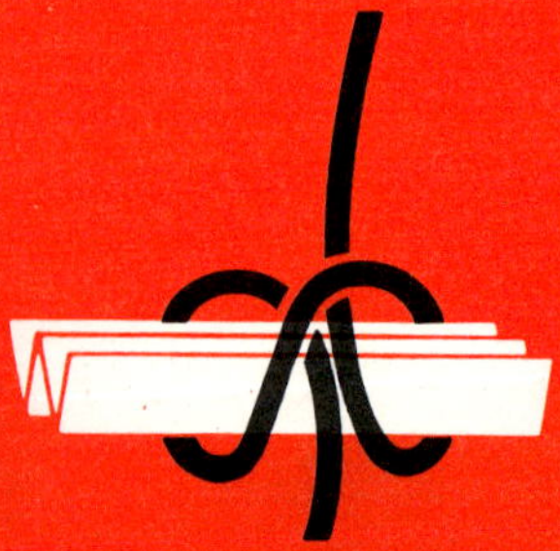

Der Webleinsteck hat die gleichen Vorteile wie der Kreuzknoten.

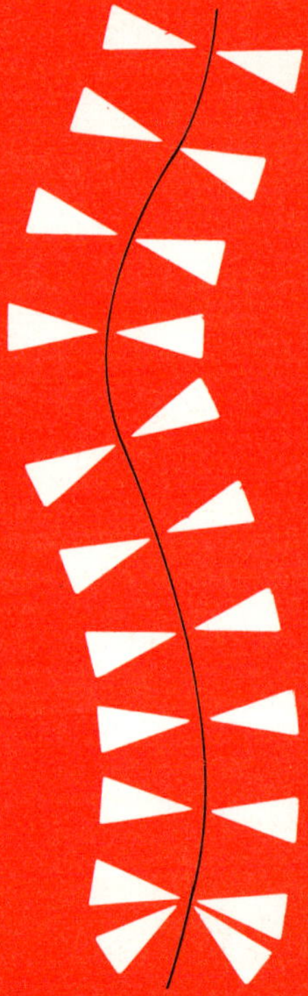

Ein traditioneller Schleifenschwanz kann ebensogut aus Papier wie aus Stoff bestehen.

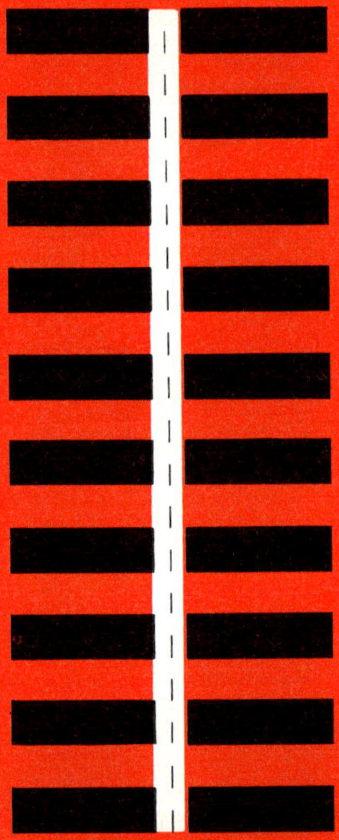

Ein Leinenschwanz ist mit der Nähmaschine in wenigen Augenblicken angefertigt.

Abgeschnittenes werfe man nie weg, es läßt sich stets für den Schwanz verwenden.

Ein Schwanz von idealer Länge sollte unter normalen Umständen weder allzu geradlinig (zu große Länge) noch übermäßig nervös (zu geringe Länge) fliegen; vielmehr sollte er elegant und sanft schwingen und dabei differenziert auf die Bewegungen des Drachens eingehen (und ihnen entgegenwirken). Neben Flachdrachen, die ganz auf den Zugfaktor des Schwanzes für ihre Richtungsstabilität angewiesen sind, können auch andere Drachen, die man normalerweise als schwanzlose klassifizieren kann — und besonders solche mit einem hohen Streckungsverhältnis —, bei kräftigen Winden den zusätzlichen Stabilisierungseinfluß eines Schwanzes benötigen.

Da die Windgeschwindigkeit in der Regel mit der Höhe zunimmt, hängt die maximale Leistungsfähigkeit während des Steigens von dem Vermögen eines Schwanzes ab, sich automatisch mit der Höhe zu verlängern (oder den Zug zu verstärken). Eben diese Wirkung erzeugt der Schleppsack oder Windbehälter, den Sir George Nares im 19. Jahrhundert erfand. Der Schleppsack, ein gewöhnlich an beiden Enden offenes Gebilde, wirkt als höchst leistungsfähiger, sich selber regulierender Schwanz. Er funktioniert in ganz ähnlicher Weise wie ein Trichter beim Gießen einer Flüssigkeit, indem sich der Inhalt, wenn der Zufluß größer als der Abfluß ist, vermehrt, bis er überläuft. So ist der Schleppsack imstande, die Luftströmung zu verändern, und erzeugt, selbst wenn er Luft abgleiten läßt, einen maximalen *relativen* Zug. Er bestimmt die Richtungsstabilität eines Drachens etwas anders als der normale Schwanz. Wenn sich ein hängendes Schnurstück entweder durch eine Glättung entlang seiner ganzen Länge oder, wirkungsvoller, durch Ziehen am Ende strecken läßt, trifft letzteres für den Schleppsackeffekt zu, der nichts als einfache Hebelkraft ist; und ebenso, wie man für größere Gewichte längere Hebel verwendet, benutzt man für schwerere Drachen längere Schleppsackleinen.

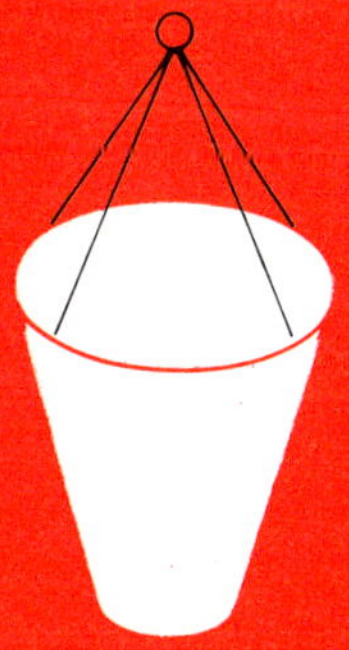

Schleppsäcke sind für hohe Windgeschwindigkeiten geeignet.

Den Eselsschwanz empfiehlt Jalbert für seine Parafolien.

Der aus dünnem Karton angefertigte Leiterschwanz verleiht guten Zug.

Der japanische Bänderschwanz sollte dreimal so lang sein wie die Drachendiagonale.

Der Schlaufenschwanz, ein einfaches Stück Band, ist wirksamer, als er aussieht.

## Drachenflug: Ortswahl

Wer eine Menge Arbeit in einen Drachen investiert hat, möchte sicherlich die Gefahren eines Fehlschlags und einer möglichen Zerstörung beim Start oder bei der Landung so gering wie möglich halten. Dies sind die gefährlichsten Augenblicke für einen Drachen, und es gilt, eine Anzahl von Risiken zu vermeiden.

Das Terrain wirkt sich beträchtlich auf die Bodenwinde aus, und selbst bei einer nur leichten Brise ist die Luft über einer unebenen Landschaft ausgesprochen turbulent. Eine Bodenturbulenz entsteht aber nicht nur durch bewegtes Gelände, sondern auch durch Gebäude und Bäume, und erst wenn der Drachen schon relativ hoch steht, etwa 45 Meter vielleicht, stellt er sich auf sein vorgesehenes Flugverhalten ein. Eine flache, ebene, nicht unterbrochene Landschaft wie die Küstenstriche großer Seen, leicht gewellte Moore oder die Meeresküste sind ideal. Strände können ausgezeichnete Fluggelände sein, und ein sanfter landwärts gerichteter Wind ist stets gleichbleibend und eben geschichtet, wobei die Windstärke zunimmt, wenn der Drachen an Höhe gewinnt. Wegen der Unterschiede zwischen den See- und den Landtemperaturen kann sich allerdings ein landwärts gerichteter Wind während des frühen Abends rasch drehen und seewärts wehen. Die Bewältigung einer verhältnismäßig plötzlichen Wende um 180 Grad dürfte selbst für den erfahrensten Drachensportler eine schwierige Aufgabe sein, wiewohl das Zurechtkommen mit solch launischen Winden seinen Lohn in sich trägt.

Fehlen derart ideale Stellen, sollte man einige Punkte bedenken. Wird das Fluggelände durch Gebäude oder Bäume beeinträchtigt, hat man darauf zu achten, den Drachen in einem gegen sie wehenden Wind steigen zu lassen, da die Turbulenz selbst bei einer leichten Brise bis in die doppelte Höhe des Hindernisses reichen kann und der Drachen gelegentlich wie magnetisch gegen die Ursache der Turbulenz gezogen wird. Läßt man den Drachen von einem Hügel aufstei-

Schon bei einer leichten Brise kann eine durch ein Hindernis ausgelöste Turbulenz über eine beträchtliche Entfernung Abwärtsströmungen erzeugen.

Windwirbel entstehen auf Klippenspitzen und Abwärtsströmungen schon durch kleine Wellen im Gelände.

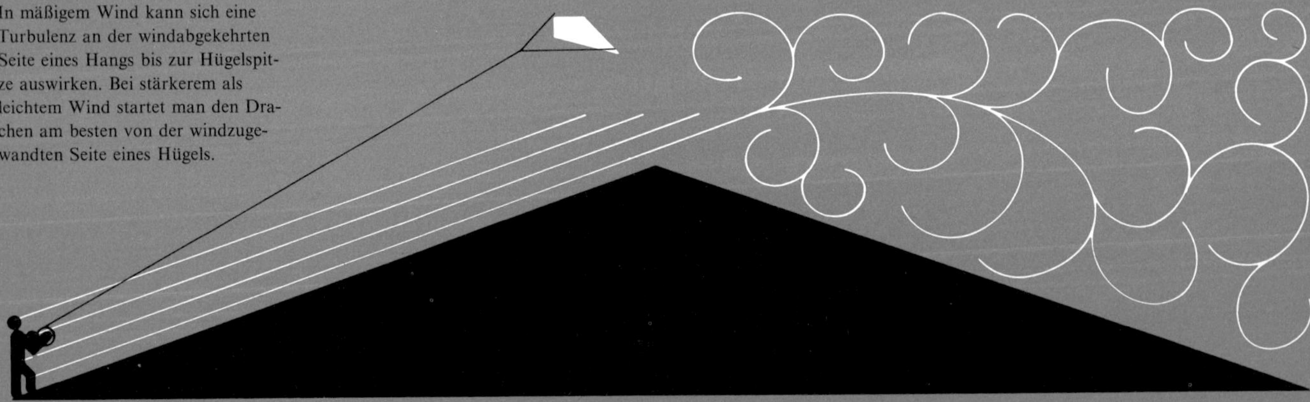

In mäßigem Wind kann sich eine Turbulenz an der windabgekehrten Seite eines Hangs bis zur Hügelspitze auswirken. Bei stärkerem als leichtem Wind startet man den Drachen am besten von der windzugewandten Seite eines Hügels.

gen, ist es besser, ihn ein Stück unterhalb der Spitze an der windzugekehrten Seite zu starten. Nicht nur, daß der Aufwind dem Drachen stärkeren Auftrieb verschafft: Die Hügelspitze erzeugt auch, wie jedes andere Hindernis, Turbulenzen. Andere offenkundigere Gefahren bilden Strommasten, elektrische Leitungen und stark befahrene Autobahnen. Ein Drachen, der Überschläge und andere Bravourstücke in geringer Höhe über dem Straßenverkehr ausführt, kann den Autofahrer stark ablenken und sehr gefährlich sein. Niedrig fliegende Flugzeuge bilden gleichfalls eine sehr reale Gefahr, und die Luftfahrtbehörden erlassen sehr strenge Vorschriften über das Drachensteigen in der Nähe eines Flughafens. In England etwa ist es verboten, innerhalb eines Drei-Meilen-Radius um einen Flugplatz einen Drachen steigen zu lassen, und es gibt allenthalben örtliche Regelungen über die Höhen, die Drachen erreichen dürfen.

**Drachenflug: Start, Steuerung und Landung**

Die durchaus ineffizienteste Methode, einen Drachen zu starten, ist die altmodische Technik des Laufens. Bei besonders leichtem Wind benötigt der Drachen eine beträchtliche Aufmunterung, um sich in die Luft zu erheben, und das Maß an Aufmerksamkeit, das dafür erforderlich ist, ist bei einem Querfeldeinlauf kaum zu gewährleisten. Ist nicht genügend Wind vorhanden, um den Drachen beim Hochheben aus der Hand zu holen, ist ein Hochstart-Aufstieg nötig. Diesen führen am besten zwei Personen aus: Die eine hält die Flugleine und die andere stellt sich 45 Meter in Windrichtung davon auf. Hat der Drachen einen Schwanz, sollte dieser ausgestreckt in Richtung auf den Leinenhalter auf dem Boden liegen, so daß er, wenn der Drachen hochgezogen wird, sofort seinen Stabilisierungseffekt ausübt. Der die Leine Bedienende sollte die Rolle auf den Boden legen und die Leine selber in der Hand halten. Sie sollte straff sein, da eine schlaffe Leine

Hat der Drachen die richtige Form für die Windverhältnisse, geht er leicht und angenehm aus der Hand.

Reicht der Wind nicht völlig aus, um den Drachen zu tragen, ist ein Windenstart einen Versuch wert.

Um den Drachen mit der Winde zu starten, hält man ihn auf Armlänge von sich und läßt ihn los. Sinkt er, läßt man ihn ein wenig Leine abspulen. Unmittelbar bevor er den Boden berührt, wickelt man schnell ein Stück Leine zurück, und der Drachen wird steil steigen. Hat er das Ende seines Aufstiegs erreicht, läßt man ihn abermals sinken, indem man ihn wieder soviel Leine abspulen läßt, wie er will. Durch einfache Wiederholung dieses Manövers ist es möglich, eine ausreichende Höhe zu erzielen.

die Kontrolle über den Drachen verringert, und man benötigt jede denkbare Kontrolle, zumal beim Start. Nachdem man dem Starter ein Zeichen gegeben hat, den Drachen loszulassen, sollte man die Leine so rasch wie möglich einholen — Hand über Hand ist am besten, wenn keine motorgetriebene Winde zur Verfügung steht —, und der Drachen sollte sich stetig heben, bis er in lebhaftere Luft kommt und die Flugleine »faßt« oder leicht an ihr zieht. Hat man Glück, erreicht der Drachen eine Höhe, die es ihm gestattet, seine richtige Haltung einzunehmen, bei der der Zug minimal und der Auftrieb maximal ist, wobei er seine Schwebestellung beibehält und sanft nach mehr Leine verlangt. Sehr bald wird die beim Start eingeholte Leine, die ordentlich und gleichmäßig auf den Boden ausgebreitet sein sollte, aufgebraucht sein und der Drachen von der Rolle fliegen. Geht es nicht so gut und sinkt der Drachen, nachdem er seine Flugstellung erreicht hat, gegen den Horizont ab, sollte man ihm so viel Leine geben, wie er annimmt, und ihn so weit weg wie möglich fallen lassen und einen neuen Hochstart-Versuch unternehmen, der kurz vor der Bodenberührung des Drachens beginnen sollte. Wieder holt man die Leine rasch ein, bis der Drachen den Wind einfängt. Bleibt er weiter dabei abzusinken, sollte man einen weiteren Start mit etwa 100 Meter Entfernung beginnen. Mißlingt auch der und ist kein leichterer Drachen vorhanden, hat man die Wahl, entweder auf mehr Wind zu warten oder den Versuch aufzugeben.

Bei einem leistungsfähigen Drachen und stetigem Wind wird sich der Drachen so viel Leine von der Rolle holen, wie er benötigt, und dabei rückwärts und abwärts sinken. Nach etwa 15 Metern sollte man jedesmal den Drachen in seine Flugstellung steigen lassen, indem man den Leinennachschub einstellt. Dadurch kann man ständig dafür sorgen, daß sich der Drachen nicht auf den Kopf stellt. Ein Drachen kippt vornüber, wenn er so weit durch seinen Flugbogen fliegt, daß er seinen vorgesehenen Flugwinkel überschreitet, weiter zum Zenit aufsteigt — wobei die Flugleine senkrecht zum Boden steht — und

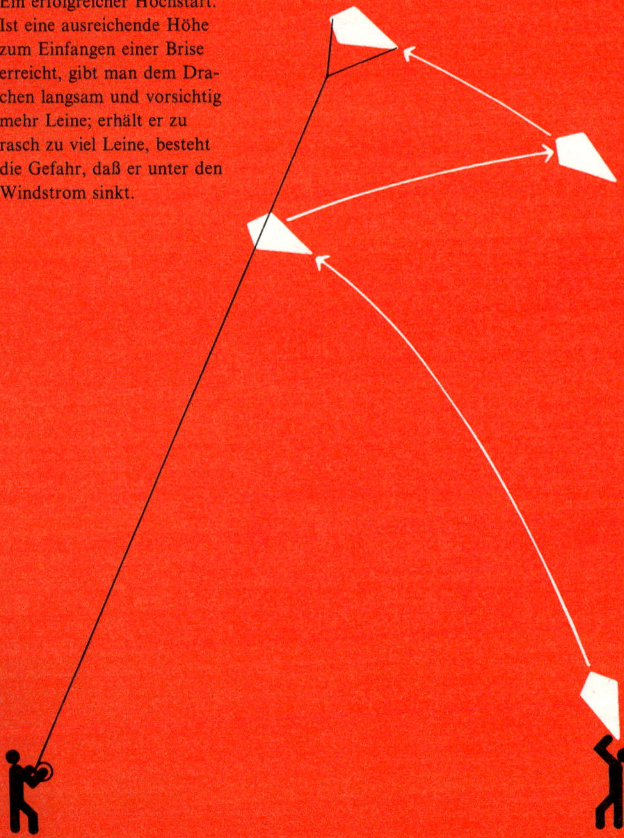

Ein erfolgreicher Hochstart. Ist eine ausreichende Höhe zum Einfangen einer Brise erreicht, gibt man dem Drachen langsam und vorsichtig mehr Leine; erhält er zu rasch zu viel Leine, besteht die Gefahr, daß er unter den Windstrom sinkt.

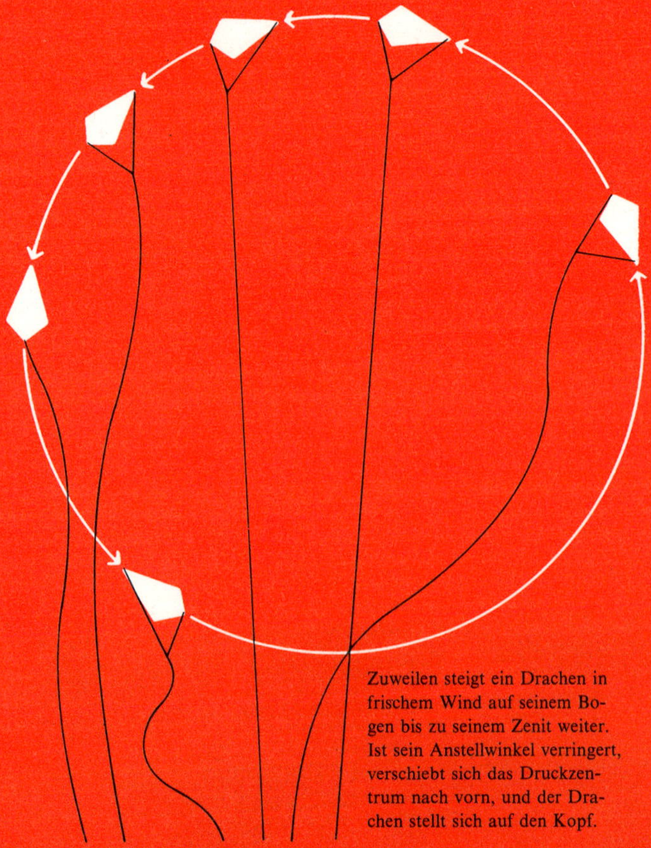

Zuweilen steigt ein Drachen in frischem Wind auf seinem Bogen bis zu seinem Zenit weiter. Ist sein Anstellwinkel verringert, verschiebt sich das Druckzentrum nach vorn, und der Drachen stellt sich auf den Kopf.

ihn passiert, wobei er einen hoffnungslos negativen Anstellwinkel einnimmt. An diesem Punkt wird er eine Reihe weiter seitlicher Schleifen beschreiben, die unterhaltsamer als beunruhigend sind. Sind die Bedingungen gut, kann man dem entgegenwirken, indem man Leine einholt, wenn sie gerade locker ist. Jedesmal, wenn der Drachen absinkt, gibt er Leine frei; und indem man dieses Stück einholt, ist es gewöhnlich möglich, ihn in leichtere Winde herabzuholen, wo sich die Kontrolle wieder herstellt. Sollte der Drachen dicht über dem Boden »kippen«, besteht die Möglichkeit, daß man es nicht so leicht schafft, obgleich sich eine ernstliche Beschädigung gewöhnlich dadurch vermeiden läßt, daß man dem Drachen einfach vor dem Auftreffen auf dem Boden genügend Leine gibt.

Übt ein Drachen übermäßigen Zug aus und wird es schwierig, ihn einzuholen, besteht eine gute Möglichkeit zur Verringerung des Drucks auf die Rolle darin, in Richtung auf den Drachen zu gehen, während man Leine aufwickelt, ihn zum Startpunkt zurückzieht und den Vorgang wiederholt, bis der Drachen eine leichter zu bewältigende Windgeschwindigkeit erreicht. Ist der Zug so groß, daß dies nicht funktioniert, muß man die Leine unterlaufen. Dieses Unterlaufen erfordert zwei Personen. Während die eine die Rolle hält, legt ein Helfer ein Stück starken Stoff – oder eine eigens für diesen Zweck vorbereitete Rolle – über die Drachenleine und geht in Richtung auf den Drachen, wobei er automatisch die Leine nach unten zieht. Nachdem er eine sinnvolle Entfernung erreicht hat, packt er die Leine und geht zum Drachenführer zurück, der sie dabei einholt. Auch dieser Vorgang ist zu wiederholen, bis eine geringere Höhe erreicht ist.

Es gibt stets eine Grenze, bis zu der man einen einzelnen Drachen steigen lassen kann. Diese wechselt offensichtlich je nach der Größe des Drachens und der Windstärke. Tritt in der Flugleine ein übermäßiges Durchhängen auf, ist diese Grenze erreicht. Das Durchhängen ist eine unerwünschte Erscheinung und besagt, daß der Drachen

Ein übermäßiges Durchhängen der Flugleine sollte man durch einen anderen Drachen auffangen, wenn der Aufstieg weitergehen soll. Theoretisch gibt es keine Grenze für die Anzahl der Drachen, die an einer einzigen Leine steigen können.

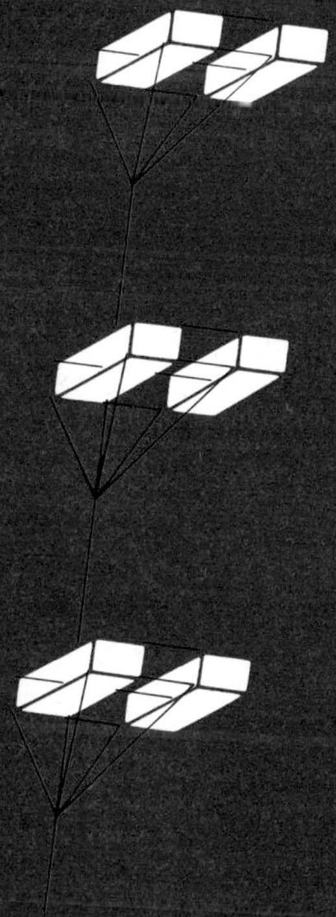

Eine von vielen Methoden, ein Gespann von Kastendrachen zusammenzustellen.

Baden-Powells zweiseitiges Waagensystem für den Gespannflug.

einfach das Gewicht der Leine nicht tragen kann. Je flacher der Flugwinkel ist, um so mehr prägt sich das Durchhängen aus, und umgekehrt. Um das Weitersteigen des Drachens fortzusetzen, ist es nötig, der Flugleine zusätzliche Unterstützung zu geben. Dazu spult man zuerst das übermäßig durchhängende Stück auf die Spule zurück, startet einen zweiten Drachen an einigen Dutzend Meter Leine und befestigt das Ende dieser Leine an der Hauptleine, indem man mit einer Bucht einen Ring an der Flugleine befestigt und die zweite Leine mittels eines Palsteks daran anbringt. Dies ist ein Flug im Gespann, und mit dieser Technik lassen sich große Höhen erreichen. 1919 kam ein Gespann von acht Drachen auf die Rekordhöhe von 9740 Metern.

**Drachenflug: Windverhältnisse**

Winde bilden sich als Folge eines natürlichen Ausgleichs ungleichmäßiger atmosphärischer Temperaturen und der dadurch verursachten Druckunterschiede. Man ordnet sie in drei Gruppen: lokal und regional beständige Winde; global beständige Winde; und Wechselwinde wie Zyklone, Antizyklone, Tornados und Hurrikane. Es leuchtet ein, daß für den Drachensportler besonders die erste Gruppe der lokal und regional beständigen Winde interessant ist, da es sich dabei um Winde geringer Stärke handelt, die verhältnismäßig flach und selten von Großfaktoren wie der Erdumdrehung beeinflußt sind. Im Weltmaßstab gesehen, sind sie kleine Wirbel, ein einfaches Wehen, hervorgerufen durch nichts weiter als relative Temperaturunterschiede zwischen Land und Wasser und durch die geographischen Beziehungen zwischen Bergen und Tälern. Am Frühlingsanfang, zur Zeit des Frühlingsäquinoktiums (21. März), bestehen extreme Temperaturun-

Ein rückkehrfähiger segelgetriebener »Brief« oder »Läufer«, der an einer Drachenleine aufsteigen, seine Ladung freigeben und zur Erde zurückkehren kann.

Bei der Berührung einer Sperre an der Flugleine springt der Fühler aus Aluminiumdraht auf und bewirkt, daß sowohl die Segelhalteleine wie die Last gelöst werden.

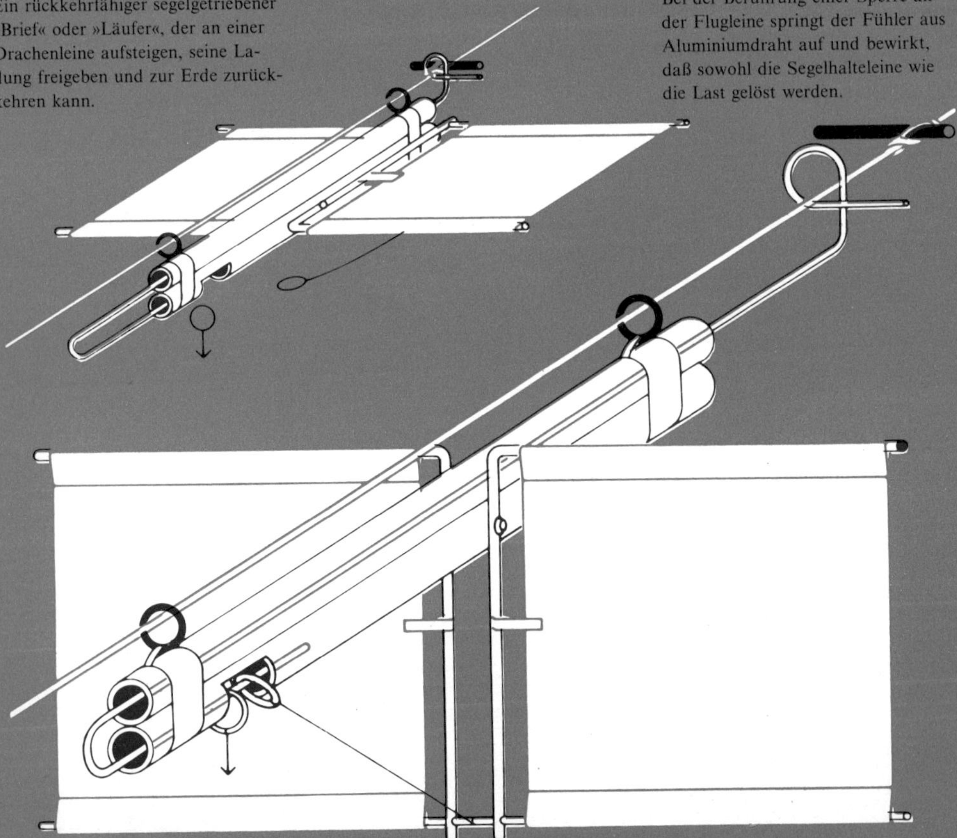

Fallschirme bilden beliebte Lasten.

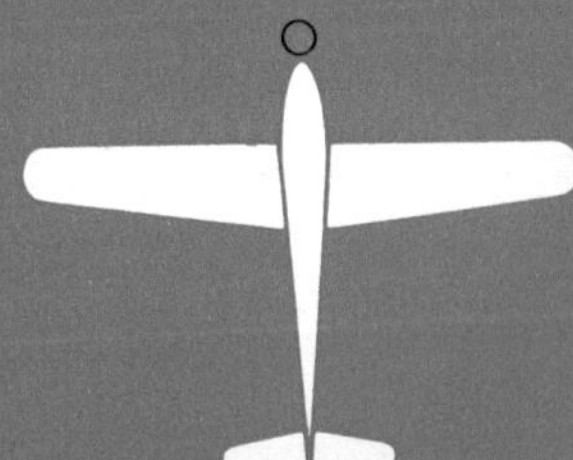

Man kann viel Freude mit Segelflugzeugen haben, die in großer Höhe freigelassen werden, obwohl man sie selten wiedersieht. Deshalb verwendet man zumeist Papierflieger.

terschiede zwischen dem Nordpolgebiet und dem Äquator, aus denen die von Drachensportlern so geliebten Märzwinde hervorgehen. Der März kündigte einst eine ganz ausgeprägte Drachensaison an, während heute Enthusiasten dazu neigen, das ganze Jahr über Drachen steigen zu lassen. Ob dies auf leistungsfähigere Drachen oder größere Begeisterung zurückgeht, ist schwer zu sagen.

1806 entwickelte Sir Francis Beaufort von der britischen Navy eine Windgeschwindigkeitsskala, die es den Kapitänen von Segelschiffen auf See gestattete, Windgeschwindigkeiten genau festzustellen. Obgleich sich die originale Skala mit rein seefahrerischen Effekten befaßte, wurde sie seither für Landverhältnisse im allgemeinen und für Drachensportler im besonderen modifiziert. Davon ausgehend, daß selbst die größten Enthusiasten keine Drachen steigen lassen, wenn der Wind Bäume entwurzelt, handelt es sich bei der im folgenden aufgeführten Tabelle ebenfalls um eine modifizierte Skala.

| Meilen/h (km/h) | Beaufort-Zahl und Landwindwirkung | Bezeichnung |
|---|---|---|
| 0—1 (0—1,6) | 0 Windstille, Rauch steigt senkrecht hoch | leicht |
| 1—3 (1,6—4,8) | 1 Windrichtung eben durch Rauch erkennbar | leicht |
| 4—7 (6,4—11,2) | 2 Wind auf dem Gesicht spürbar, Blätterrascheln | leicht |
| 8—12 (12,8—19,2) | 3 Blätter und kleine Zweige bewegen sich | sanft |
| 13—18 (20,8—28,8) | 4 Staub wirbelt hoch; kleine Äste bewegen sich | mäßig |
| 19—24 (30,4—38,4) | 5 Kleine belaubte Bäume beginnen zu schwanken | frisch |
| 25—31 (40—49,6) | 6 Große Äste bewegen sich | kräftig |

Die vielleicht sicherste Methode, eine wertvolle Kameraausrüstung in die Luft zu schicken, besteht darin, die Kameraeinheit an einer bereits durch Drachenkraft gesicherten Leine hochzufahren. Am besten bewährt hat sich die Verwendung einer Kamera mit einem motorgetriebenen Verschluß und Weiterspulmechanismus.

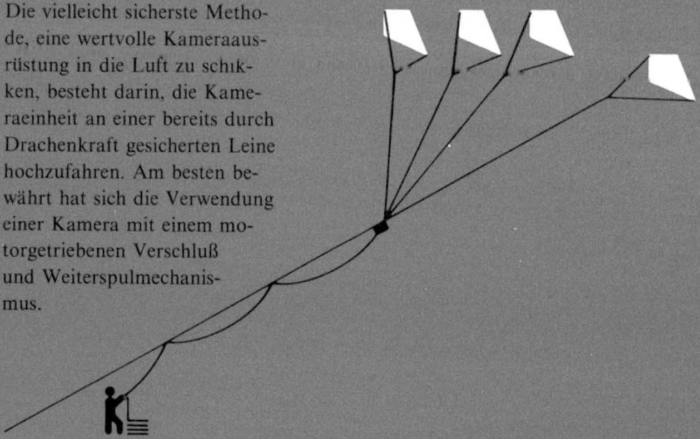

Eine sehr einfache und zuverlässige Methode, eine Last in der Luft freizulassen, bedient sich eines Stücks Aluminium- oder Thermoplastrohr und einer Feder oder eines Gummibands. Durch einen scharfen Ruck an der Leine im rechten Moment wird der Haltehaken unter dem Rohrhals herausgezogen.

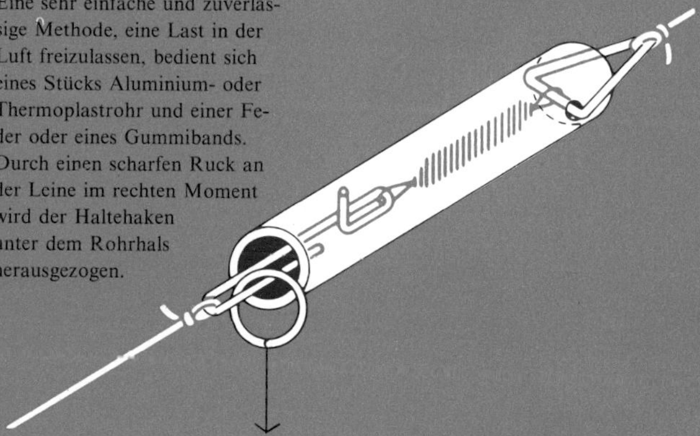

Eine Leichtgewichtkamerahalterung läßt sich mühelos aus einem Aluminiumband anfertigen. Die Löcher, durch die die Leine läuft, sollten gut geglättet sein; jede scharfe Kante kann sehr leicht die Leine durchscheuern. Es gibt viele erfinderische und billige Möglichkeiten, Kameraverschlüsse in der Luft auszulösen, gewöhnlich mittels Weckermechanismen, langsam abbrennenden Zündern, elastischen Bändern usw.

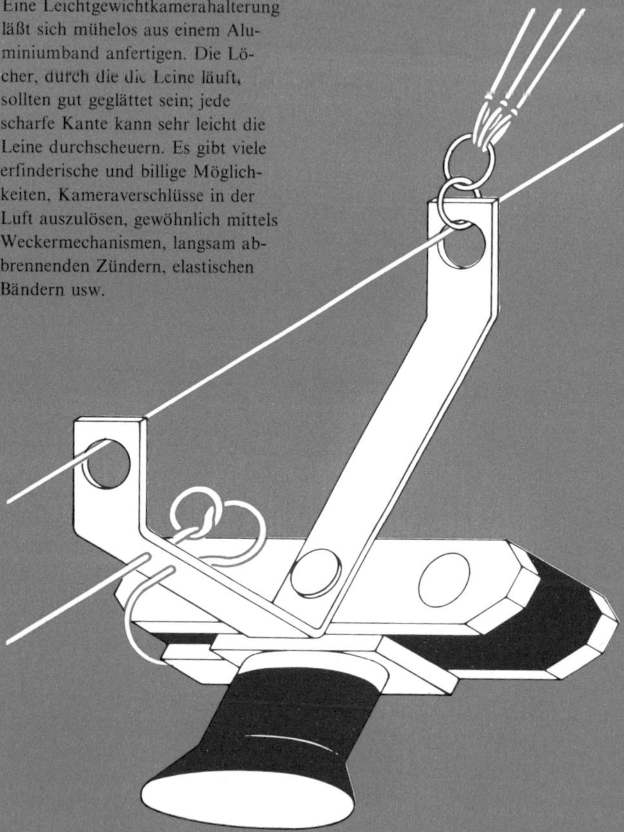

Die angenehmsten Windgeschwindigkeiten für den Drachenflug sind diejenigen zwischen 8 und 16 Meilen (12,8 und 25,6 km) pro Stunde. Man bedenke allerdings stets, daß selbst dann, wenn der Wind auf Bodenniveau leicht und gut zu bewältigen ist, er in mehreren hundert Meter Höhe nicht nur erheblich stärker sein, sondern auch in eine ganz andere Richtung wehen kann.

Eine der anregendsten Erfahrungen beim Drachensport kann das »Reiten« auf einer Thermik oder, genauer, auf einem thermischen Effekt sein. Eine Thermik ist ein etwas schwer zu beschreibendes Phänomen, prinzipiell aber ist sie ein Hochströmen warmer Luft, das im Spätfrühjahr und im Sommer auftritt, wenn eine kühle Morgentemperatur einem heißen Tag weicht. Sie entsteht zumeist über großen graslosen Flächen, trockenem Grasland oder auch über großen ebenen Betonflächen, und die Hauptschwierigkeit des Drachensportlers besteht darin, den Drachen hoch genug in die Thermik zu bringen, damit die Strömung auf ihn einwirkt. Eine Thermik gewinnt an Geschwindigkeit, je höher sie steigt, daher muß sie der Drachen in einer sinnvollen Höhe erreichen, wo genügend Auftriebsgeschwindigkeit herrscht. Es werden Segeldrachen wie Deltas, Vögel oder Rolloplane benötigt, um auf einer Thermik zu reiten, und die Leine läuft eher in einem stetigen Energieanstieg aus der Hand als mit einem bemerkbaren Zerren. Eine Thermik kann sich auch in den Zonen unter den Außenrändern von Kumuluswolken bilden. Die Luft unter der Wolke befindet sich im Schatten und ist kühler als die umgebende Atmosphäre. Diese kühle Luft steigt spiralförmig ab, wirbelt die warme Luft darunter durcheinander und bringt sie zum Hochsteigen in einem Röhreneffekt rings um die kalte Luftsäule; eben im Bereich dieser aufsteigenden Luft wird der Drachen am wahrscheinlichsten hochsteigen und dabei schweben und langsame Spiralen beschreiben. Man bedenke allerdings, daß selbst die leichteste Brise

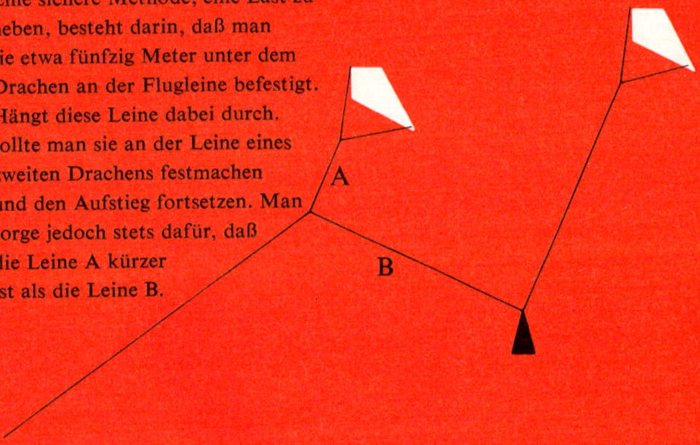


Eine sichere Methode, eine Last zu heben, besteht darin, daß man sie etwa fünfzig Meter unter dem Drachen an der Flugleine befestigt. Hängt diese Leine dabei durch, sollte man sie an der Leine eines zweiten Drachens festmachen und den Aufstieg fortsetzen. Man sorge jedoch stets dafür, daß die Leine A kürzer ist als die Leine B.

Es existieren die verschiedensten Techniken des Fischens mit Hilfe von Drachen. Eine der gebräuchlicheren westlichen Methoden arbeitet mit der Befestigung der Angelleine an der Flugleine mittels einer Wäscheklammer. Auf diese Weise läßt sich die Angel sehr weit auswerfen.

Eine schwere Last sollte nie an der Waage hängen, da dies leicht dazu führt, den Drachen aus seinem natürlichen Flugwinkel zu bringen. Verwendet man mehrere Drachen zum Tragen einer Last, ist es gleichfalls gut, jedem von ihnen wenigstens fünfzig Meter Leine zu geben, um Kollisionen zu vermeiden.

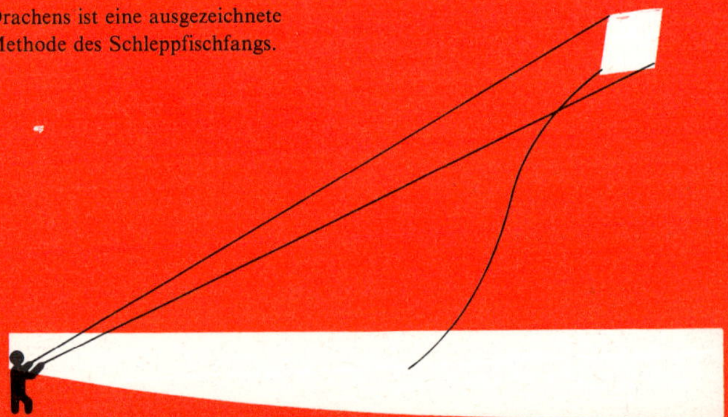

Die Befestigung einer Angelleine am Hinterende eines steuerbaren Drachens ist eine ausgezeichnete Methode des Schleppfischfangs.

sanft die Thermik wegwehen kann, so daß sich der Drachen ohne Halt in größerer Höhe befindet und die Gefahr besteht, daß er rascher sinkt, als sich die Leine einholen läßt.

Viel Spaß kann es bereiten, den Wind arbeiten zu lassen. In großen Höhen lassen sich Fotos aufnehmen, Segelflugzeuge starten, Rauchbomben auslösen, Flugblätter verbreiten und bei Nacht Lichterflüge unternehmen. Man hat viele Steigvorrichtungen für Flugleinen entwickelt, von einfachen Papierscheiben bis zu Läufern, die Lasten zum Drachen hinaufbefördern können, dort ihre Ladung abwerfen und für eine Wiederholung zurückkehren.

In weit höherem Maße als das Meer rächt die Luft jede Sorglosigkeit, Unfähigkeit und Nachlässigkeit. Das möglicherweise Reizvollste am Drachensport ist, daß er eine Gelegenheit bietet, das dritte Element zu beherrschen, ohne daß man sich in es hineinbegibt.

**Drachenflug: Bemessung**

Für die einzelnen Drachen gibt es minimale und maximale Windgeschwindigkeiten, zwischen denen sie mühelos fliegen; die jeweilige Leistungsfähigkeit eines Drachens hängt von seiner »Bemessung« ab. Diese Bemessung ist einfach das Verhältnis zwischen Drachengewicht und Segelbelastung oder Segelfläche. Ein fragiler und hoch bemessener Leichtgewichtdrachen mit großer Segelfläche beispielsweise bleibt bei extrem geringen Geschwindigkeiten in der Höhe, während ein niedrig bemessener, der schwerer ist, mit einer kleineren Segelfläche verhältnismäßig kräftigen Winden zu widerstehen vermag. Aufgrund von Faktoren wie der Porosität und der Dichte des Bespannungsmaterials ist es nicht möglich, eine Standardbemessung zu finden; als Durchschnitt gelten allerdings 30 qcm Fläche für etwa 30 g Gewicht.

In der Tradition von Huan Theng werden östliche Drachen häufig mit einem Summer ausgestattet, der in der Luft ein trauriges Heulen von sich geben kann.

Ein Bambusbogen ist oben am Drachen befestigt und mittels eines Bambus- oder Rotangspans gespannt. Im Westen erfüllen alte Gitarrensaiten den gleichen Zweck.

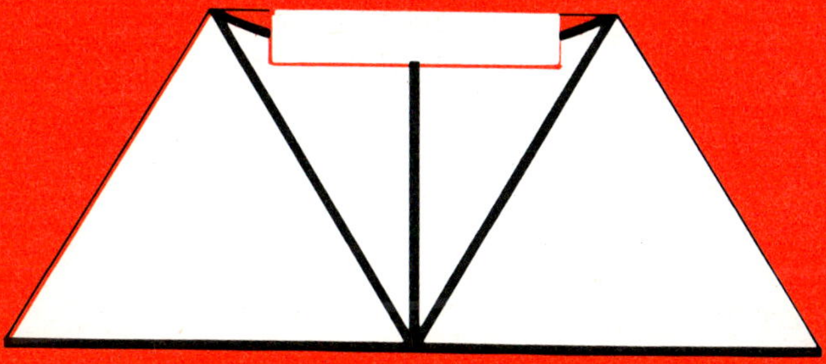

Der Papiersummer ist bei einer Anzahl von Folkloredrachen gebräuchlich und besteht ganz einfach aus einem festen Papierstreifen, der um eine straffe Schnur zwischen zwei Holmenden gefaltet und geklebt ist. Es gibt Drachensportler, denen es großes Vergnügen macht, an ihren Drachen zahlreiche geräuscherzeugende Vorrichtungen anzubringen.

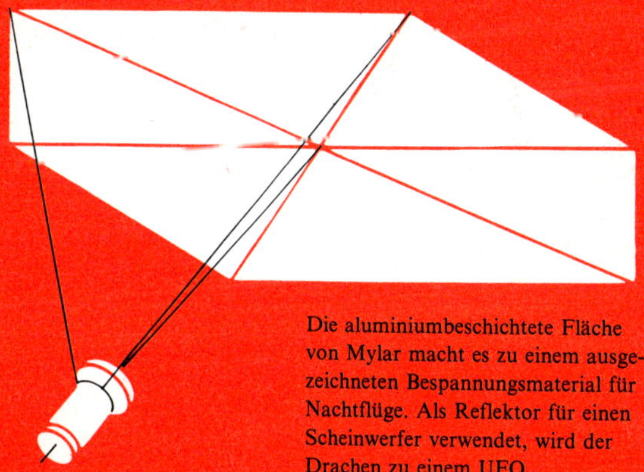

Die aluminiumbeschichtete Fläche von Mylar macht es zu einem ausgezeichneten Bespannungsmaterial für Nachtflüge. Als Reflektor für einen Scheinwerfer verwendet, wird der Drachen zu einem UFO.

Dies ist eine gute Methode, eine Fahne an einer Drachenleine anzubringen. Falls leichte Stäbe verwendet werden, ist ein Gewicht nötig.

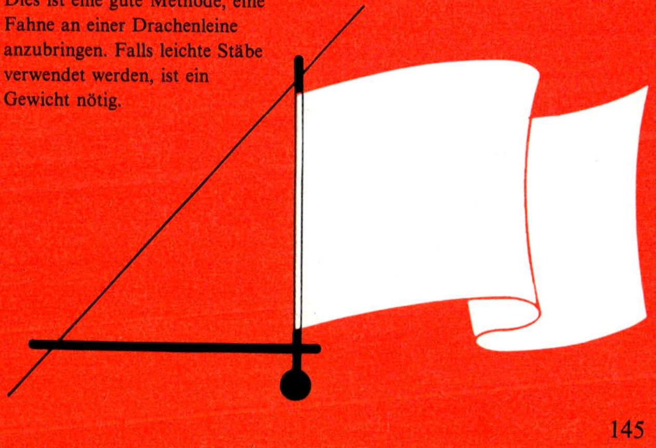

## Drachenflug: Höhenmessung

Die Befriedigung darüber, die Höhe eines Drachens zu bestimmen, ist so groß wie die entsprechende Aufgabe. Ohne einen Theodoliten oder einen elektronischen Entfernungsmesser ist Höhenberechnung eine schwierige, jedoch durchaus zu bewältigende Operation.

Unter Verwendung des unten abgebildeten rechtwinkligen Dreiecks *ABC* benutzt eine Anzahl von Enthusiasten handelsübliche Entfernungsmesser, um die Distanz *BA* zwischen ihnen selber und ihrem Drachen festzustellen, während andere die Flugleine *BDA,* wie sie sich von der Rolle abspult, messen. Dies geschieht, um die Länge der Hypotenuse *BA* des rechtwinkligen Dreiecks *ABC* zu bestimmen. Angenommen *BC* sei horizontal, der Winkel *ABC* messe 52°, sein logarithmischer Sinus sei mit 0,7880 festgestellt und die Länge der Hypotenuse *BA* sei mittels des Entfernungsmessers mit 138 m bestimmt (in der Zeichnung ist 1 mm = 1 m), dann ergibt sich die Höhe des Drachens aus der Anwendung der Formel Sinus · Hypotenuse = Gegenseite oder 0,7880 · 138 = 108,7, also etwa 109 m über *C*.

Wie sich der Zeichnung entnehmen läßt, ist die Feststellung der Hypotenusenlänge mittels Messung der Flugleine wegen deren Durchhängen nicht recht befriedigend.

Falls ein so hochentwickeltes — und teures — Gerät wie ein Entfernungsmesser nicht verfügbar ist, wird die Längenmessung der Hypotenuse schwieriger, aber auch unterhaltsamer, und ein Erfolg wird als wesentlich befriedigender empfunden.

In der ganz unten abgebildeten Hauptfigur *A B D* sei der Drachen an einem beliebigen Punkt *E* befestigt. An einem geeigneten Punkt *C* mißt man mittels eines Winkelmessers den Winkel *ACD* mit 71°. Dann wird die Entfernung *BC* so gemessen, daß *B* und *C* auf

Man benötigt lediglich einen einfachen Winkelmesser, um den Höhenwinkel eines Drachens festzustellen. Ein Aluminium-Visierrohr auf einem Fotostativ ist ideal, obwohl auch in der Hand gehaltene Versionen ausreichen. Eine Lotleine, an der Mitte eines geeignet markierten Gradbogens hängend, zeigt den Höhenwinkel an.

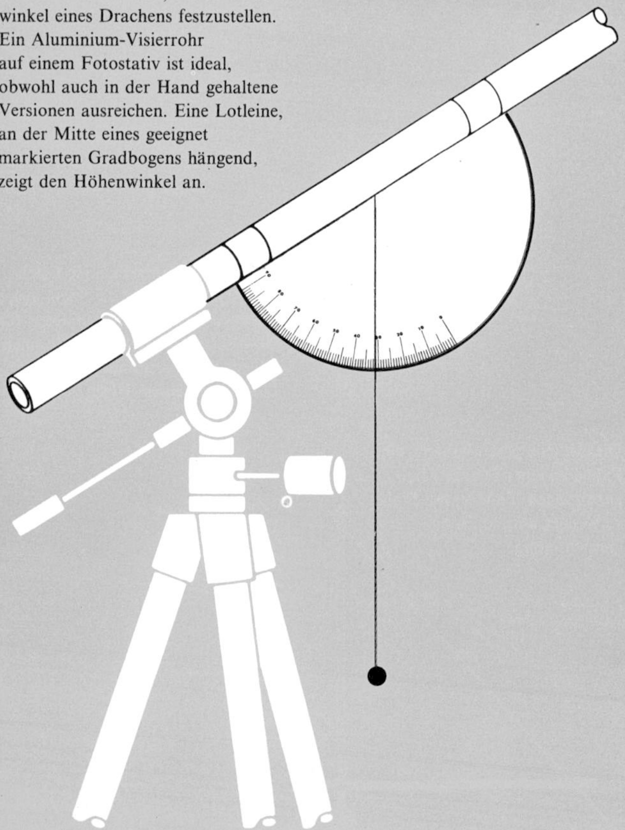

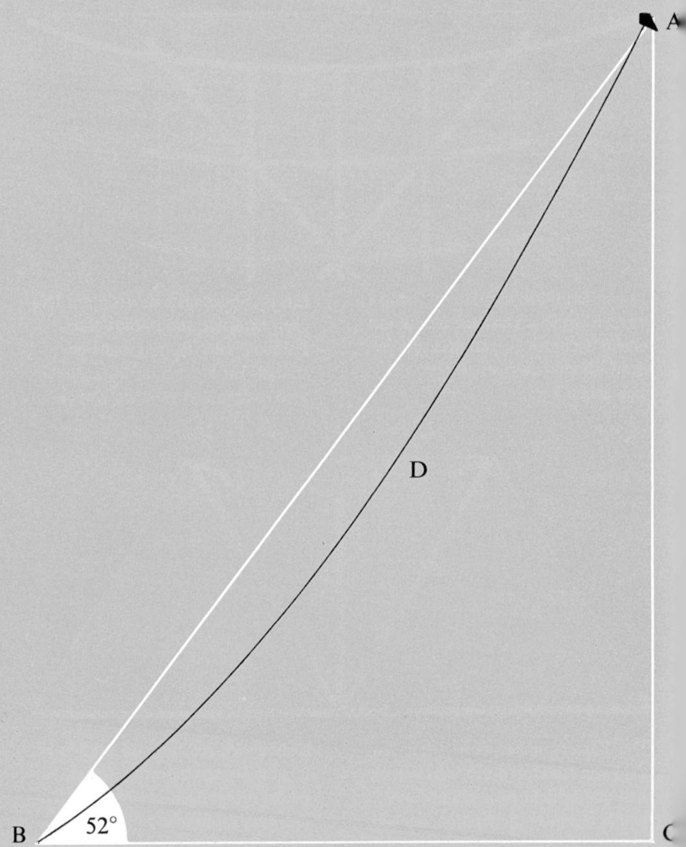

derselben horizontalen Ebene wie *D* und daß das Dreieck *ABC* und *AD* auf derselben vertikalen Ebene liegen. Dann mißt man den Winkel *ABC* (32°).

So sind im Dreieck *ABC* die Strecke *BC*, der Winkel *ABC* und der Winkel *ACB* als Ergänzungswinkel zu *ACD* bekannt. Man überträgt *BC* auf Millimeterpapier (etwa im Maßstab 1 : 1000). Da die Winkel *ABC* und *ACB* bekannt sind, konstruiert man das stumpfwinklige Dreieck *ABC*, indem man die Geraden *BA* und *CA* bis zu ihrem Schnittpunkt in *A* verlängert. *BC* wird bis *D* verlängert. Mit dem Ausmessen der Strecke *CA* (siehe Zeichnungstext) ist die Länge der Hypotenuse im Dreieck *ACD* ermittelt (115 m). Bei einem Sinus 0,9455 des Winkels *ACD* (71°) ergibt sich aus der bekannten Formel Sinus · Hypotenuse = Gegenseite oder 0,9455 · 115 = 108,7 abermals, daß der Drachen 109 m über *D* steht.

Bei der ersten der beschriebenen Methoden sollte man jedoch die Höhe des Entfernungsmessers über dem Boden zur Endgröße addieren; und bei der zweiten Methode ist die doppelte Höhe des Winkelmessers hinzuzuzählen, nämlich je einmal für jede Ablesung. Der maximalen Genauigkeit bei einem solchen einfachen Meßsystem zuliebe sollte ein Helfer gleichzeitig eine zweite Messung vornehmen; der Mittelwert aus den zwei Resultaten ergibt ein leidlich genaues Ergebnis.

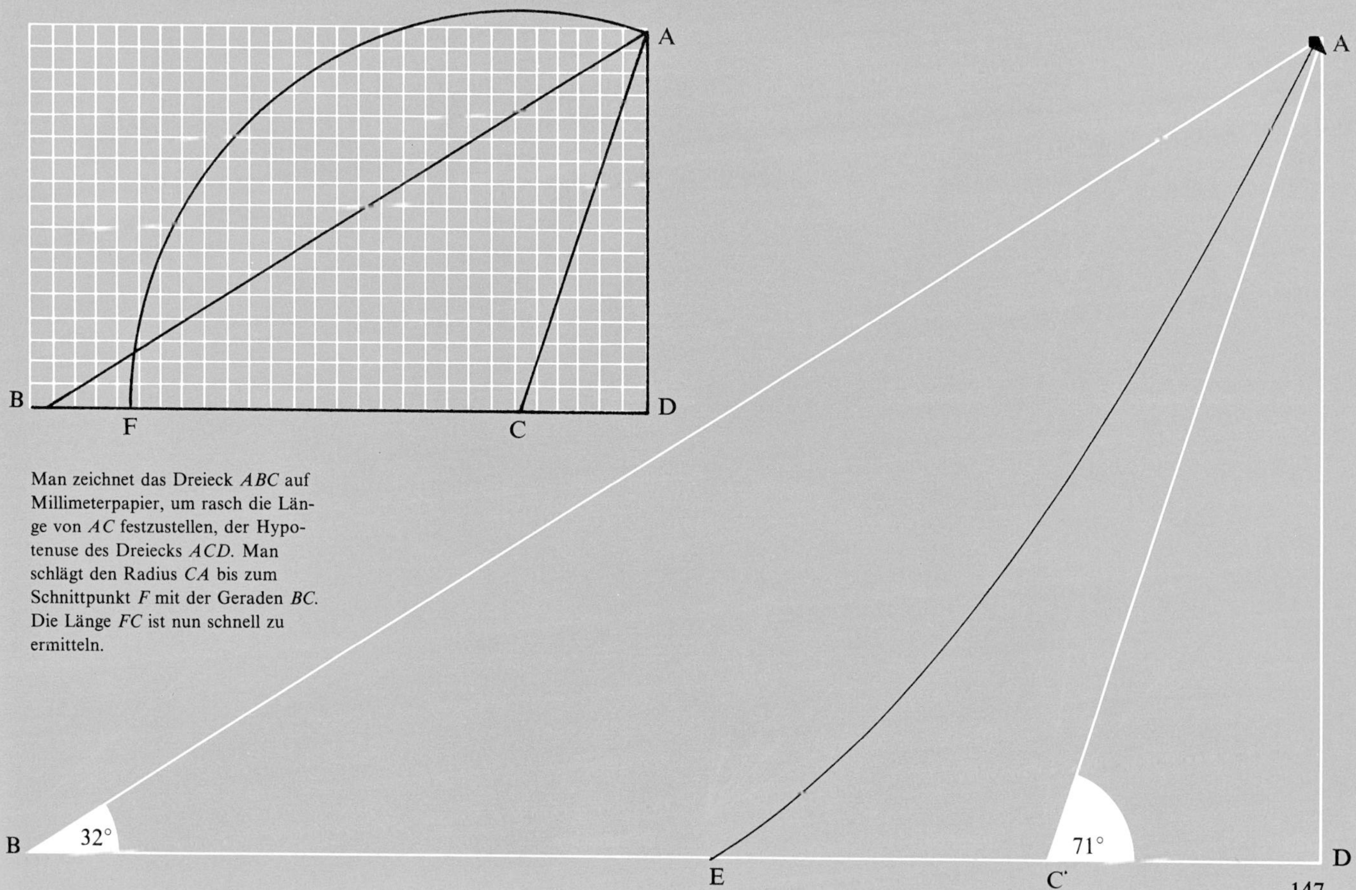


Man zeichnet das Dreieck *ABC* auf Millimeterpapier, um rasch die Länge von *AC* festzustellen, der Hypotenuse des Dreiecks *ACD*. Man schlägt den Radius *CA* bis zum Schnittpunkt *F* mit der Geraden *BC*. Die Länge *FC* ist nun schnell zu ermitteln.

**Drachenformen: Einführung**

Die Drachen lassen sich in sieben Gattungsgruppen unterteilen. Die älteste und einfachste Art ist der Flach- oder ebenflächige Drachen, der es in seinen eindrucksvollsten Formen, was den reinen Anblick anbelangt, mit jedem seiner Nachfolger aufnehmen kann. Die Thai-Schlange beispielsweise ist prinzipiell ein Flachdrachen und ebenso der chinesische Hundertfüßer, bei dem es sich um nichts anderes als um eine Reihe kreisförmiger flacher Drachen in einem eng aufgeschlossenen Gespann handelt. Den gebogenen Drachen (»Amerikaner«) ließ man wahrscheinlich in vielen verschiedenen Spielarten schon seit Hunderten von Jahren fliegen, obwohl man erst um die letzte Jahrhundertwende die Gründe für seine hervorragende Stabilität verstand. Die meisten klassischen Kampfdrachen kann man zu dieser Kategorie zählen. Ein anderer Grundtypus ist der Kastendrachen, bestehend aus reinen Zellenkombinationen, die Auftrieb und Stabilität bewirken; solche Zellenkombinationen mit Flügeln für zusätzlichen Auftrieb bilden die Kategorie der sogenannten Verbunddrachen. Drei relative Neulinge in der alteingeführten Drachenfamilie sind Baldachindrachen wie Schlitten und Fallschirme, die Segeldelta-Drachen, die sich aus Rogallos ursprünglichem Flexiblen Drachen entwickelt haben, und die Parafolie, die vermutlich leistungsfähigste Leinenflug-Konstruktion, die jemals ersonnen wurde.

Um die Einzelheiten nicht durch eine Menge von Maßmarkierungen undeutlich zu machen, ist den folgenden Drachenformen, wo nötig, eine Maßskala in Zentimetern beigefügt. Zur raschen und genauen Feststellung der Dimensionen halte man einfach die benötigte Länge mit einem Stechzirkel fest und lese das Resultat an der zugehörigen Skala ab. Ist kein Zirkel zur Hand, markiere man die Maße am Rand eines Papierblatts.

Man sollte daran denken, daß die Leistungsfähigkeit eines Drachens primär nicht so sehr durch seine Größe wie durch seine

Flach- oder ebenflächiger Drachen.

Bogendrachen.

Kastendrachen.

Verbunddrachen.

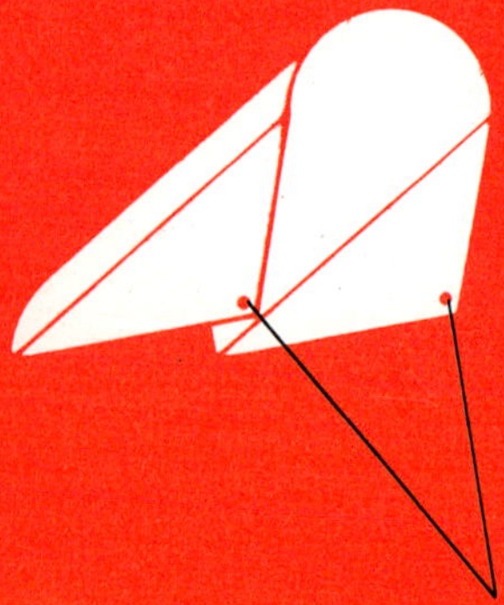

Schlitten.

Parafolie.

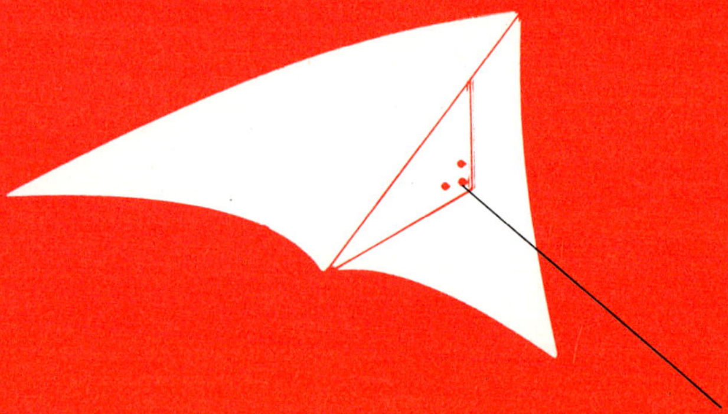

Deltadrachen.

Proportionen bestimmt wird. Sofern die fertige Form *in den Proportionen* richtig ist — das heißt, wenn sie die in den Vorlagen festgelegten Verhältnisse zwischen Auftriebs- und Stabilisierungsflächen besitzt —, sollte der Drachen leistungsfähig sein. Dennoch sind die in den Skalen genannten Größen empfehlenswert, da die meisten westlichen Klassiker in ihren Originaldimensionen vorgestellt werden, wo immer diese zur Verfügung stehen. Die Größen der beschriebenen Folkloredrachen beruhen auf ihren traditionell gebräuchlichen Dimensionen; dort, wo traditionelle Dimensionen Unterschiede aufweisen, wurden effiziente und geeignete funktionierende Größen durch Ausprobieren ermittelt.

Die für die Modelle angegebenen Materialien sind eher Vorschläge als Vorschriften, da die Materialvarianten unbegrenzt sind. Aus Gründen der Beschaffbarkeit und der Kosten ist eine Anzahl der für die Originale verwendeten Materialien nicht mehr praktikabel. Bespannungsmaterialien wie Zedernfurnier, Goldschlägerhaut und Seide wurden durch Natur- und synthetische Gewebe, durch Plastikfolien oder -bogen ersetzt, während Rahmen, die man einst aus Hickory- oder jungem Fichtenholz anfertigte, heute aus thermoplastischen oder Fiberglasstäben hergestellt werden. Die angegebenen Materialien sind im allgemeinen bei Folkloredrachen die *traditionell* verwendeten, bei westlichen die *ursprünglich* benutzten. Erscheinen sie in einigen Fällen als unpraktisch, sollte man sehr wohl bedenken, daß eine neuartige Materialwahl gelegentlich überraschend gute Resultate zeitigt; infolgedessen ist es besser, für Experimente offen zu sein, als sich sklavisch an bestehende Regeln zu halten.

Die Teile des Drachens:

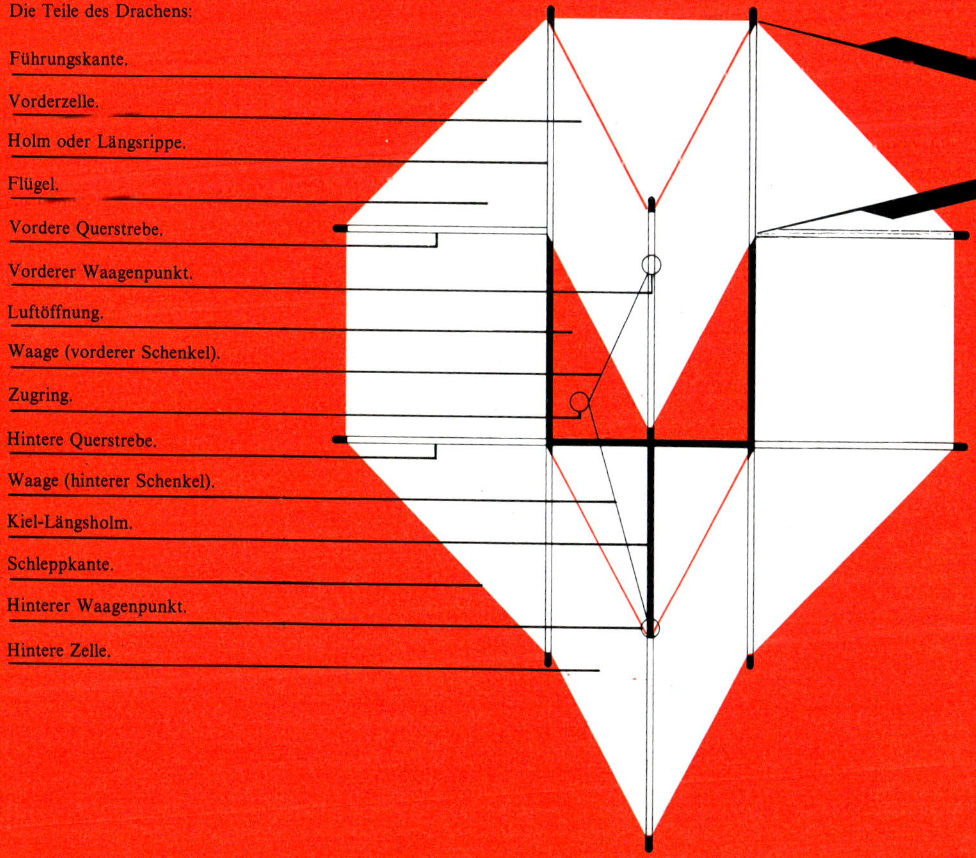


Ausmeßmethode.

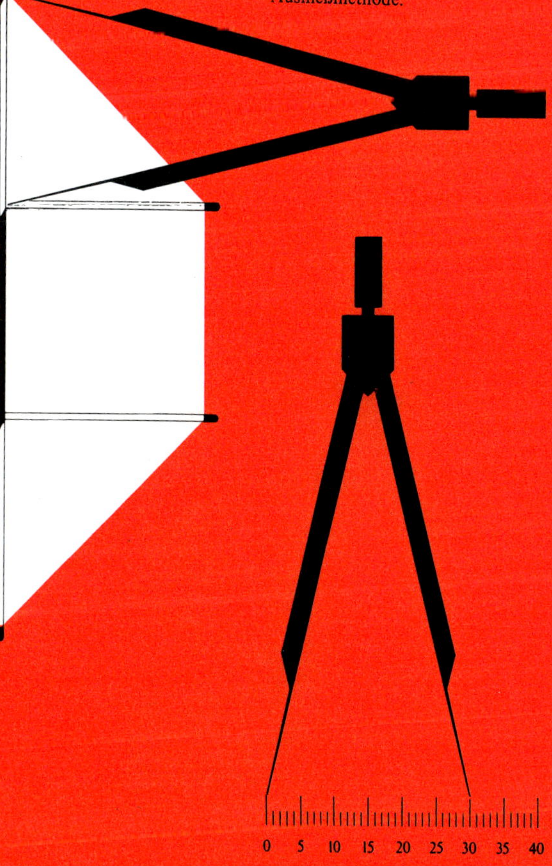

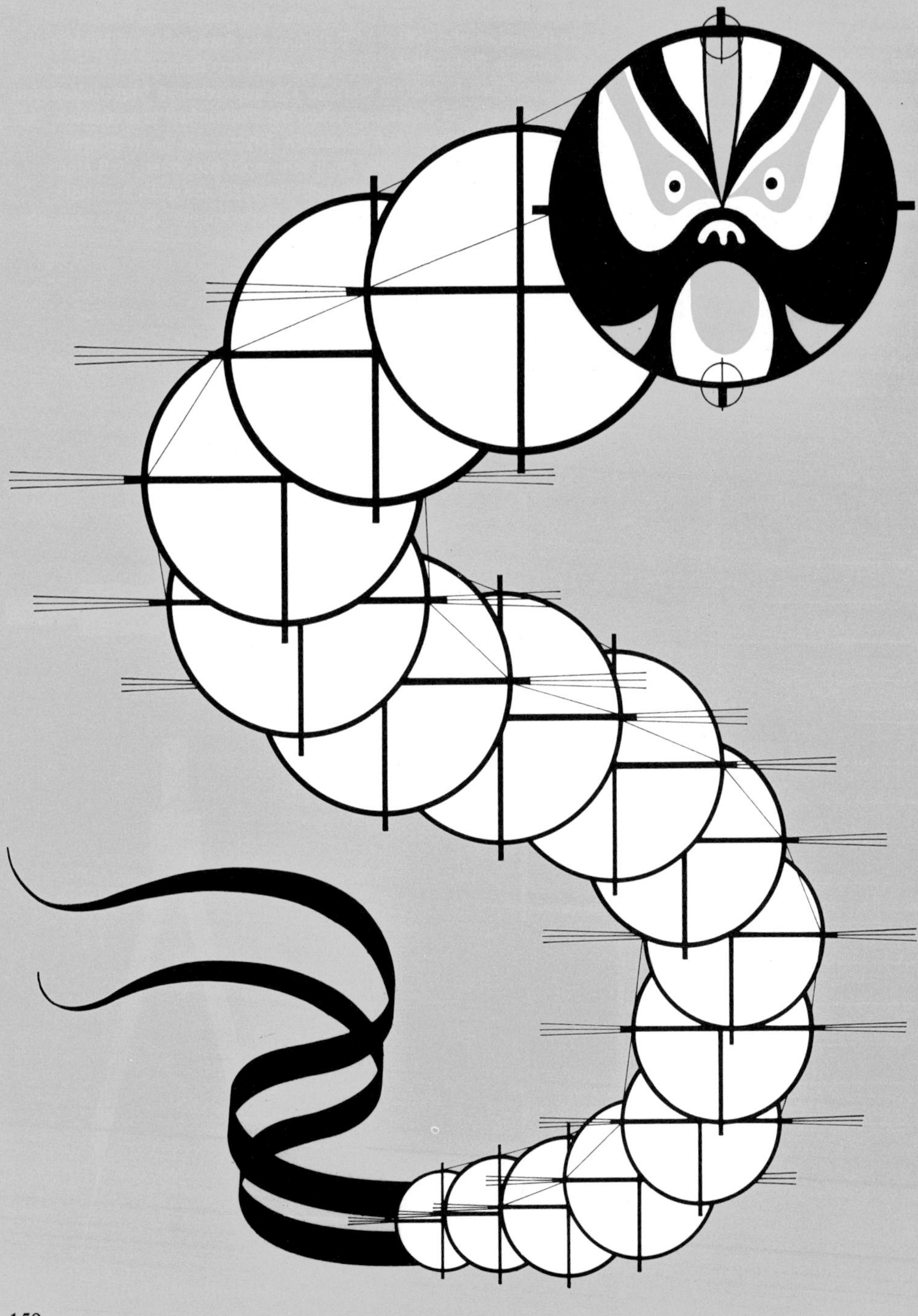

## Chinesischer Hundertfüßer

Bespannung: Papier.
Rahmen: Gespaltenes Bambus- oder spanisches Rohr.
Waage: Zweischenklig.
Schwanz: Papierschlangen.
Wind: Mäßig.

In der klassischen chinesischen Version des Hundertfüßers ist der Kopf häufig größer und kräftiger als die Scheiben des Körpers. Während einige Drachenbauer Scheiben von gleichem Durchmesser bevorzugen, tendieren andere dazu, die Größe nach hinten zu allmählich zu verringern. Obgleich der Hundertfüßer mit zunehmender Länge immer schwerer zu bedienen ist, sieht der Drachen beim Flug um so eindrucksvoller aus, je länger der Körper ist. Die einzelnen Scheiben sollte man vor dem Zusammenbauen ausbalancieren. Zu diesem Zweck legt man die vertikalen Vorsprünge oben und unten an jeder Scheibe auf zwei Stuhllehnen und ermöglicht eine Schaukelbewegung in der horizontalen Ebene. Man beschneidet den Spliß an den horizontalen Streben, bis eine gute Balance erreicht ist. Obwohl die Größe des Hundertfüßers erheblich variiert, beträgt der durchschnittliche Durchmesser der vorderen oder Kopfscheibe 40 cm. Man befestigt die Scheiben oben und seitlich und läßt einen Abstand von 30 cm zwischen den beiden ersten. Diese Entfernung sollte dann über den ganzen Drachenkörper jeweils um 1 cm verkürzt werden. Der Hundertfüßerdrachen ist nicht so leistungsfähig, wie er eindrucksvoll ist.

**Thai-Schlange**

Bespannung: Seide.
Rahmen: Gespaltenes Bambus- oder spanisches Rohr.
Waage: Zweischenklig.
Wind: Leicht bis mäßig.

Die traditionell aus Seide angefertigte Thai-Schlange ist äußerst leistungsfähig, wenn man sie mit feinmaschigem Mylar überzieht, obgleich auch Papier- und Plastikausführungen ausgezeichnet fliegen. Der Schwanz kann beliebig lang sein, wiewohl der Anblick um so eindrucksvoller ist, je länger die Schlange sich über den Himmel zieht.

Andere Kopfformen der Schlange.

## Chinesischer Fruchtbarkeitsdrachen

Bespannung: Papier.
Rahmen: Bambus.
Waage: Zweischenklig.
Schwanz: Reisgarben.
Wind: Sanft bis mäßig.

Den chinesischen Fruchtbarkeits- oder Reisdrachen läßt man traditionsgemäß mit Bündeln ungedroschenen Reises an Flügelspitzen und Schwanz über Reisfeldern fliegen. Die Einwirkung des Winds auf die Drachenfläche schüttelt die Reiskörner aus den Garben und verstreut sie in einem symbolischen Fruchtbarkeitsakt, der eine reiche Ernte bescheren soll.

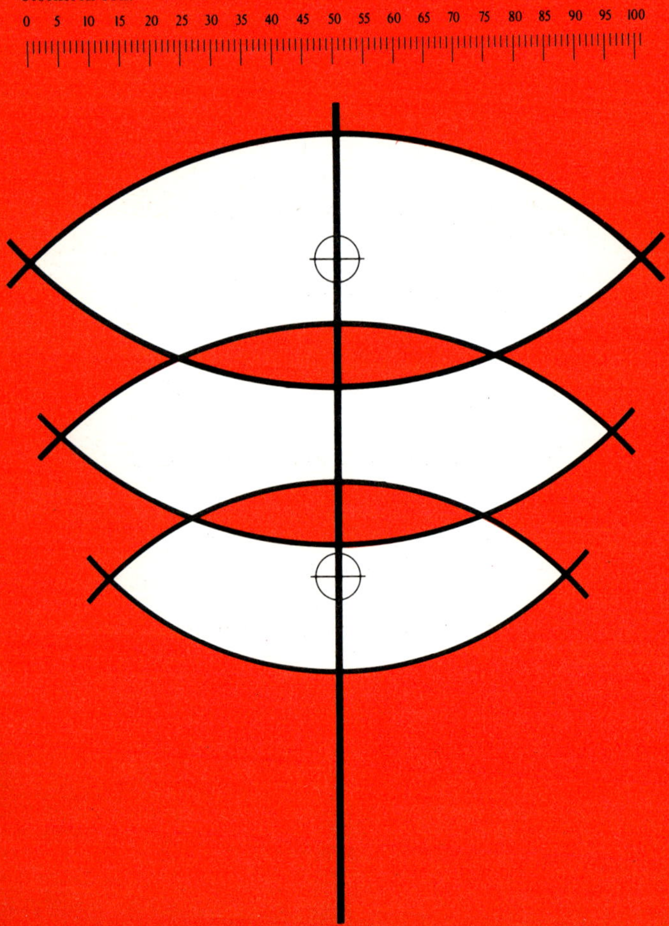


## Hawaiischer Kreisdrachen

Bespannung: Papier.
Rahmen: Gespaltenes Bambus- oder spanisches Rohr.
Waage: Dreischenklig.
Schwanz: Einfache Papierschlange.
Wind: Leicht bis sanft.

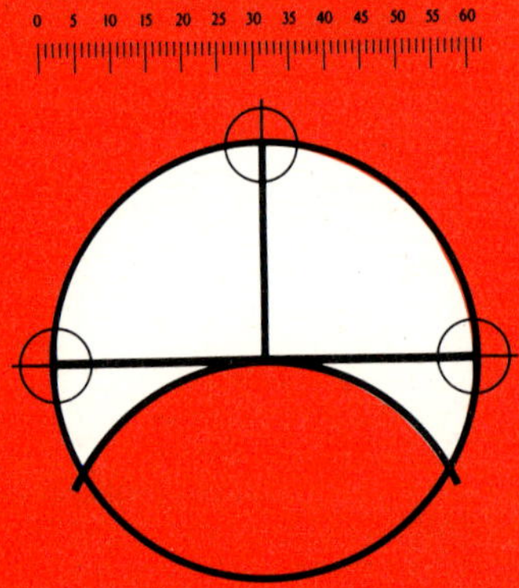


## Chinesischer Orangendrachen

Bespannung: Papier.
Rahmen: Gespaltenes Bambus- oder spanisches Rohr.
Waage: Zweischenklig.
Schwanz: Papierschlange.
Wind: Sanft bis mäßig.

**Iki-Oniyocho-Drachen**
Bespannung: Papier.
Rahmen: Gespaltener Bambus.
Waage: siebenschenklig (variabel).
Schwanz: mit Quasten.
Wind: Mäßig bis frisch.

Oniyocho-Drachen sind traditionell auf den Inseln in der Tsushima-Straße in Westjapan zu Hause. Jede einzelne Insel hat ihre eigene Spielart des Drachens, so den Goto Oniyocho und den Hirado Oniyocho. Gewöhnlich sind furchteinflößende Krieger oder Dämonen mit kunstvollen Masken darauf dargestellt.

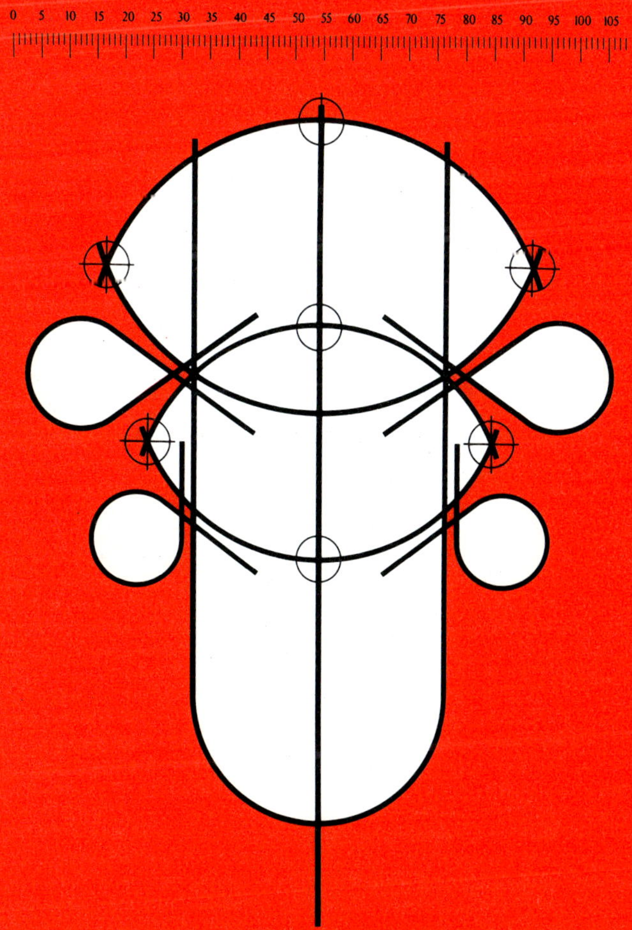


**Semi-Drachen**
Bespannung: Papier.
Rahmen: Gespaltener Bambus.
Waage: Sechsschenklig (variabel).
Schwanz: Mit Quasten.
Wind: Leicht bis sanft.

Der Semi- oder Zikadendrachen ist einer der vielen japanischen Insektendrachen. Er ist in ganz Japan bekannt, hat aber sein Hauptverbreitungsgebiet rings um Kita-kyushu.

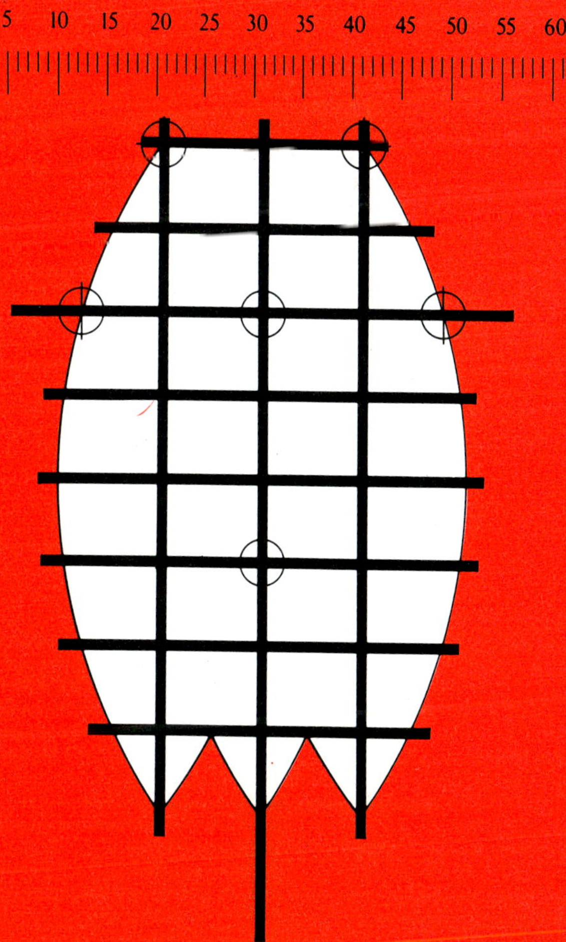

## Musha-Drachen

Bespannung: Papier.
Rahmen: Bambus.
Waage: Dreischenklig.
Schwanz: Papierschlange.
Wind: Leicht bis sanft.

Dies ist einer der einfacheren rechteckigen japanischen Drachen, dessen Seiten nur durch Schnur gehalten werden. Das lose Flattern des Bespannungspapiers an der Schleppkante trägt dazu bei, einen Stabilisierungszug herzustellen.

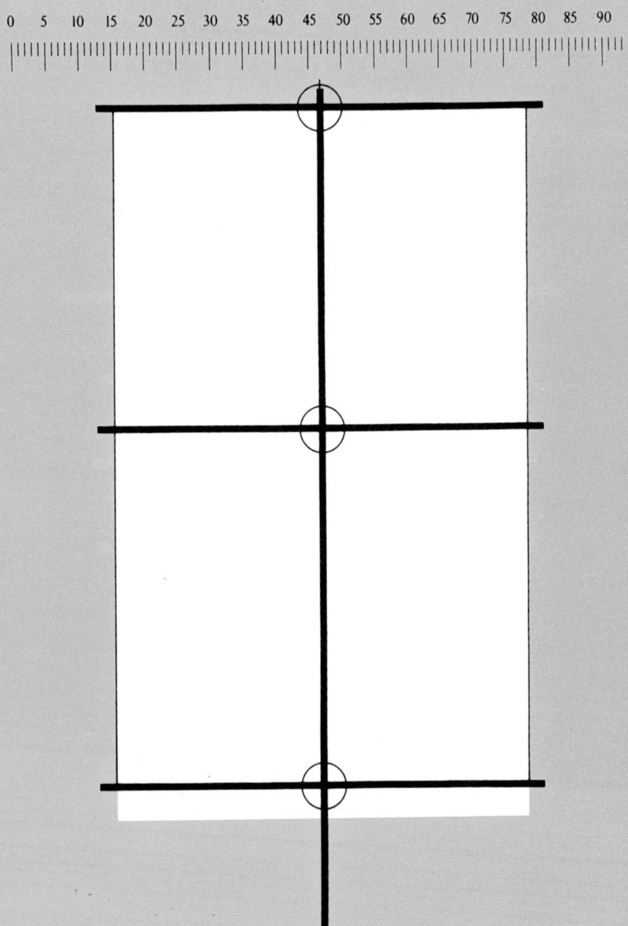


## Wan-wan-Drachen

Bespannung: Papier.
Rahmen: Bambus.
Waage: Fünfschenklig (variabel)
Schwanzlos.
Wind: Sanft bis frisch.

Dies ist eine verkleinerte Version der berühmten Riesendrachen von Tokushima, die die größten Drachenkonstruktionen überhaupt sein sollen. Der Wan-wan ist sehr stark gebogen.

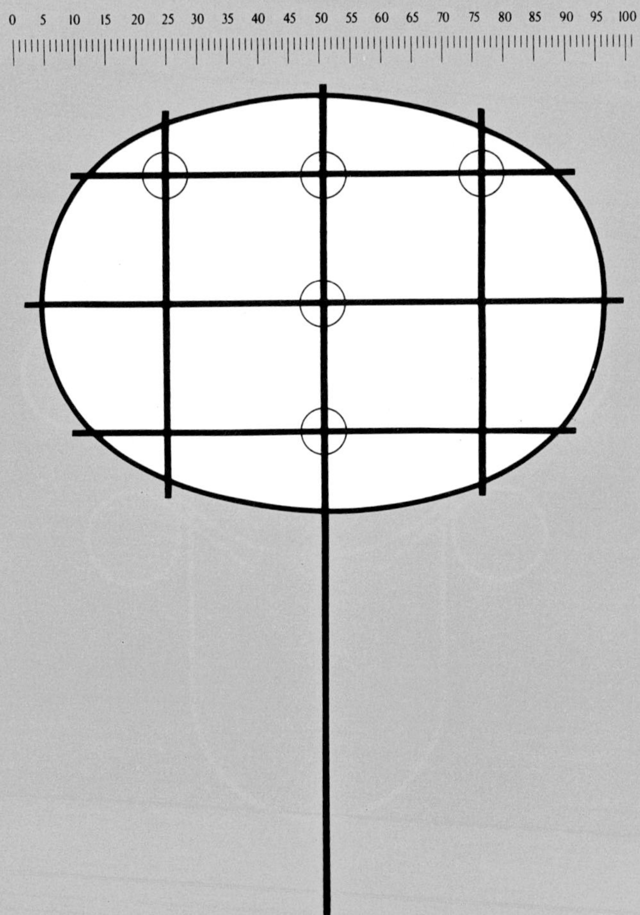

## Machijirushi-Drachen

Bespannung: Papier.
Rahmen: Bambus.
Waage: Achtschenklig (variabel).
Schwanzlos bei leichtem Wind.
Wind: Leicht bis sanft.

Der Machijirushi ist ein Kampfdrachen, der in verschiedenen Größen beim jährlichen Hamamatsu-Fest aufsteigt.

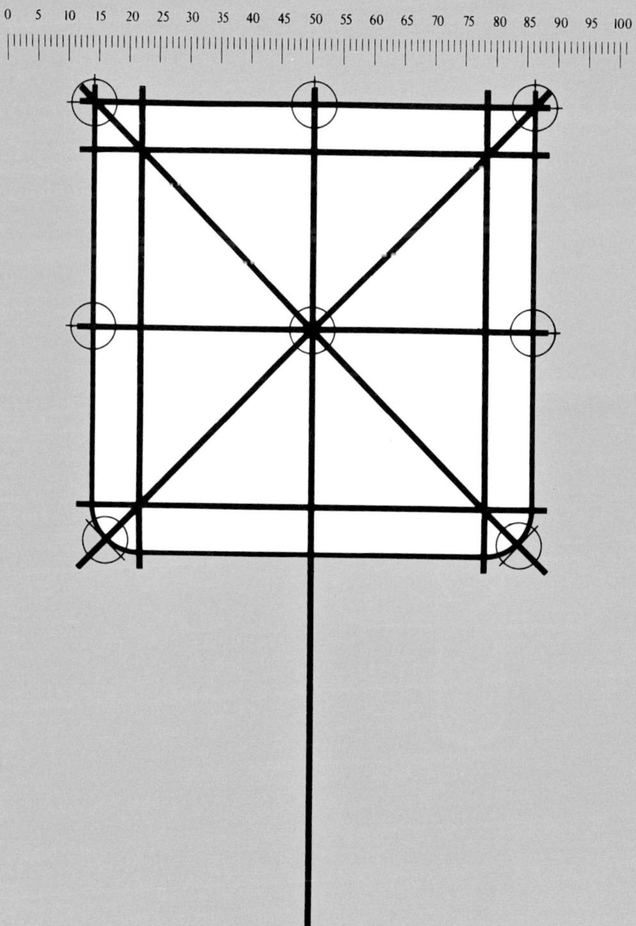


## Hakkaku-Drachen

Bespannung: Papier.
Rahmen: Bambus.
Waage: Fünfschenklig.
Schwanz: Papierschlange.
Wind: Leicht bis sanft.

Dieser leuchtend bemalte achtzackige Stern ist bei japanischen Kindern sehr beliebt.

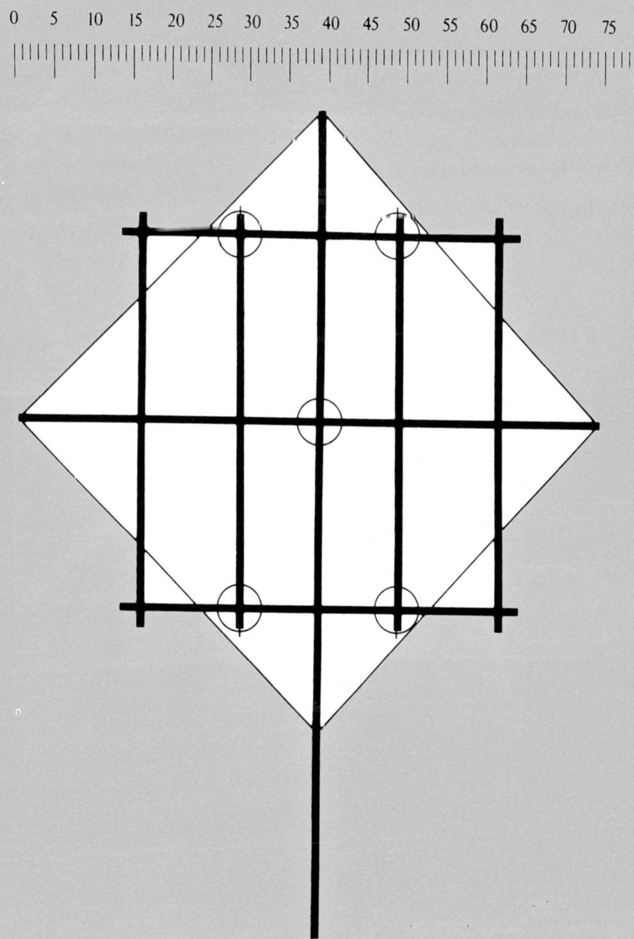

## Yakko-Drachen

Bespannung: Papier
Rahmen: Gespaltener Bambus.
Waage: Drei- oder vierschenklig.
Schwanzlos.
Wind: Leicht bis sanft.

Die Flügelpartie des Yakko ist besonders interessant. Vorder- und Hinterkante der Flügelbespannung sind in der unten gezeigten Weise auf den gebogenen Rahmen geklebt. Das dabei überschüssige Papier an den Flügelspitzen wird nach oben gebogen und verleiht der Flügelspitze einen Halbröhreneffekt. Dieser ähnelt in gewisser Weise dem des Flächenwinkels, weil der Wind durch das Loch in der Flügelspitze strömt und so eine kräftige Stabilisierung bewirkt.

## Mikawa-Tombi-Drachen

Bespannung: Papier.
Rahmen: Gespaltener Bambus.
Waage: Dreischenklig.
Schwanzlos.
Wind: Leicht bis sanft.

Der Tombi oder Japanische Falke verwendet zur Stabilisierung die gleiche Flügelbauweise wie der Yakko.

Alternative Yakko-Formen.

## Sode-Drachen

Bespannung: Papier.
Rahmen: Gespaltener Bambus.
Waage: Zweischenklig.
Schwanzlos.
Wind: Leicht bis sanft.

Der auch als Kimono-Drachen bekannte Sode stammt aus der japanischen Präfektur Chiba und hat seinen Namen von der auffälligen Ähnlichkeit mit dem Kimono-Gewand oder Sode.

## Suruga-Drachen

Bespannung: Papier.
Rahmen: Gespaltener Bambus.
Waage: Vierschenklig.
Schwanzlos.
Wind: Leicht bis mäßig.

Der Suruga-Drachen hat seinen Namen daher, daß er erstmals vor etwa vierhundert Jahren vom Turm des Suruga-Schlosses als Siegeszeichen aufstieg.

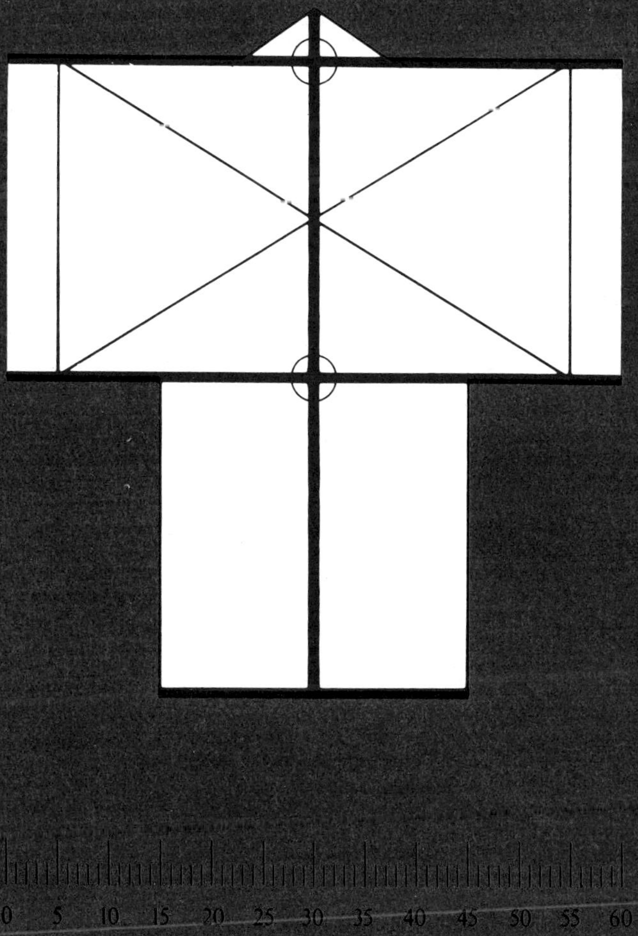


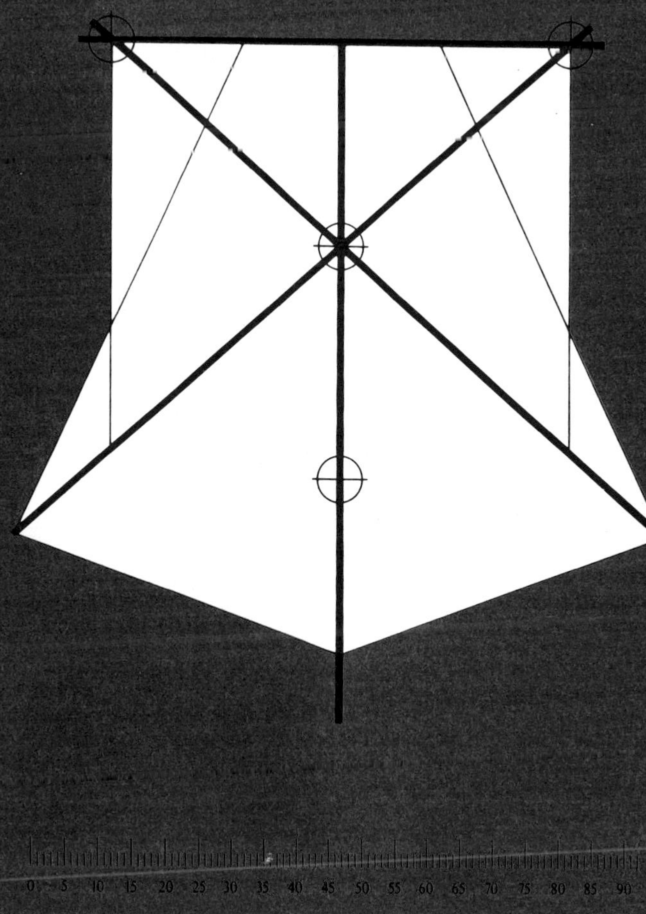

## Chinesischer Falke

Bespannung: Papier oder Seide.
Rahmen: Gespaltener Bambus.
Waage: Dreischenklig.
Schwanz: Doppelte Papierschlange.
Wind: Leicht bis mäßig.

Wird der Falke aus Seide hergestellt, läßt man die Umspannungsschnüre weg, damit die Schleppkanten und der Schwanz in der Brise flattern können.

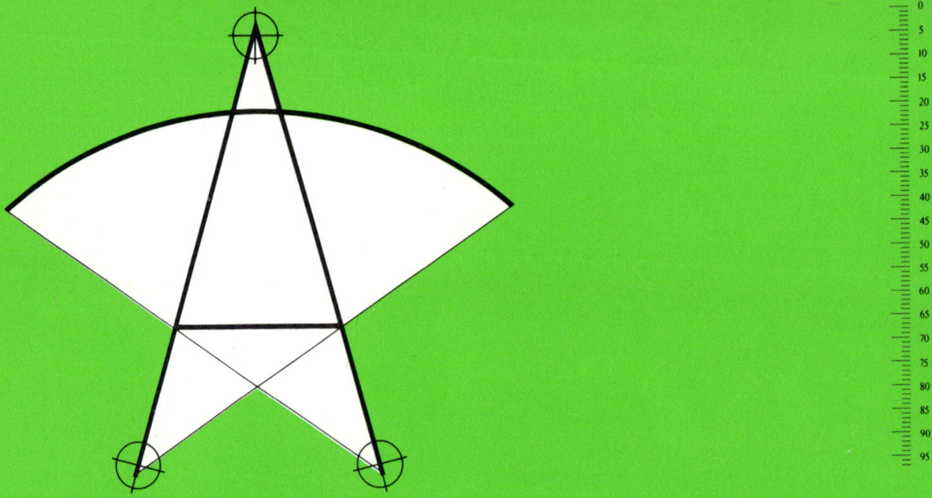

## Doppelter Schmetterling

Bespannung: Papier.
Rahmen: Gespaltenes Bambus- oder spanisches Rohr.
Waage: Zweischenklig.
Schwanz: Papierschlange.
Wind: Leicht bis mäßig.

## Chinesischer Schmetterling
## Taiwan-Schmetterling

Bespannung: Papier.
Rahmen: Gespaltener Bambus.
Waage: Zweischenklig.
Schwanz: Doppelte Papierschlange.
Wind: Leicht bis sanft.

Die Längsrippe und alle Streben des Taiwan-Schmetterlings werden auf die Rückseite der Bespannung geklebt. Die Streben sind nicht an der Längsrippe festgebunden. Wie beim Chinesischen Schmetterling (links) sind die Flügelkanten mit Schnur gehalten, wiewohl die Taiwan-Version auch Schnüre zum Halten der Streben innerhalb der Bespannung besitzt. Sie werden mittels Papierstreifen auf die Rückseite der Bespannung geklebt.

**Nagasaki-Hata**

Bespannung: Papier.
Rahmen: Gespaltener Bambus.
Waage: Traditionell extrem lang, nämlich insgesamt ungefähr 2 m.
Schwanzlos.
Wind: Sanft bis mäßig.

Der Kampfdrachen ist eine Höchstentwicklung im Drachenbau. Ein gut konstruierter Kampfdrachen sollte leicht, kräftig, genauestens ausbalanciert und perfekt symmetrisch sein. Der Bogen des Kampfdrachens ist gegen die Enden zu fein zugespitzt und sollte, zwischen den Händen gebogen, eine gleichmäßige und elastische Krümmung ergeben, wenn man eine maximale Reaktionsfähigkeit auf die Leinensteuerung erzielen will. In geschickten Händen ist der Kampfdrachen äußerst manövrierfähig und reagiert rasch selbst auf eine Steuerung mit den Fingerspitzen.

**Indischer Kampfdrachen**

Bespannung: Seidenpapier.
Rahmen: Gespaltener Bambus.
Waage: Zweischenklig.
Schwanz: Kleine Flosse, gehalten von zwei feinen Streifen aus gespaltenem Bambus.
Wind: Leicht bis mäßig.

Steht der Kampfdrachen nicht an einer straffen Leine gegen den Wind, hat er keine Stabilität. Da er flach und schwanzlos ist, ist er darauf angewiesen, daß ihm der Wind einen natürlichen Flächenwinkel verschafft, indem der Winddruck die Flügelspitzen nach hinten biegt. Je größer der Druck auf die Oberfläche ist, um so größer wird der Flächenwinkel, so daß stets für optimale Stabilität gesorgt ist. Dieses Merkmal ist das Geheimnis der Manövrierfähigkeit und Schnelligkeit des Kampfdrachens.

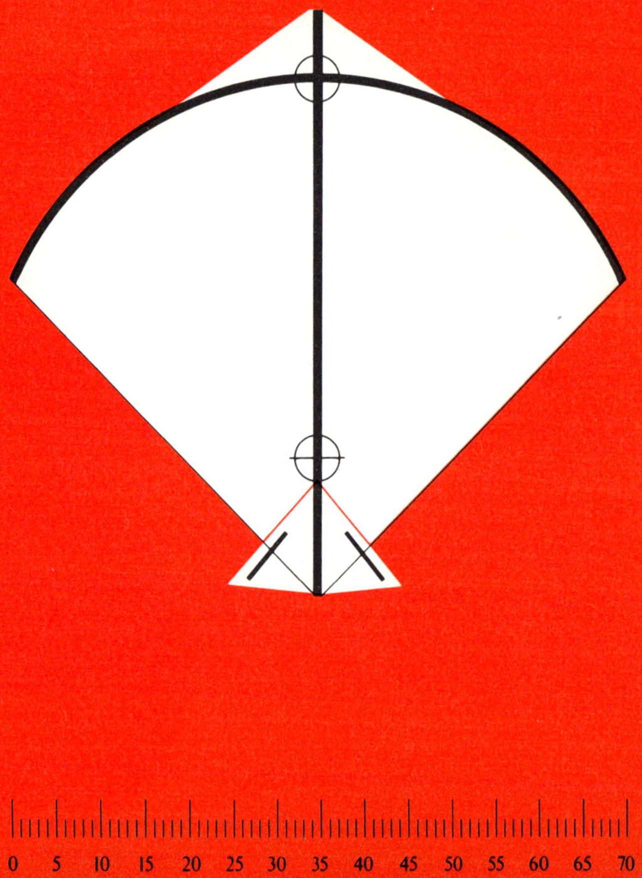

## Thai-Chula

Bespannung: Papier.
Rahmen: Bambus.
Waage: Zweischenklig.
Schwanzlos.
Wind: Sanft bis mäßig.

Dieser niemals leicht startbare Kampfdrachen benötigt bei leichten Winden einen Hochstart, wobei die Leine einzuholen ist, während er steigt, um so seinen Flächenwinkel zu erhalten. Sowie er lebhafte Luft erreicht hat, bleibt er stabil, solange die Flugleine straff gehalten wird. In dem Augenblick, in dem der Drachen Leine erhält, verringert sich der Druck auf seine Oberfläche, so daß er seine normale flache Gestalt zurückgewinnt, seinen Flächenwinkel verliert und damit auch seine Stabilität. Der Drachen beginnt zu fallen und vollführt dabei eine Reihe seitlicher Drehungen. Hat er die vorgesehene Richtung erreicht, holt man vorsichtig Leine ein, bis die Flächenwinkligkeit wieder vorhanden ist, und der Drachen wird diese Richtung beibehalten, solange seine Flugleine straff bleibt.

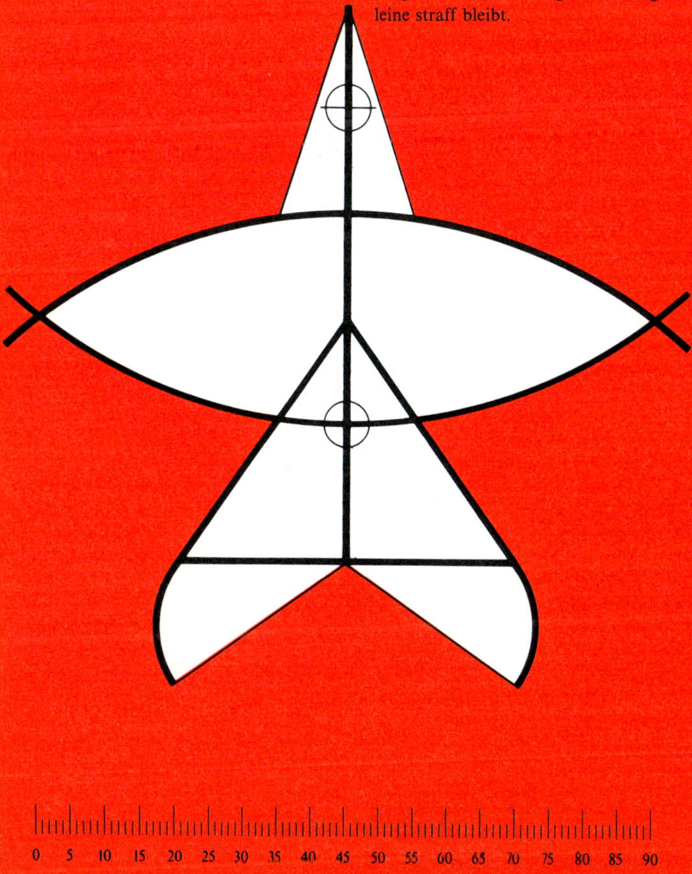


## Thai-Pakpao

Bespannung: Papier.
Rahmen: Gespaltener Bambus.
Waage: Zweischenklig
Schwanzlos.

Obwohl die Regeln des Drachenkampfs im ganzen Osten variieren, ist es doch das Hauptziel, den Drachen eines Gegners dadurch von der Leine zu lösen, daß man sie durchschneidet. In einiger Entfernung unter der Waage wird eine Masse aus Klebstoff und gestoßenem Glas oder Porzellan angebracht. Sägt sie an der Leine des Konkurrenten, wird diese rasch reißen und der freigewordene Drachen Eigentum des Siegers.

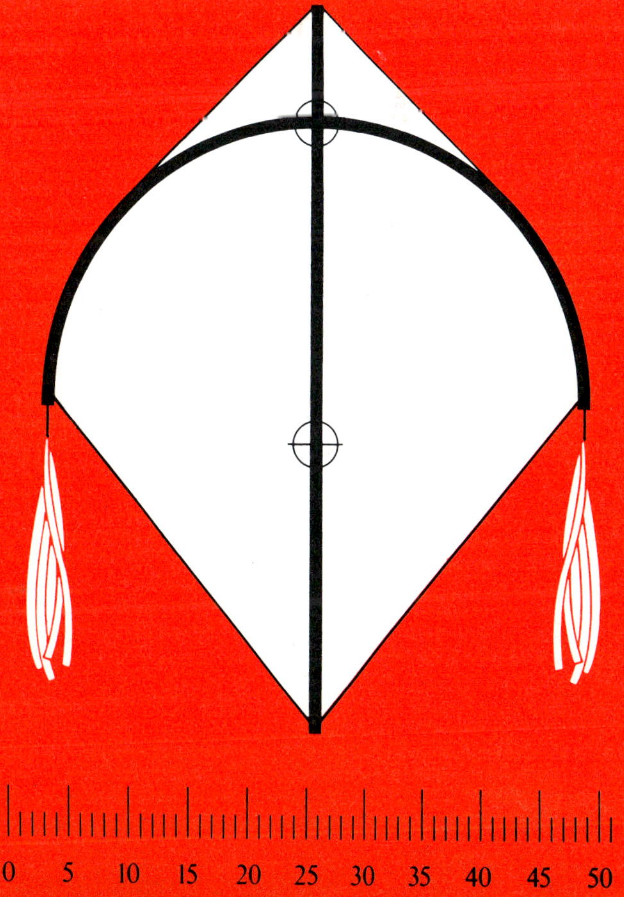

## Koreanischer Kampfdrachen

Bespannung: Papier.
Rahmen: Gespaltener Bambus.
Waage: Dreischenklig.
Schwanzlos.
Wind: Sanft bis frisch.

Der klassische koreanische Kampfdrachen hat nur zwei horizontale Streben. Die Seiten und die Schleppkante werden lediglich von Schnüren gehalten, ebenso die Luftöffnung in der Mitte. Der Umstand, daß beide Streben gebogen sind, verleiht dem Drachen im Verein mit der Öffnung und den charakteristischen »Ohren« selbst bei kräftigem Wind beachtliche Stabilität.

## Echter Malaye

Bespannung: Seide.
Rahmen: Bambus.
Waage: Dreischenklig.
Schwanzlos.
Wind: Leicht bis mäßig.

In ganz Malaysia und Indonesien ließ man jahrhundertelang verschiedene Formen dieses Drachens steigen. Sein naher Verwandter, der javanische Bogendrachen, bildete die Grundlage für die Erfindung William A. Eddys.

## Sanjo Rokkaku

Bespannung: Papier.
Rahmen: Bambus.
Waage: Vierschenklig.
Schwanzlos.
Wind: Sanft bis mäßig.

Die Vorderseite des sechseckigen Sanjo Rokkaku trägt traditionsgemäß prachtvolle Porträts japanischer Kriegshelden, wenngleich moderne Versionen statt dessen oft mit Werbetexten versehen sind. Die Streben sollten dünn genug sein, um sich unter dem Winddruck durchzubiegen.

## Edo-Drachen

Bespannung: Papier.
Rahmen: Bambus.
Waage: Mannigfaltige Varianten.
Schwanzlos.
Wind: Mäßig bis frisch.

Der Edo, der schönste aller japanischen Drachen, entwickelt mächtigen Auftrieb; in seinen größeren Versionen wird er von geübten Mannschaften bedient. Im Flug sind sämtliche Streben durchgebogen, und die Seiten werden nur von einer Schnur gehalten. Der Rahmenaufbau erfolgt in drei Stufen: Zuerst kommen die Längsholme (die die Drachenvorderseite tragen), dann die Querstreben und schließlich die Diagonalen.

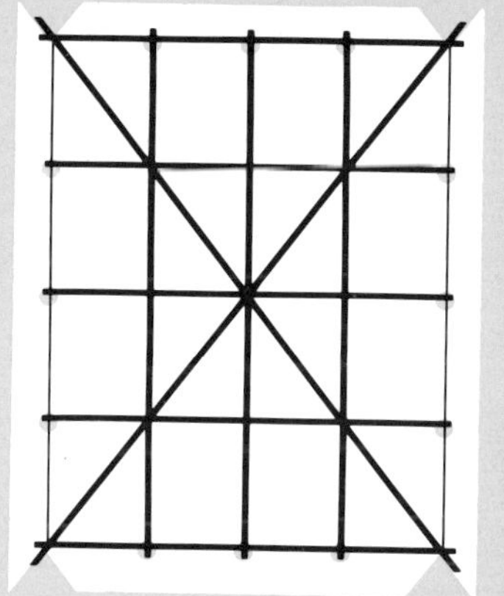

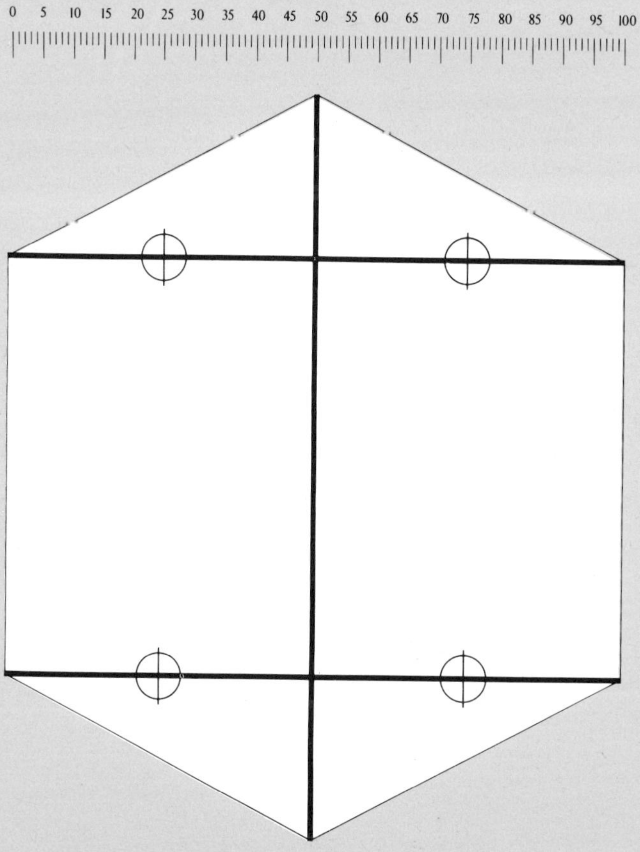


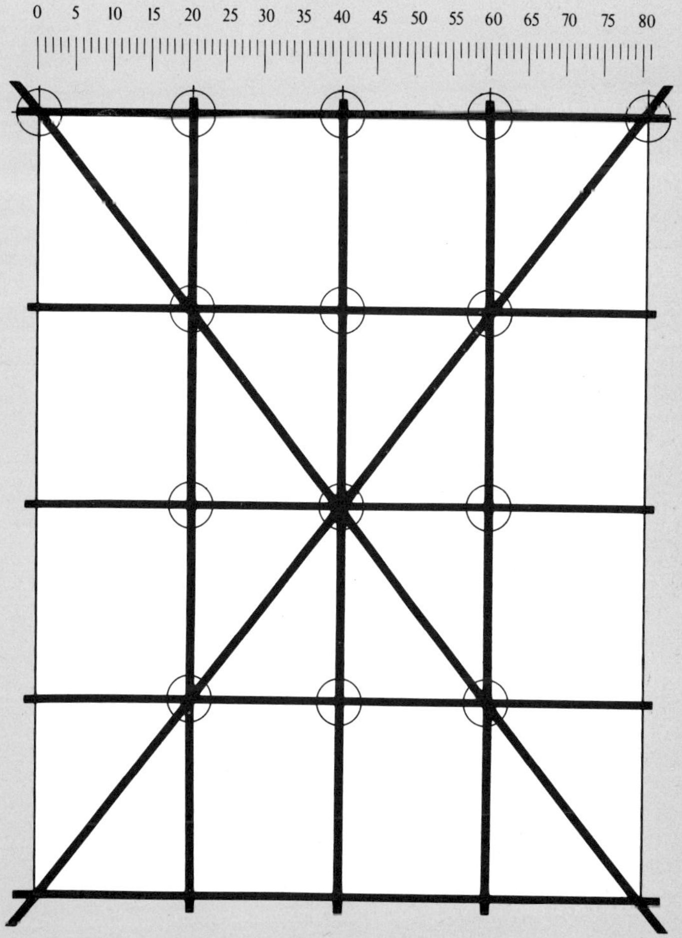

## Sterndrachen, fünfzackig

Bespannung: Papier.
Rahmen: Bambus.
Waage: Dreischenklig.
Schwanz: Zwei Papierschlangen.
Wind: Leicht bis mäßig.

Die Rahmenschnüre, die von den »Händen« und den »Füßen« des Sterns ausgehen, sollten an den Punkten, wo sie die »Beine« oder Längsholme kreuzen, gut befestigt sein. Rahmenschnüre innerhalb der Form sind mit Papierstreifen auf der Rückseite der Drachenbespannung zu befestigen.

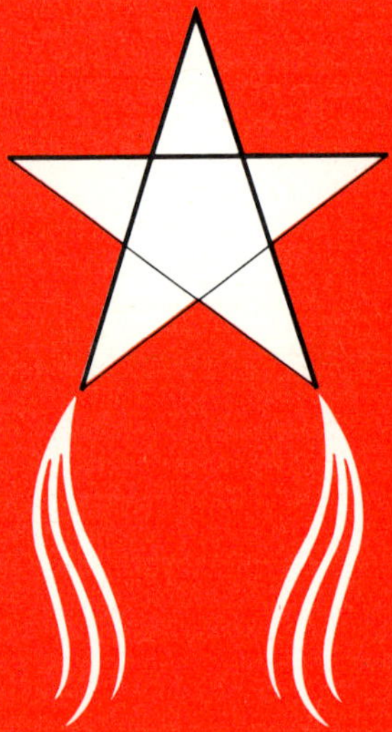

## Sterndrachen, sechszackig

Bespannung: Papier.
Rahmen: Bambus.
Waage: Zweischenklig.
Schwanz: Ein- oder dreifache Papierschlange.
Wind: Leicht bis mäßig.

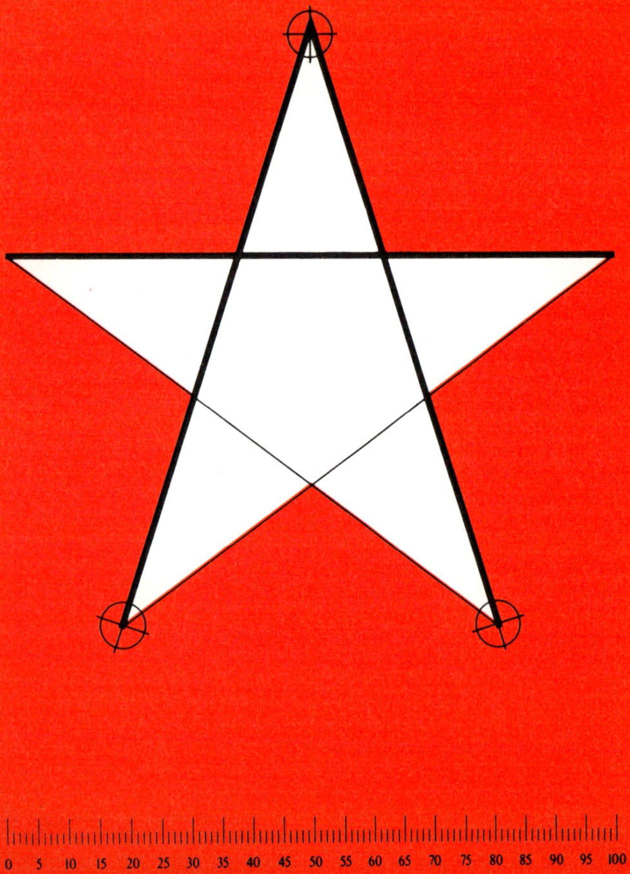


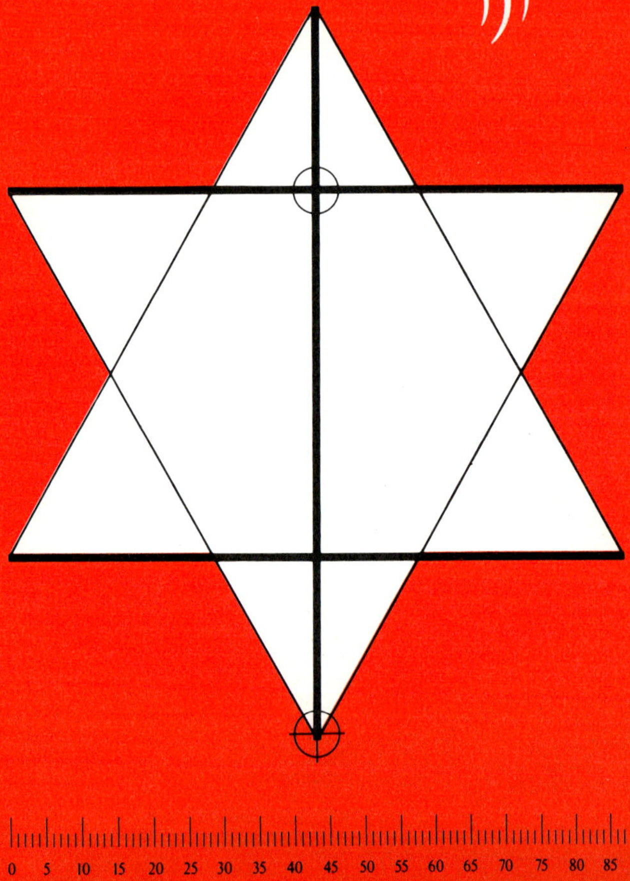

## Bermuda-Achteck

Bespannung: Bahnen aus Seidenpapier.
Rahmen: Gespaltener Bambus.
Waage: Dreischenklig.
Schwanz: Lange, einzelne Papierschlange.
Wind: Leicht bis mäßig.

Wie beim Bermuda-Dreistabdrachen (rechts) sind auch beim Achteck kräftig geschmückte Ausführungen beliebt. Zwei oder drei der Streben sind oft verlängert und mit Schnur verspannt. An diesen Schnüren flattern kräftig bunte Papierschlangen, Fransen, Fähnchen und Summer, die zusammen mit dem traditionell langen Schwanz sehr eindrucksvoll sein können.

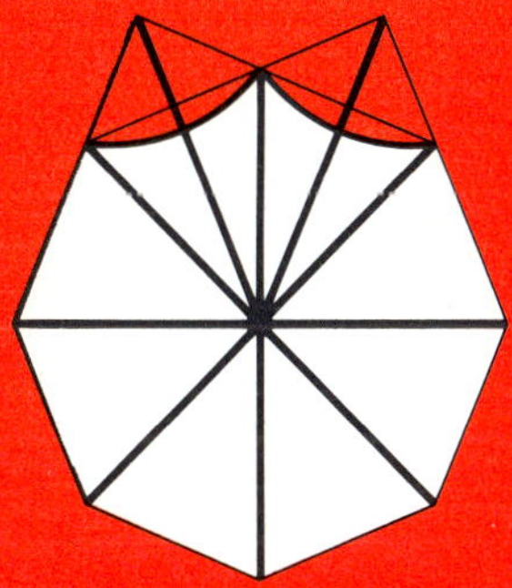

## Bermuda-Dreistabdrachen

Bespannung: Bahnen aus Seidenpapier.
Rahmen: Gespaltener Bambus.
Waage: Dreischenklig.
Schwanz: Lange einzelne Papierschlange.
Wind: Leicht bis mäßig.

Die Grundvarianten mit einem oder zwei vorstehenden Stäben gestatten die Anbringung von Papiersummern oder Fähnchen.

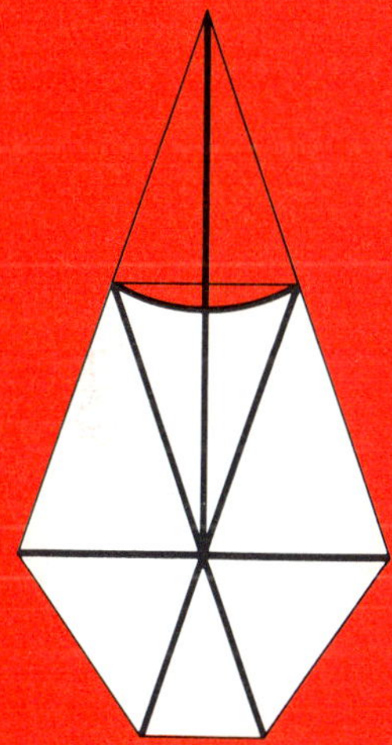

## Batut-Kameradrachen

Bespannung: Papier oder Batist.
Rahmen: Bambus.
Waage: Zweischenkliger Verbund.
Schwanz: Papierschleifen.
Wind: Mäßig.

Dies ist eine Version in halber Größe von M. A. Batuts Kameradrachen, von dem aus während der letzten Jahre des 19. Jahrhunderts bei Labruguière in Frankreich mit Erfolg Luftaufnahmen gemacht wurden.

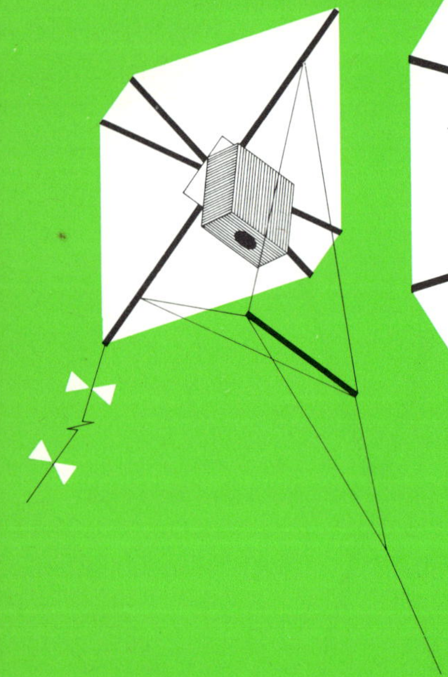

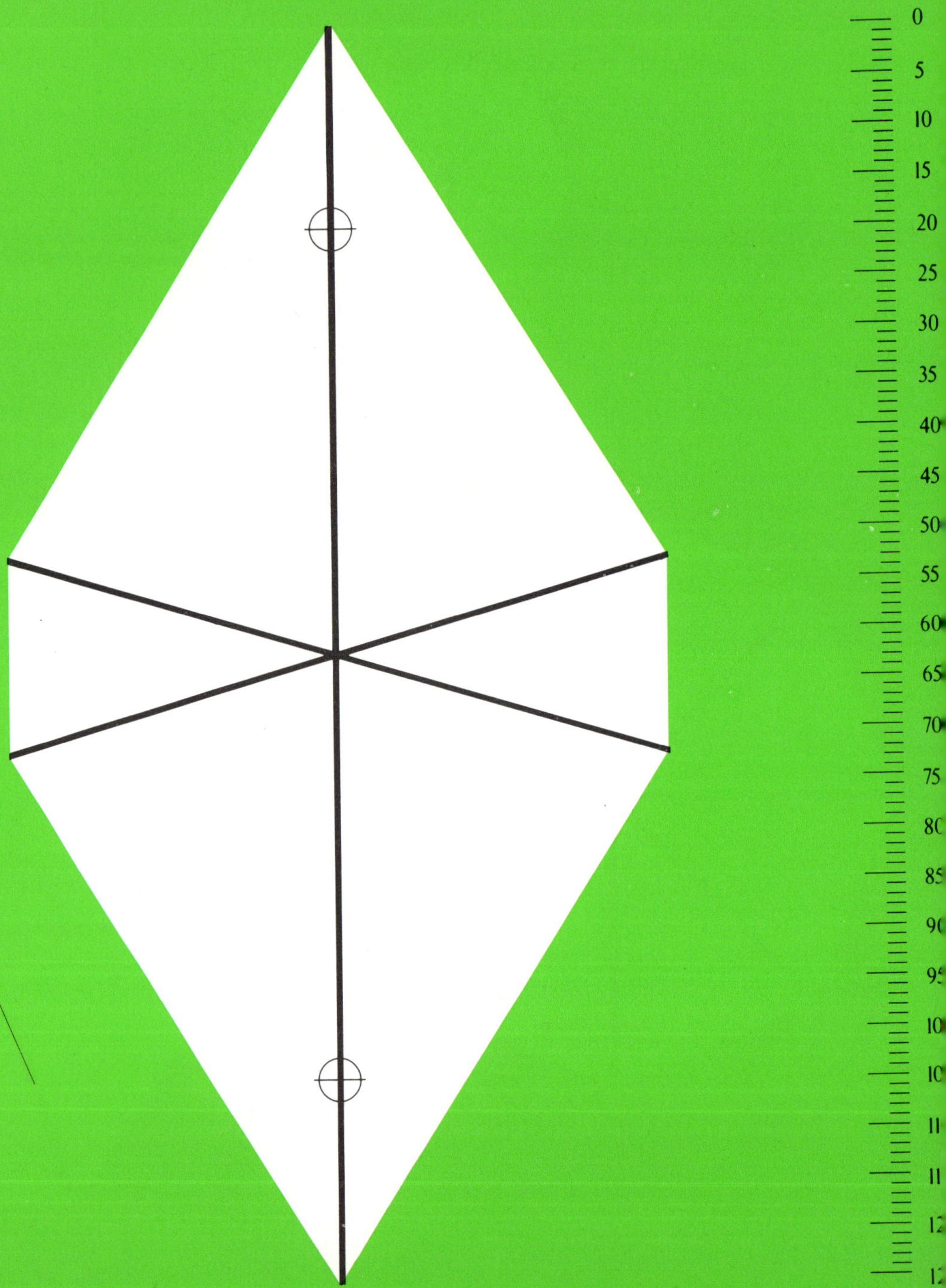

### Scheunentordrachen

Bespannung: Papier oder Stoff.
Rahmen: Rundstäbe.
Waage: Fünfschenklig.
Schwanz: Papierschleifen.
Wind: Leicht bis mäßig.

In den größeren Ausführungen dieses auch als Amerikanischer Dreistabdrachen bekannten Modells ist die Querstrebe etwas über- oder unterhalb des Diagonalenschnittpunkts angebracht, damit das Gebilde größere Festigkeit erhält. Der Scheunentordrachen fliegt zuweilen mit gebogener Querstrebe, die ihm zusätzliche Stabilität in frischen Winden verleiht.

### Sechseckiger Dreistabdrachen

Bespannung: Papier oder Stoff.
Rahmen: Gespaltener Bambus.
Waage: Dreischenklig.
Schwanz: Papierschlangen oder -schleifen.
Wind: Leicht bis mäßig.

Diese klassische chinesische Form kann man flach fliegen lassen — mit Schwanz — oder, wenn alle Streben gebogen sind, in leichtem Wind auch schwanzlos. Beste Resultate erzielt man, wenn die beiden vorderen Waagenschenkel genauso lang sind wie die Seiten der sechs gleichseitigen Dreiecke innerhalb des Drachens; der Waagen-Hinterschenkel ist am günstigsten mit vier Fünftel dieser Länge bemessen. Die Schwanzschleppschnüre sollten ebenfalls genauso lang sein wie die Dreieckseiten.

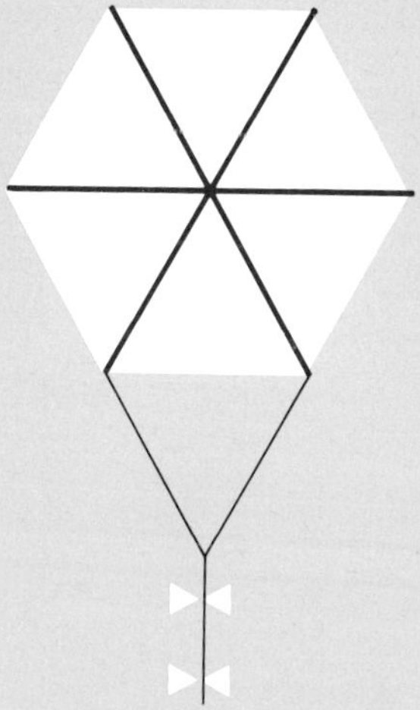

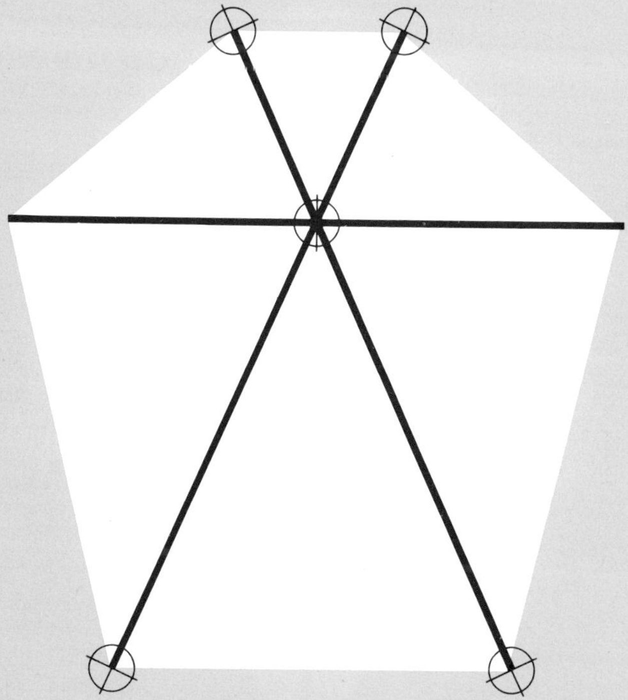

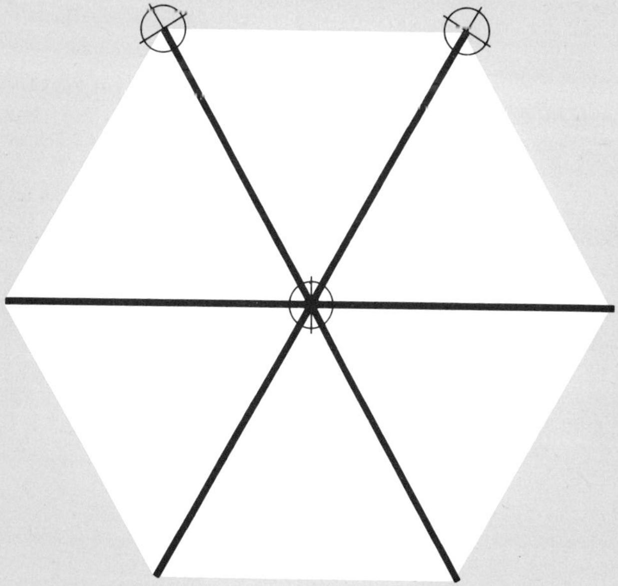

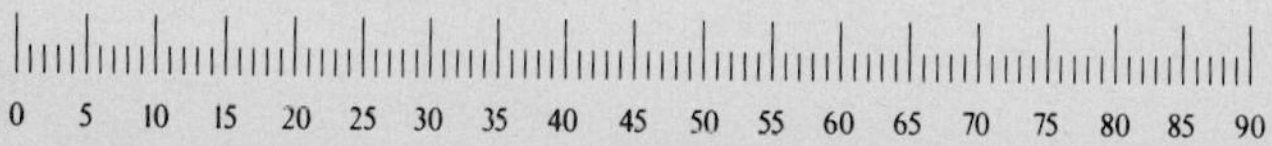


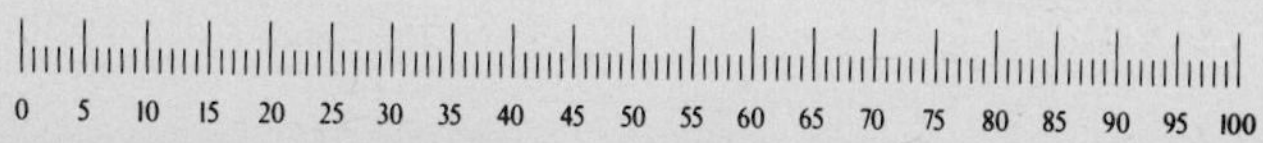

**Englischer Bogenspitzendrachen**

Bespannung: Papier.
Rahmen: Bambus oder Rundstäbe.
Waage: Zweischenklig.
Schwanz: Papierschleifen.
Wind: Leicht bis mäßig.

**Französischer Birnenspitzendrachen**

Bespannung: Papier.
Rahmen: Bambus oder Rundstäbe.
Waage: Zweischenklig.
Schwanz: Papierschleifen.
Wind: Leicht bis mäßig.

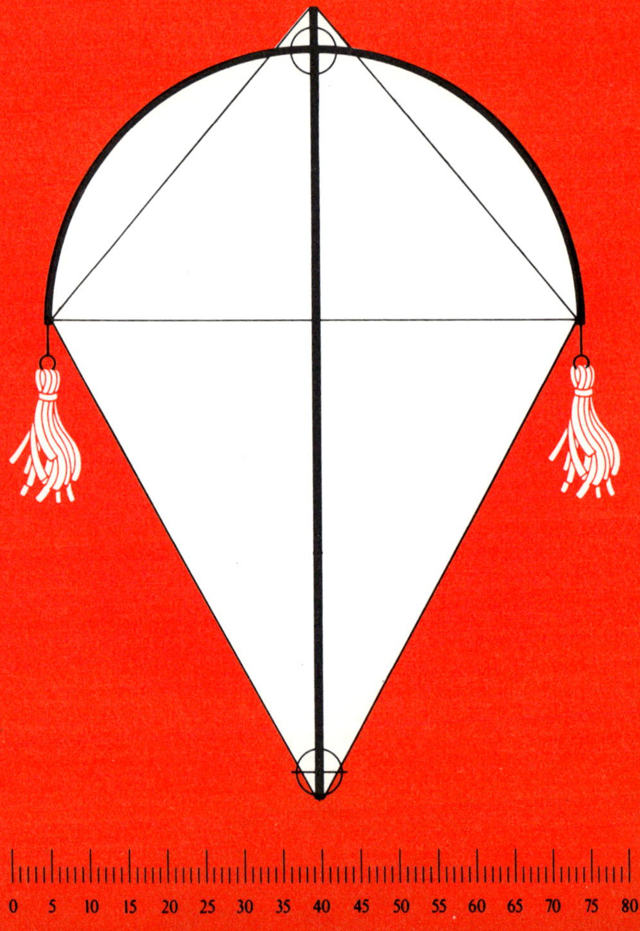

**Französischer Birnenspitzendrachen (Variante)**

Bespannung: Papier.
Rahmen: Rundholz und gespaltener Bambus.
Waage: Zweischenklig.
Schwanz: Papierschleifen.
Wind: Leicht bis mäßig.

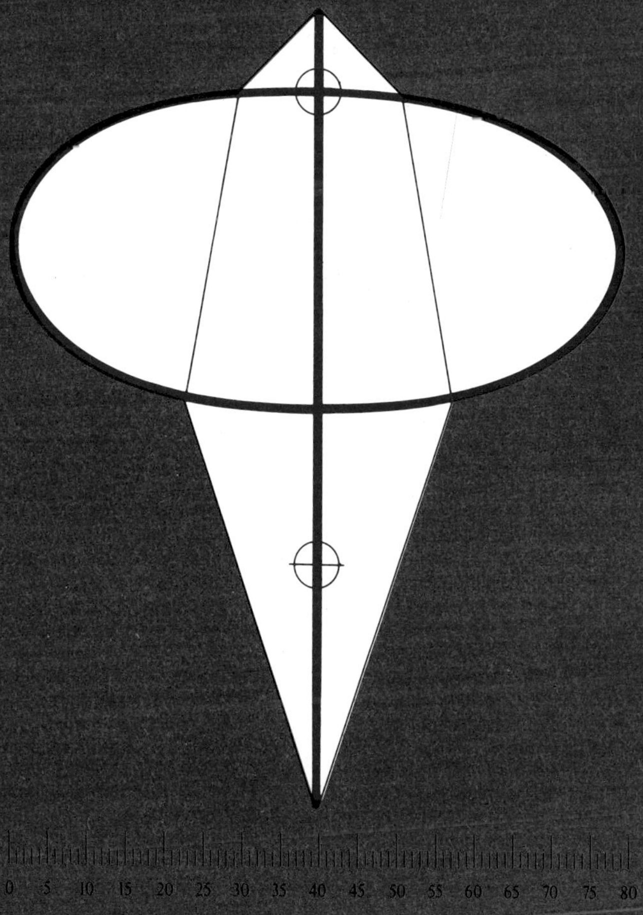


**Eddy-Bogendrachen**

Bespannung: Baumwollbatist.
Rahmen: Hartholz mit rechteckigem Querschnitt.
Waage: Zweischenklig.
Schwanzlos.
Wind: Leicht bis mäßig.

Es war ein Höhepunkt des westlichen Drachenbaus, als Eddy eine Bespannung verwendete, die über der Querstrebe breiter war als diese selber, so daß sie locker saß und zwei konkav gewölbte Flächen zu beiden Seiten der Längsrippe entstanden. Eddy, der für diese gebogene Strebe berühmt war, gab lediglich an, sie sollte »wünschenswerterweise leicht gekrümmt« sein. Der Drachen ist ausgezeichnet zum Segeln in einer Thermik geeignet.
Zur raschen und sicheren Einstellung der Bogenkrümmung versieht man die Bogensehne — oder Spannschnur — mit einem Spannungseinsteller oder einem Gleiter.

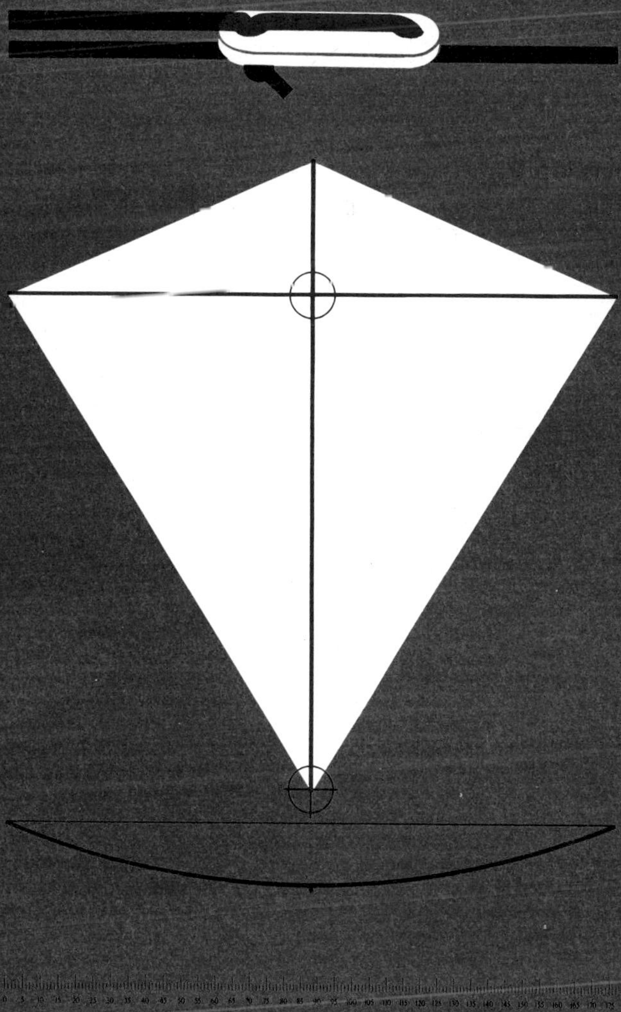

## Doppelrhombusdrachen

Bespannung: Papier oder Stoff.
Rahmen: Rundstäbe.
Waage: Zweischenklig.
Schwanz: Papierschleifen.
Wind: Leicht bis mäßig.

Die schwanzlose Variante des Doppelrhombus hat ein Stabilisierungs-Seitenruder, das die hintere Fläche unterteilt, und fliegt entweder mit gebogenen Flügeln oder flächenwinklig.

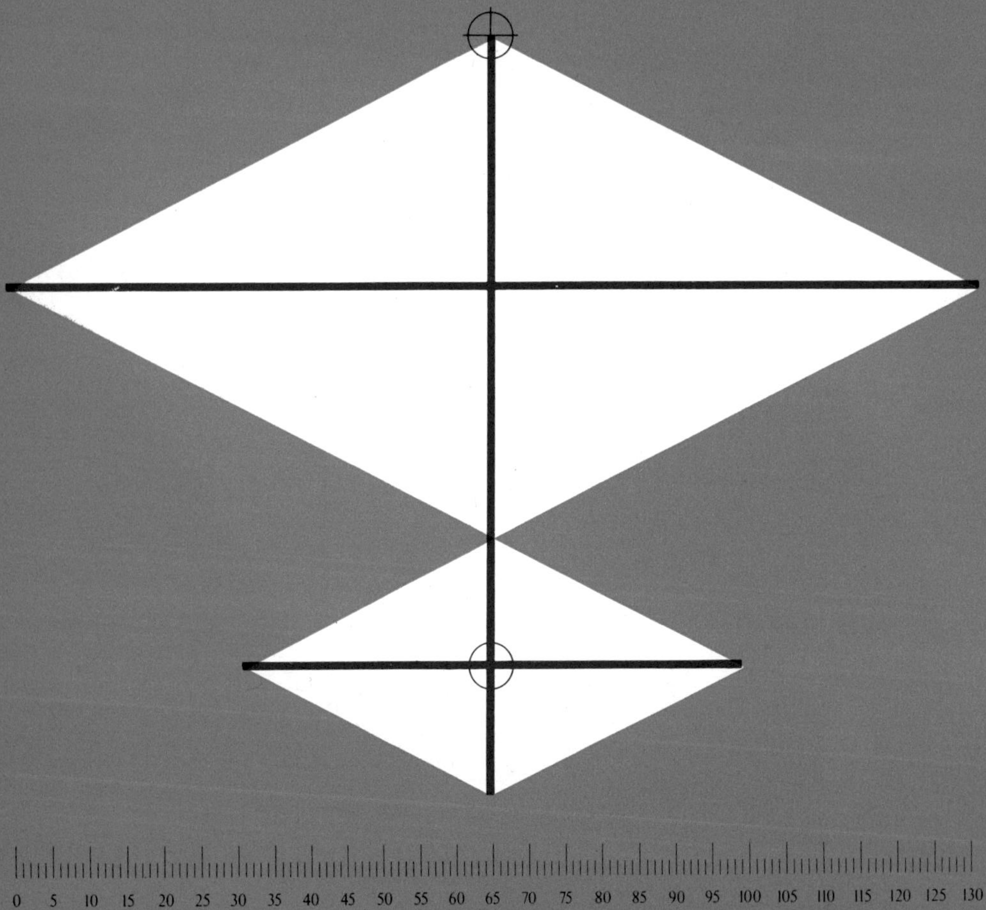


## Rhombusdrachen

Bespannung: Papier.
Rahmen: Rundstäbe.
Waage: Zweischenklig.
Schwanz: Papierschleifen.
Wind: Leicht bis mäßig.

Dies ist die Grundform des europäischen Flachdrachens, dargestellt in John Bates *The Mysteryes of Nature and Art*.

**Della Porta Drachen**

Bespannung: Papier oder Seide.
Rahmen: Rundstäbe.
Waage: Dreischenklig.
Schwanz: Doppelte Papierschlange oder Leiter.
Wind: Sanft bis frisch.

Der Drachen della Porta ist ein gut proportionierter Klassiker, der bei frischem Wind beachtlichen Auftrieb entwickelt. Als Schwanzlänge ist die drei- bis vierfache Länge der Diagonale empfehlenswert.

**Malaye (Variante)**

Bespannung: Nylon.
Rahmen: Rundstäbe.
Waage: Zweischenklig.
Schwanzlos.
Wind: Leicht bis mäßig.

Mit seiner gebogenen Form ist der Malaye ein ausgezeichneter Leichtwind-Drachen und Thermiksegler. Die angegebenen Proportionen beruhen auf den von Vasco van Blommestein bevorzugten, der zahllosen englischen Drachensportlern als »Mr Van« bekannt ist und mehr als sechzig Jahre lang auf dem Londoner Parliament Hill Drachen steigen ließ.

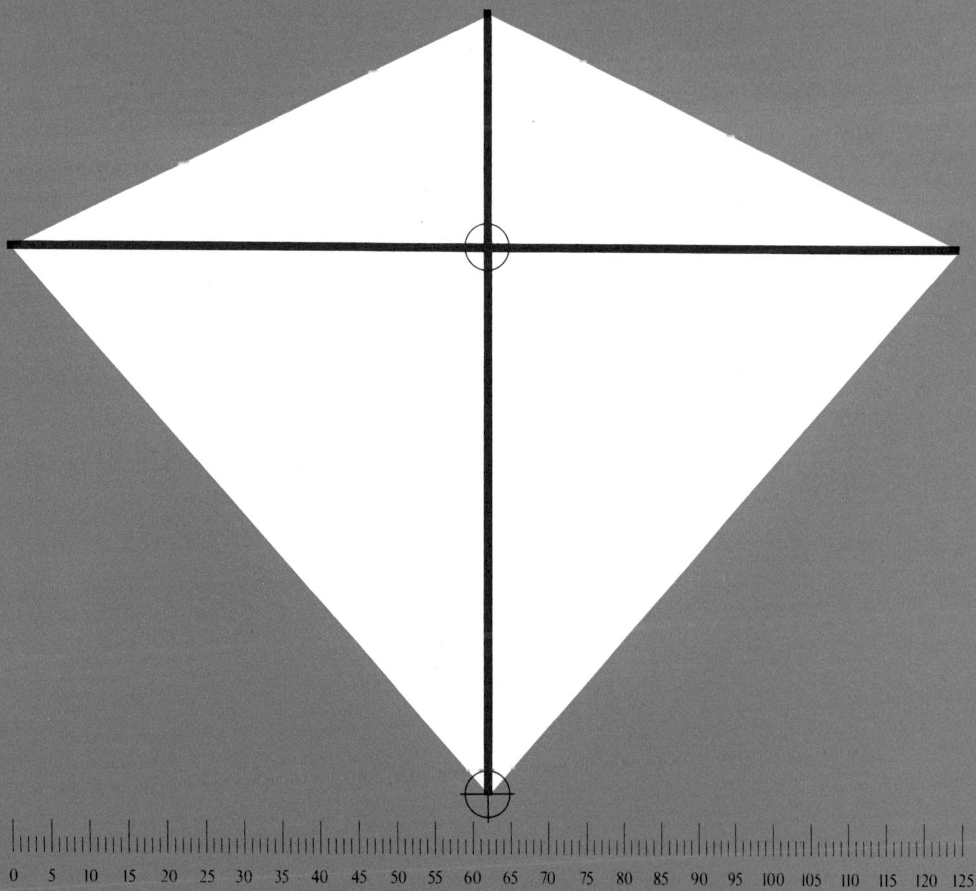

**Klassischer Diamant**

Bespannung: Papier oder Stoff.
Rahmen: Rundstäbe.
Waage: Zweischenklig.
Schwanz: Papierschleifen.
Wind: Leicht bis mäßig.

**H-förmiger Dreistabdrachen**

Bespannung: Papier oder Stoff.
Rahmen: Rundstäbe.
Waage: Vierschenklig.
Schwanz: Papierschleifen.
Wind: Leicht bis mäßig.

Die H-Form läßt sich bei leichtem Wind gebogen und schwanzlos verwenden; wird jedoch ein einzelner Schwanz benutzt, sollten die Schwanzschleppschnüre eine Verlängerung der Flügelschleppkanten bilden, d. h. man konstruiert ein Dreieck aus den Flügelspitzen und dem Schnittpunkt der Schwanzschleppschnüre.

**A-förmiger Dreistabdrachen**

Bespannung: Papier oder Stoff.
Rahmen: Rundstäbe.
Waage: Dreischenklig.
Schwanz: Papierschleifen.
Wind: Leicht bis mäßig.

Bei leichtem Wind kann man den Drachen auch gebogen und schwanzlos steigen lassen. Auch hier sollte man bei der Verwendung von Schwanzschleppschnüren die Schwanzbefestigung am Schnittpunkt der Flügelschleppkanten anbringen.

**V-förmiger Dreistabdrachen**

Bespannung: Papier oder Stoff.
Rahmen: Rundstäbe.
Waage: Dreischenklig.
Schwanz: Papierschleifen.
Wind: Leicht bis mäßig.

**Brasilianischer Vogel**

Bespannung: Seide oder Baumwolle
Rahmen: Rundstäbe.
Waage: Vierschenklig.
Schwanzlos mit Flächenwinkelholm.
Wind: Mäßig bis frisch.

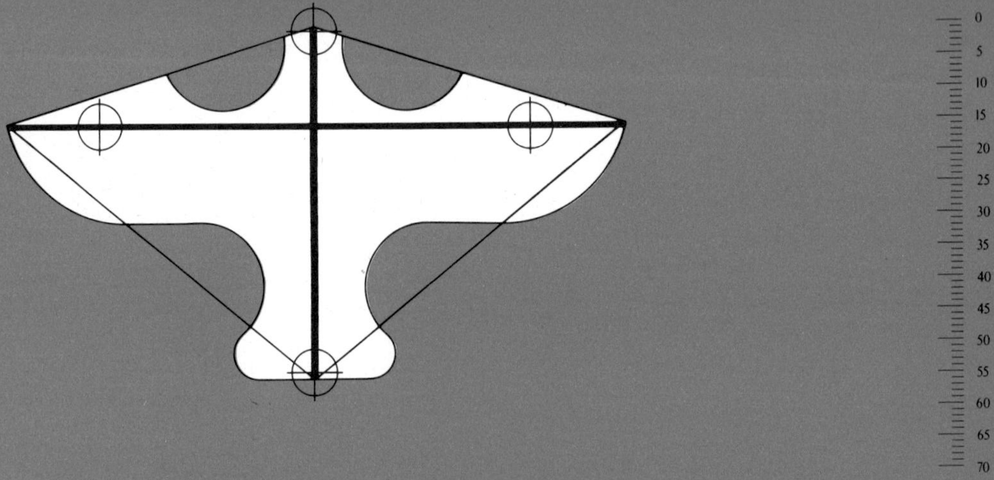


**Doppelrippen-Vogel**

Bespannung: Seide oder Baumwolle.
Rahmen: Rundstäbe.
Waage: Sechsschenklig.
Schwanzlos mit Flächenwinkelholm.
Wind: Mäßig bis frisch.

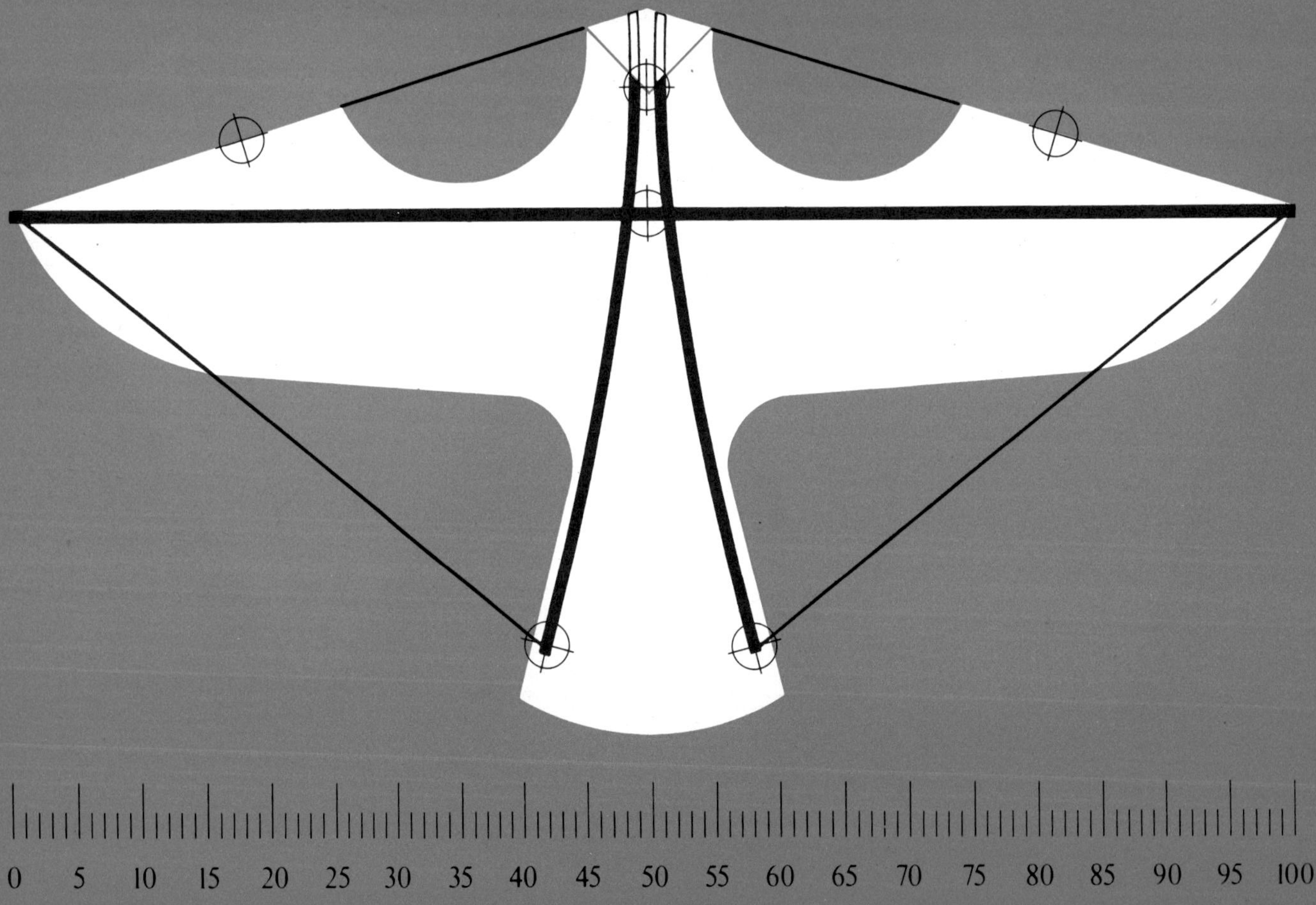

## Chinesischer Vogel

Bespannung: Seide.
Rahmen: Gespaltener Bambus.
Waage. Zweischenklig.
Schwanzlos, gebogen.
Wind: Leicht bis sanft.

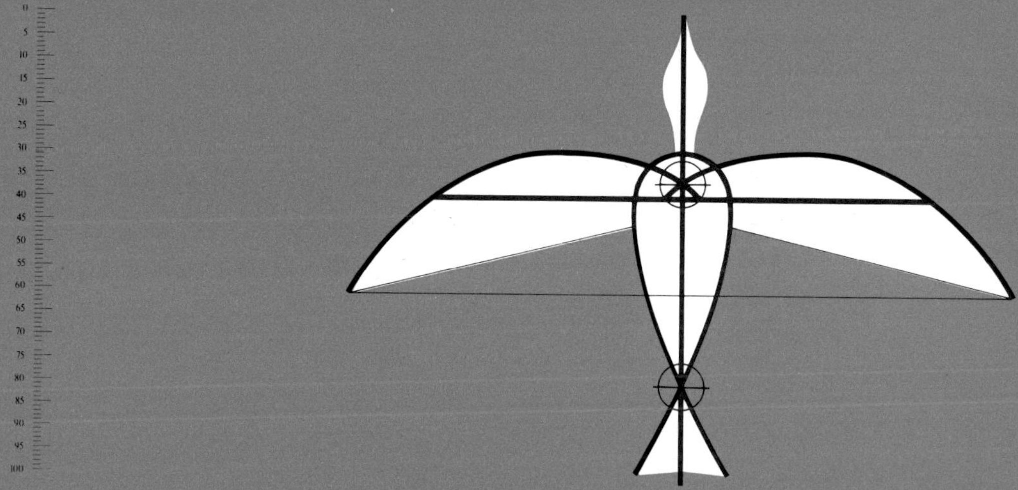


## Segelvogel

Bespannung: Reißfestes Nylon.
Rahmen: Rundstäbe.
Waage: Zweischenklig.
Schwanzlos mit Flächenwinkelholm.
Wind: Leicht bis sanft.

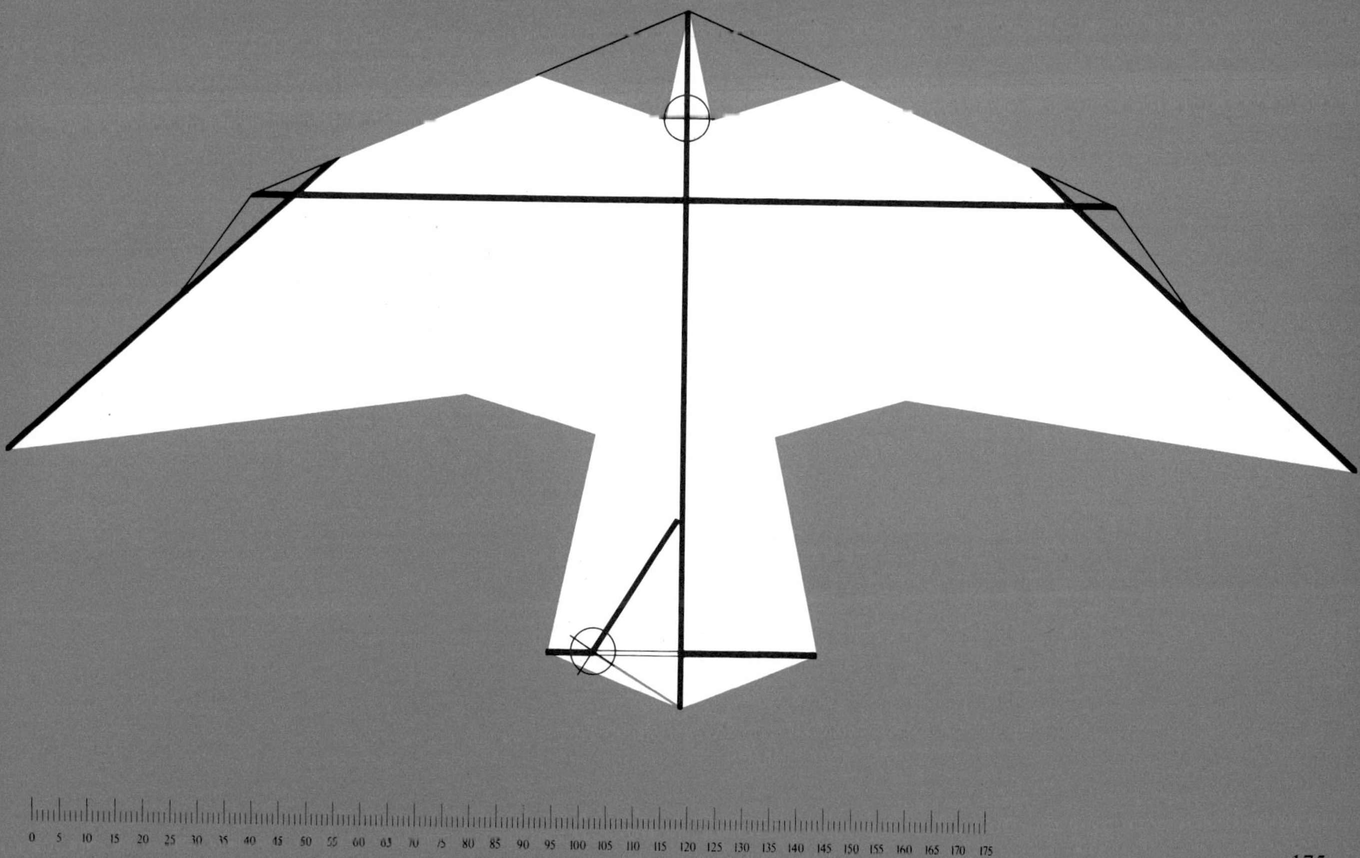

**Baden-Powells Levitor-Drachen**

Bespannung: Baumwolle oder Leinenbatist.
Rahmen: Bambus.
Waage: Vierschenklig.
Schwanz: Siehe Text.
Wind: Mäßig bis kräftig.

Baden-Powell ließ 1896 zwei Versionen seines Levitor-Drachens patentieren, eine rechteckige und eine sechseckige. Obgleich er anführte, daß »eine derartige Drachenform keinen Zubehör wie einen Schwanz« erfordere, bewirkt die Tendenz der vierschenkligen Waage, die Holme flach gegen den Wind zu halten, daß der Levitor sich etwas launisch verhält, wenn man ihn nicht mit irgendeinem Stabilisierungssystem fliegen läßt.

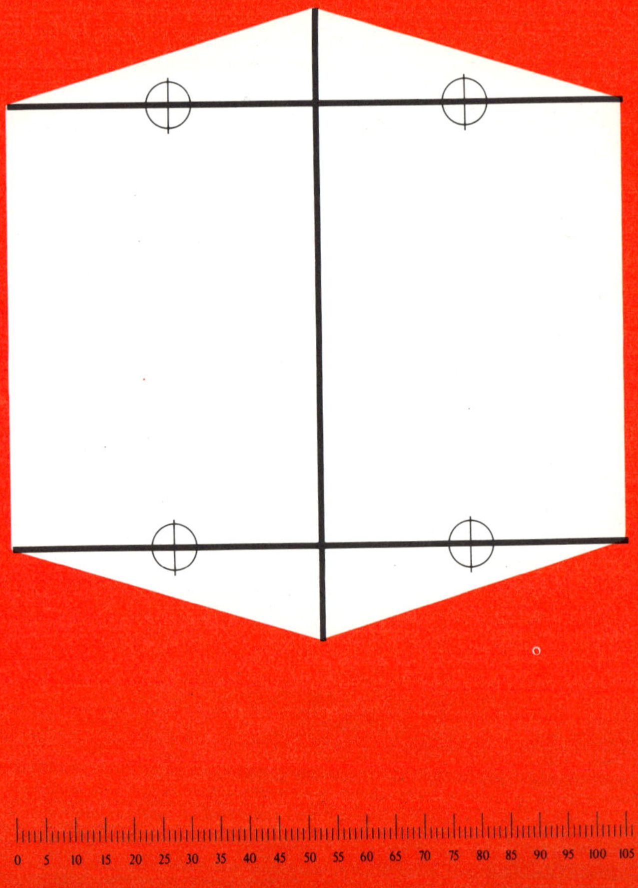

## Diamant mit Kiel

Bespannung: Papier, Plastik oder Stoff.
Rahmen: Rundstäbe.
Waage: Kiel oder zweischenklig.
Schwanzlos, gebogen.
Wind: Leicht bis mäßig.

Die beiden Standardversionen des Kieldrachens sind hier dargestellt. Der Bauchkiel ist an der Vorderseite angebracht, der Rückenkiel hingegen an der Rückseite des Drachens. Bei der Befestigung an der Rückseite benötigt der Kiel einen kurzen Mast, der auf dem Schnittpunkt von Längsrippen und Querstrebe steht. Dieser Mast wird von einem dreiteiligen Verbindungsstück am Fuß — vgl. S. 202 — und den Spannschnüren an der Spitze gehalten.

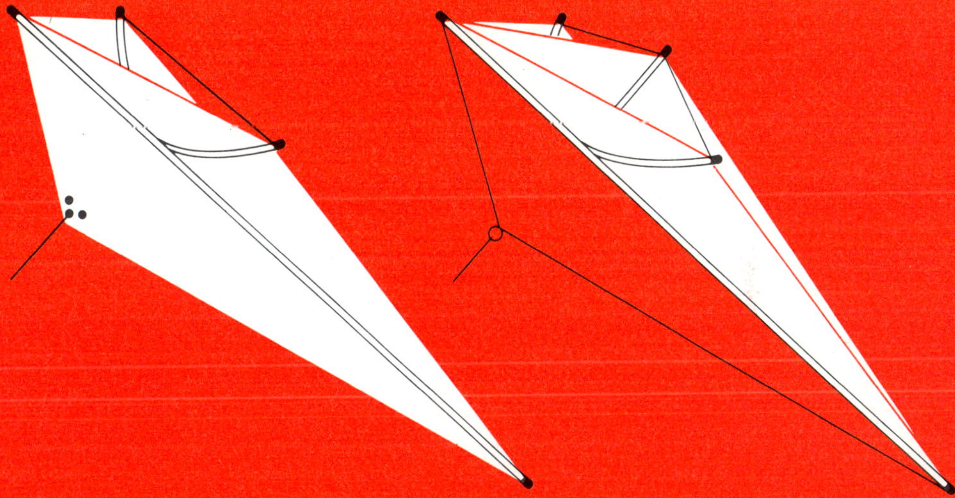

## Hargraves Kastendrachen

Bespannung: Kaliko.
Rahmen: Hickory- oder Fichtenholz.
Waage: Direkte Befestigung.
Schwanzlos.
Wind: Frisch bis kräftig.

Obgleich die Originalbespannung aus Kaliko bestand, bildet ein modernes Material wie starkes Tyvek eine ausgezeichnete Alternative. Man sollte diesen Drachen nicht unterschätzen, da bei einer Ausführung in voller Größe der Auftrieb, den er in frischem Wind entwickelt, ein beängstigendes Maß annimmt.

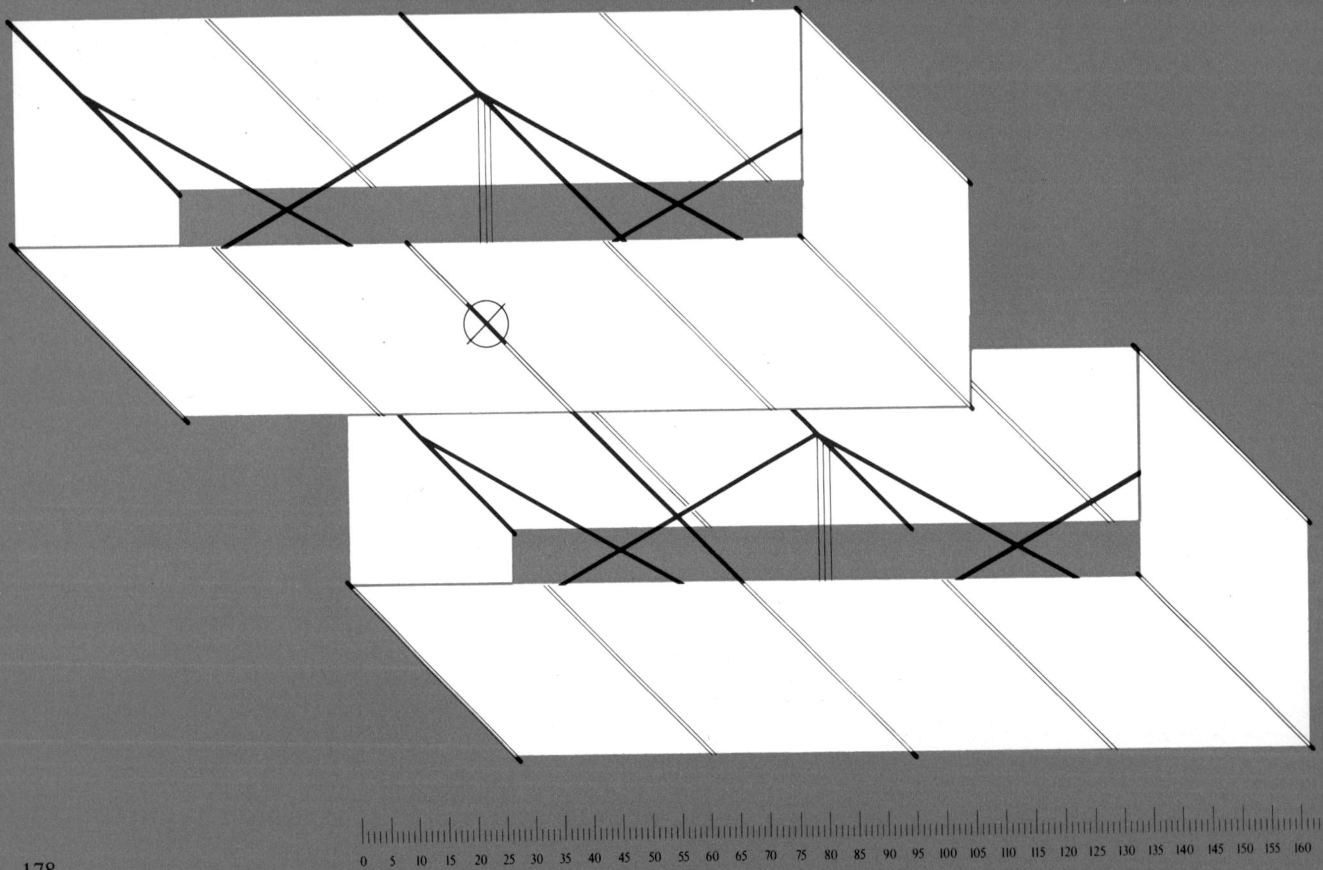

## Meteorologischer Blue-Hill-Kastendrachen

Bespannung: Leinwand oder Baumwollbatist.
Rahmen: Hickory-Rund- oder Flachstäbe.
Waage: Direkte Befestigung.
Wind: Frisch bis kräftig.

Dieser Drachen ist nicht leicht zu bauen, da vor dem Rahmenzusammenbau zahlreiche Verbindungsstükke aus Metallblech zu schneiden sind. Ursprünglich verwendete man Messing oder Kupfer. Die Muttern und Stifte, die die Verbindungsstücke am Rahmen befestigen, werden zugleich als Anknüpfpunkte für die Spannschnüre verwendet. Jede Zelle sollte, wie angegeben, diagonal verspannt sein, und ebenso ist eine nicht eingezeichnete Diagonalverspannung von vorn nach hinten vonnöten. Die Bespannung wird lokker auf den Rahmen genäht, und ihre Kanten sind an der oberen Mitte jeder Zelle zu verschnüren.

Dreier-Verbindungsstück, Grundform.

Montiertes Verbindungsstück.

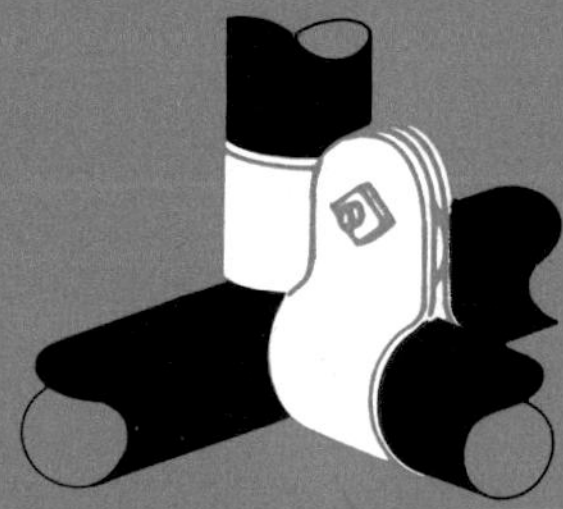

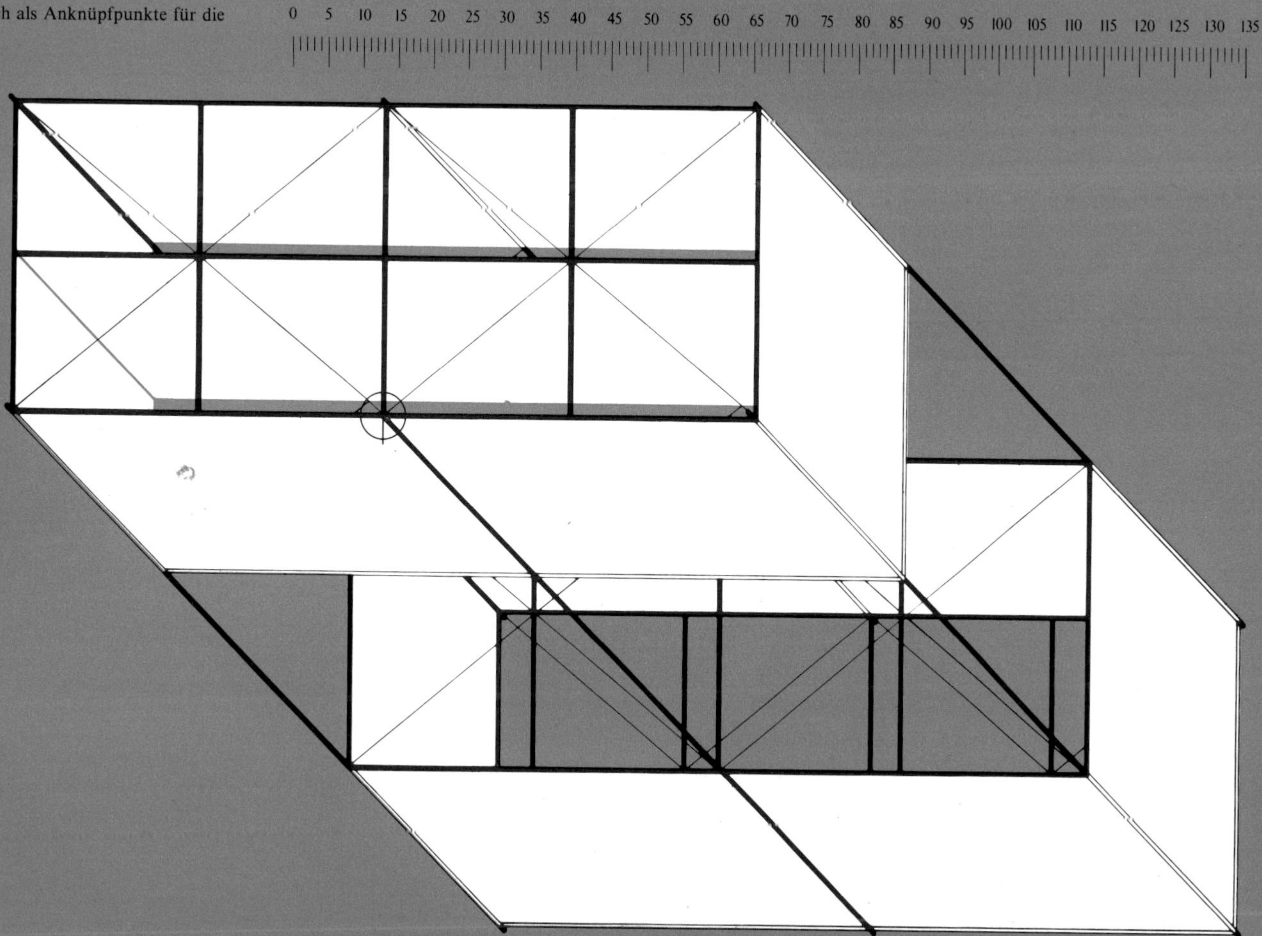

**Kastendrachen des Washingtoner Wetteramtes**

Bespannung: Leinwand oder Baumwollbatist.
Rahmen: Hickory- oder Fichten-Flachstäbe.
Waage: Zweischenklig.
Schwanzlos.
Wind: Frisch bis kräftig.

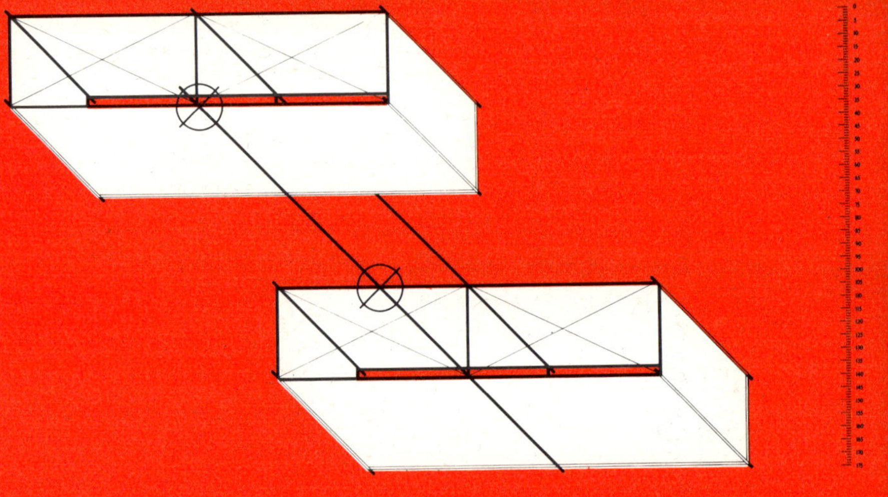

## Sauls' Luftabwehrdrachen

Bespannung: Flugzeuggewebe.
Rahmen: Fichten-Flachstäbe.
Waage: fünfschenklig.
Schwanzlos.
Wind: Frisch bis kräftig.

Wird dieser Drachen in einem kleineren Maßstab gebaut, lassen sich wie bei Hargraves Kastendrachen die doppelten Flügelverspannungen durch eine einzige für jeden Flügel ersetzen. Jeder Schenkel der fünfteiligen Waage wird an der Leitkante der unteren Tragfläche angebracht. Die vier äußeren Schenkel werden mit dem mittleren an einem Punkt verbunden, der eineinviertel Holmlängen vor dem Drachen liegt.

## Flächenwinkliger Kastendrachen

Bespannung: Reißfestes Nylon oder Tyvek.
Rahmen: Hartholz-Rund- oder Flachstäbe.
Waage: Zweischenklig.
Schwanzlos.
Wind: Mäßig bis frisch.

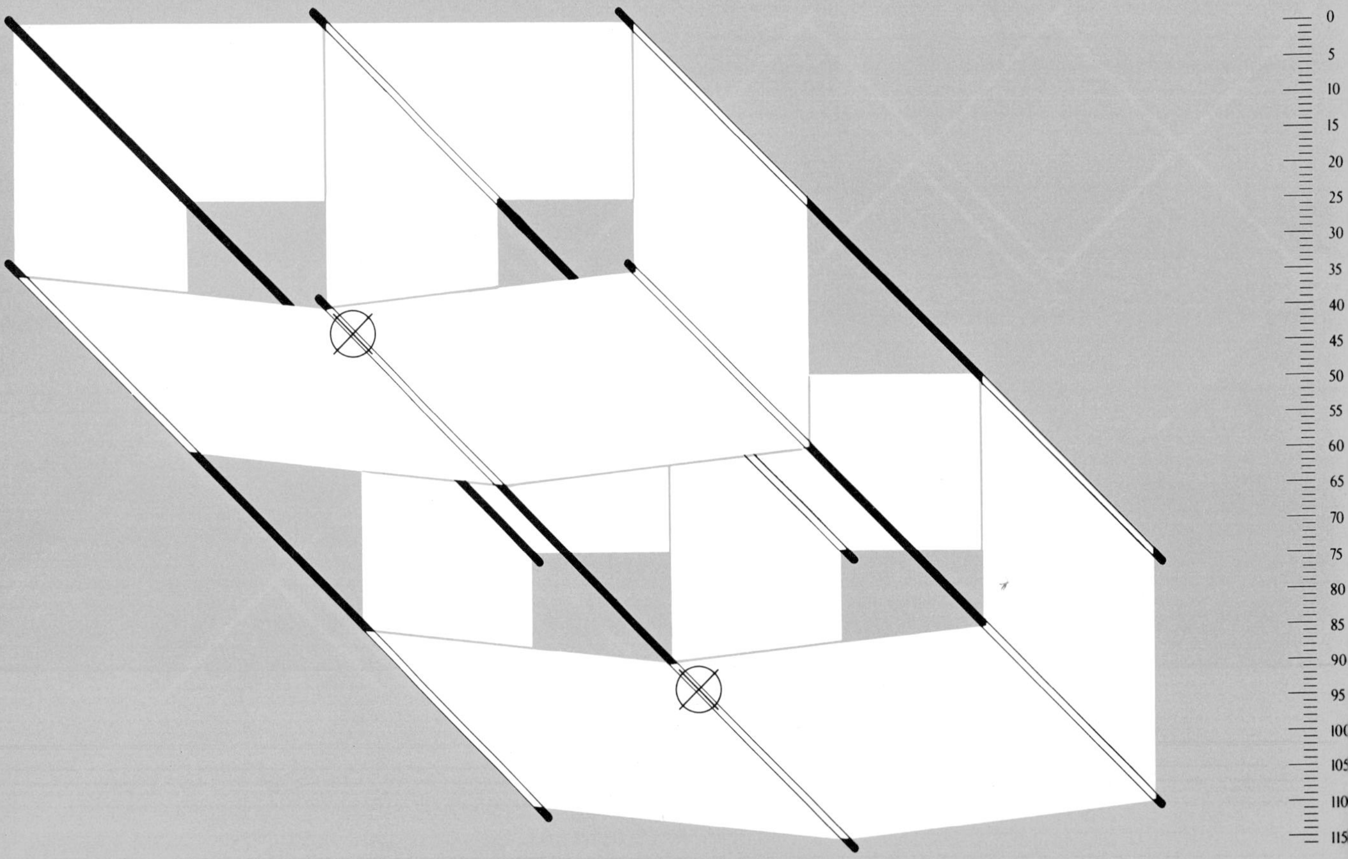

## Vierflügliger Kastendrachen

Bespannung: Reißfestes Nylon oder Tyvek.
Rahmen: Rundstäbe.
Waage: Verbund.
Schwanzlos.
Wind: Sanft bis mäßig.

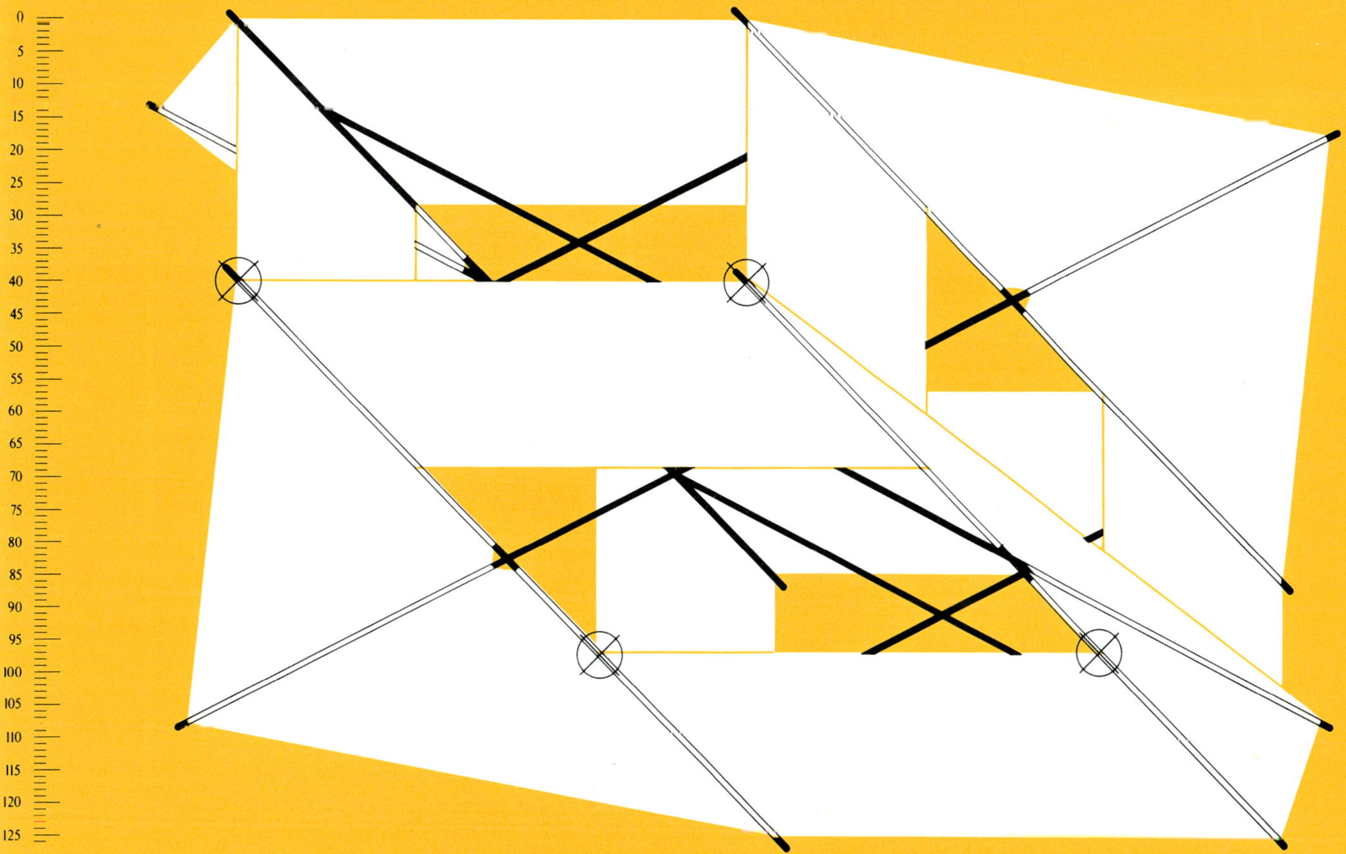

## Codys Kriegsdrachen

Bespannung: Leinwand oder Baumwollbatist.
Rahmen: Hickory, Bambus oder Aluminium.
Waage: Verbund.
Schwanz: Schleppsack bei starkem Wind.
Wind: Frisch bis kräftig.

Cody arbeitete gewöhnlich mit Vielfachen seiner Lieblingsmaßeinheit von 6 Fuß (183 cm). Diese Spannweite hat denn auch das dargestellte Muster, das eine handliche, maßstabsgerechte Nachbildung des Originals ergibt. Um jedoch eine Dimension zu erhalten, die Cody angemessener erschien, sollte man den Maßstab nicht in Zentimetern, sondern in Inches ablesen (1 inch = 2,54 cm), was zu einer Gesamtspannweite von 4,575 m führt. Bei dieser Spannweite ist der Drachenrumpf 183 cm breit. Cody besaß offenbar keine bestimmten Vorstellungen darüber, welches Bespannungsmaterial für seine Drachen gewählt werden solle, und schlug unter anderem Seide, Goldschlägerhaut und Aluminiumblech vor. Allerdings hielt er eine straffe Bespannung für unbedingt erforderlich, und er erzielte sie auf zweierlei Weise. Einmal erreichte er dadurch, daß er alle Kanten konkav formte — womit er seinem Drachen den charakteristischen Umriß gab, der ihm den Spitznamen »Fledermaus« eintrug — eine äußerste Straffung an allen Kanten. Zum anderen war es ihm durch die konsequente Verlängerung aller diagonalen Streben über die Drachenbespannung hinaus möglich, von allen acht vorspringenden Stellen aus Ausgleichsregulierungen vorzunehmen. Modifikationen der Schlinger- und Kippkontrolle ließen sich durch entsprechende Längenveränderungen an den Tragflächen-Spannschnüren erreichen.

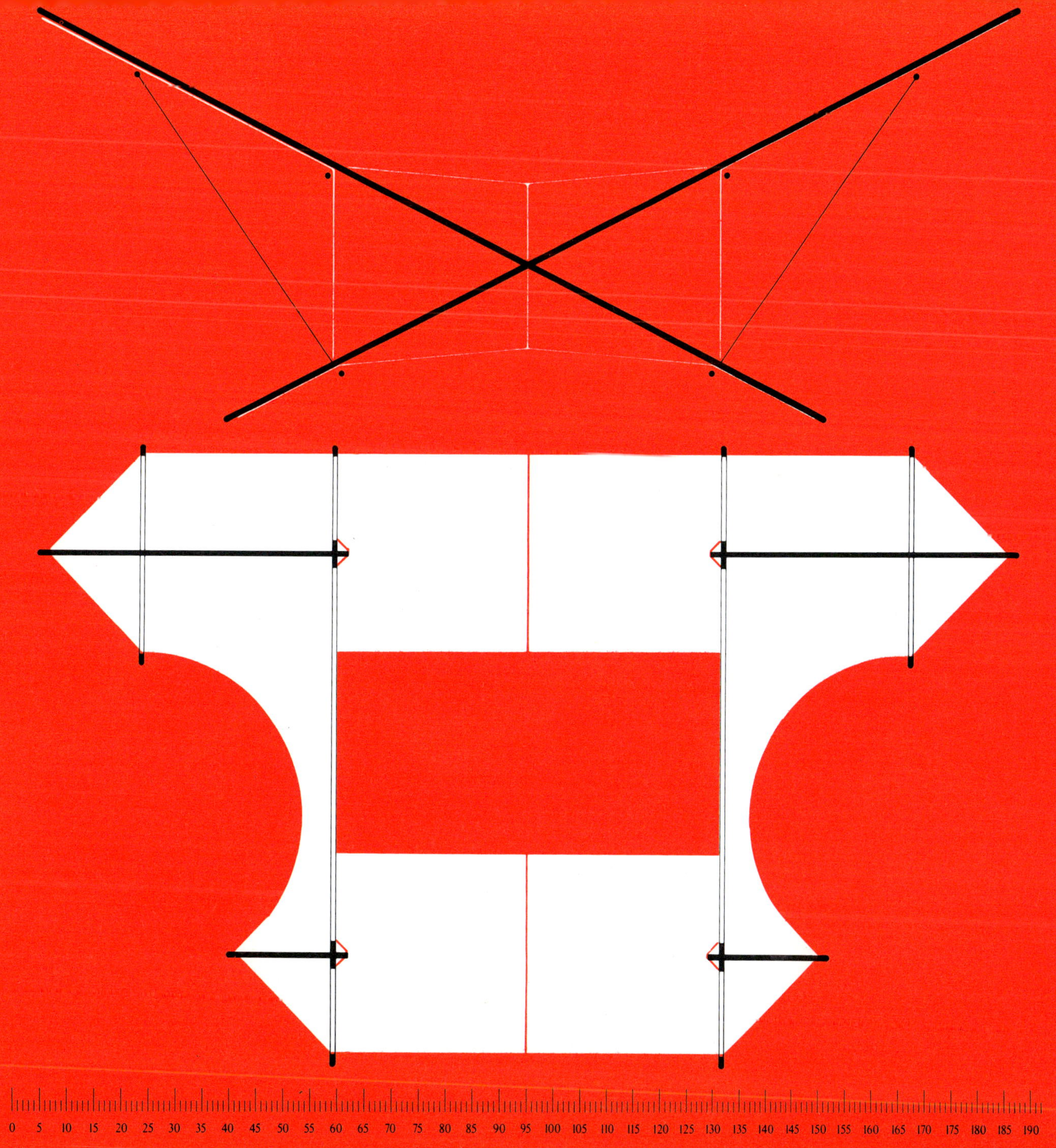
0 5 10 15 20 25 30 35 40 45 50 55 60 65 70 75 80 85 90 95 100 105 110 115 120 125 130 135 140 145 150 155 160 165 170 175 180 185 190

## Doppelrhombus-Verbunddrachen

Bespannung: Reißfestes Nylon oder Tyvek.
Rahmen: Hartholz-Rundstäbe oder Aluminium.
Waage: Verbund.
Schwanzlos.
Wind: Mäßig bis frisch.

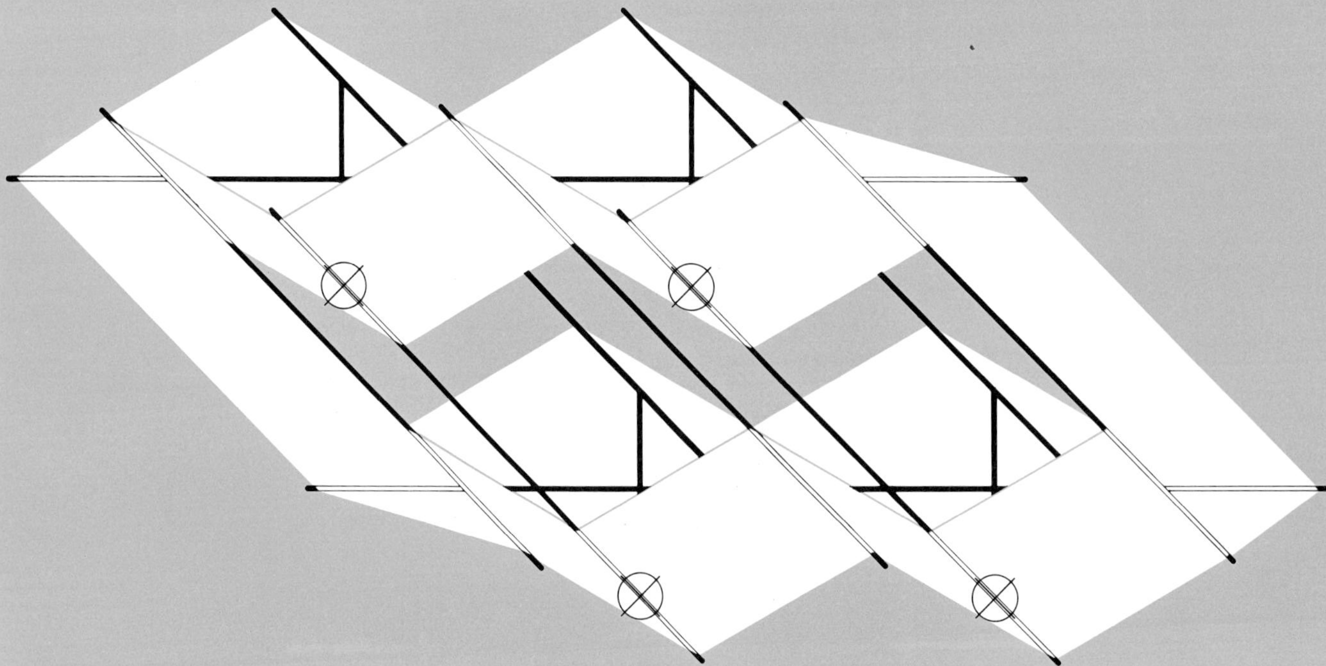

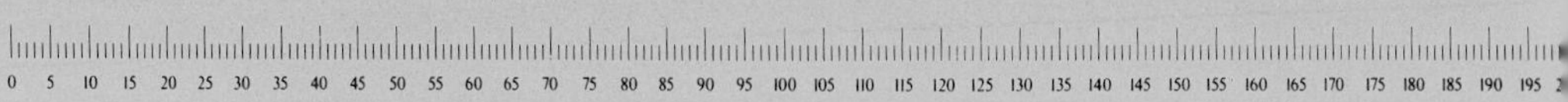

**Früher Cody-Verbunddrachen**

Bespannung: Leinwand oder Baumwollbatist.
Rahmen: Hartholz-Rundstäbe oder Aluminium.
Waage: Verbund.
Schwanzlos.
Wind: Mäßig bis frisch.

**Grundform des Kastendrachens und Verbund-Varianten**

Bespannung: Reißfestes Nylon oder Tyvek.
Rahmen: Rundstäbe.
Waage: Zweischenklig.
Schwanzlos.
Wind: Beim Kasten mäßig bis stark; beim Verbund sanft bis mäßig.

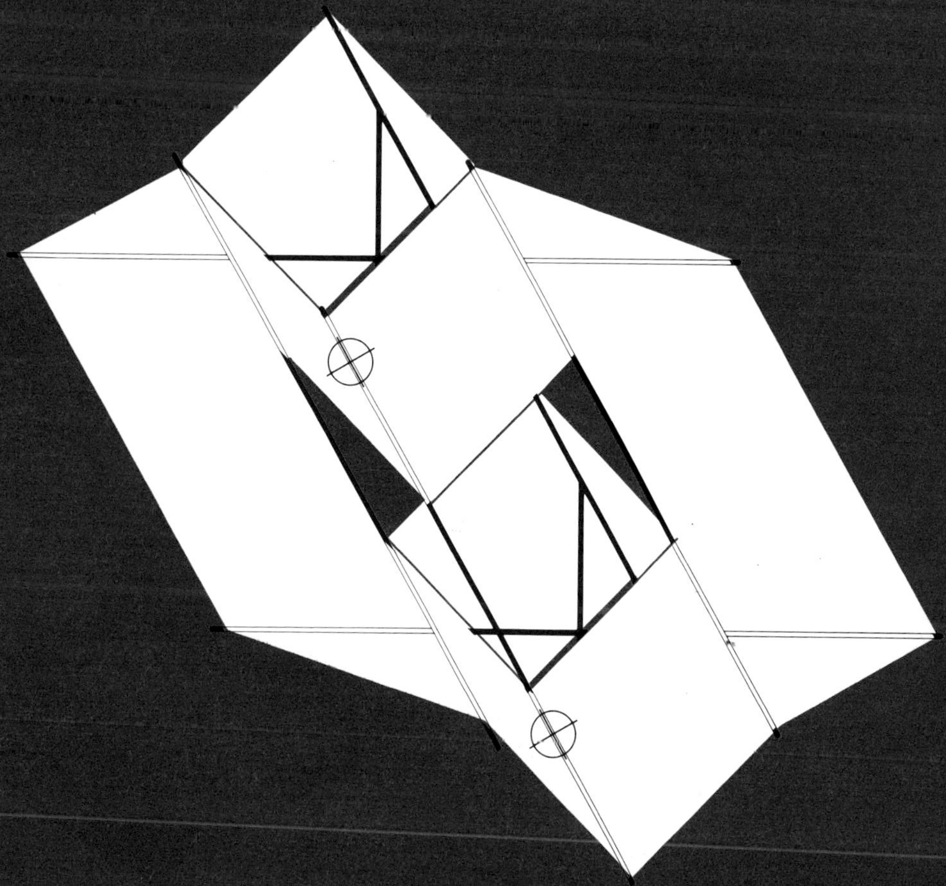

## Salmons vielzelliger Rhomben-Kastendrachen

Bespannung: Leinwand oder Baumwollbatist.
Rahmen: Hartholz-Rundstäbe.
Waage: Vierschenkliges Tandem.
Schwanzlos.
Wind: Mäßig bis frisch.

Bei starkem Wind kann der Abwärtszug der Waagenschnüre die Zellen veranlassen, sich in ihrer vertikalen Ebene zu dehnen, so daß die vertikalen Streckvorrichtungen herausfallen, wenn sie nur eingeklemmt sind. Um diese Gefahr zu vermeiden, befestigt man den oberen Längsholm mit Bändern am Kielholm, die unmittelbar über jedem Waagenaufhängepunkt sitzen.

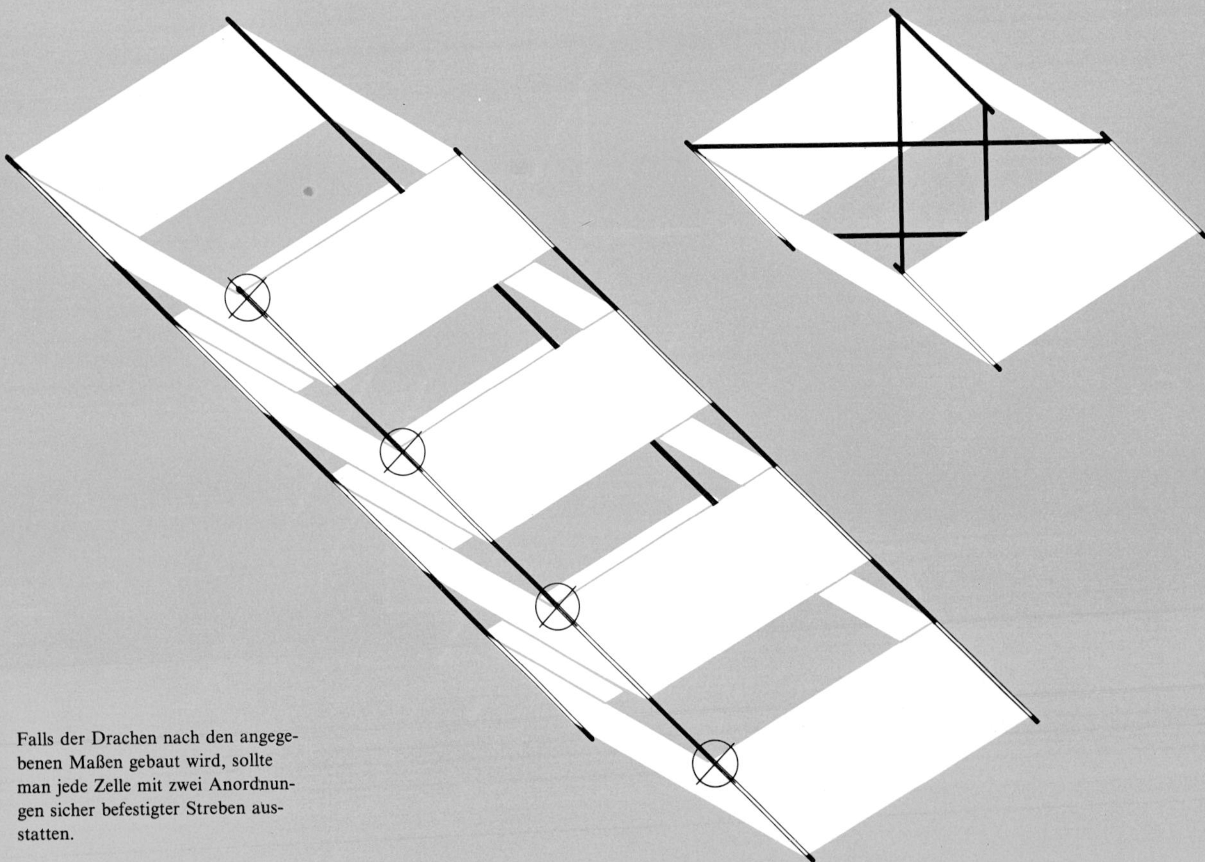

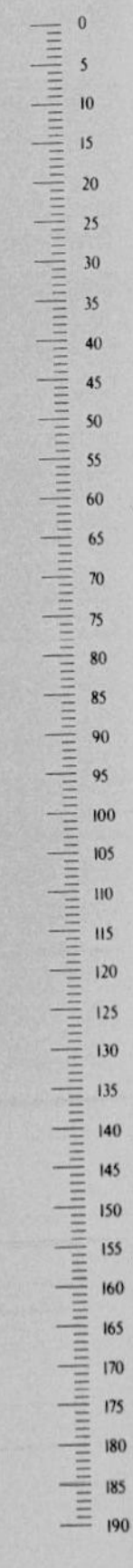

Falls der Drachen nach den angegebenen Maßen gebaut wird, sollte man jede Zelle mit zwei Anordnungen sicher befestigter Streben ausstatten.

## W-förmiger Drachen

Bespannung: Reißfestes Nylon oder Tyvek.
Rahmen: Rundstäbe.
Waage: Verbund.
Schwanzlos.
Wind: Mäßig bis frisch.

Die drei obersten Längsholme dieses Drachens sollten an den Querstreben befestigt werden, um die Form herzustellen.

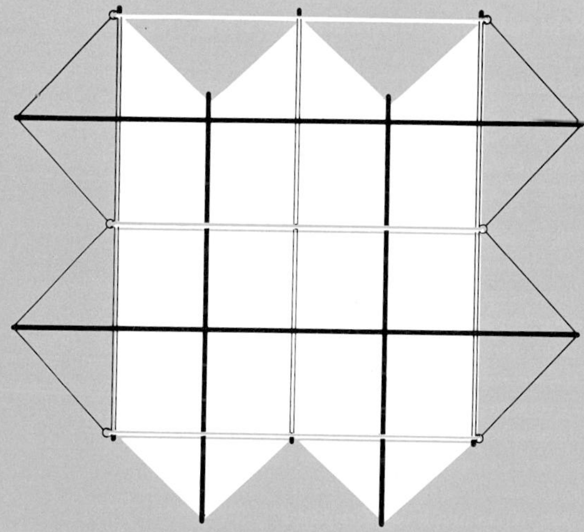

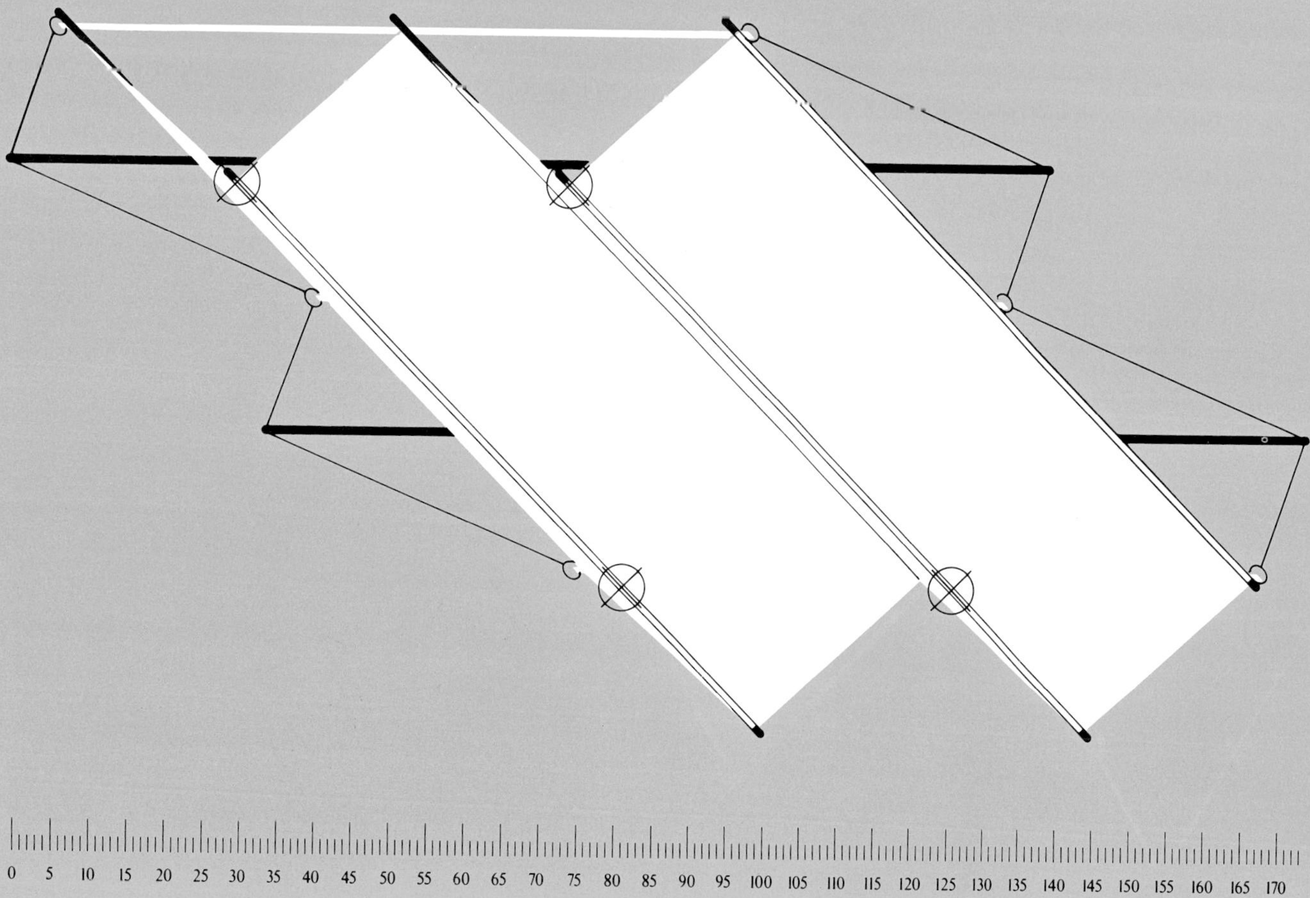

## Bells vielzelliger Dreieck-Kastendrachen

Bespannung: Seide.
Rahmen: Bambus.
Waage: Zweischenklig.
Schwanzlos.
Wind: Frisch bis kräftig.

Diese multiple Version von Alexander Graham Bells Dreieckszellen-Kastendrachen (rechts) ist nicht nur für hohe Windgeschwindigkeiten gedacht, sie ist auch in gewissem Grad auf, sie angewiesen, um ihre Gestalt zu wahren. Wie der Sechseck-Kastendrachen (gegenüber) wird er von sechs (nicht eingezeichneten) Spannschnüren, die diagonal von vorn nach hinten durch den Drachen laufen, in seine Form gebracht.

Dreieckszellen-Kastendrachen.

## Bells Sechseck-Kastendrachen

Bespannung: Batist.
Rahmen: Hartholz-Rundstäbe.
Waage: Verbund.
Schwanzlos.
Wind: Frisch bis kräftig.

Wie die meisten Flugkörper Bells ist dies ein am besten für kräftige Winde geeigneter, außerordentlich schwerer Drachen. Er ist auch insofern typisch für Bell, als er schwierig zu bauen und nicht leicht zu zerlegen ist; allerdings gibt es wenige so hervorragende Drachen für starken Wind.

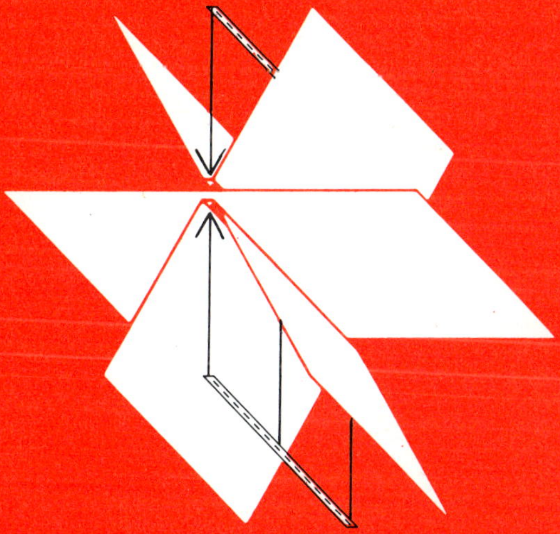

Die Zellen werden so gebildet, daß man Nahtband doppelt auf beide Seiten der Zellenspeichen steppt, nachdem man sowohl die Leit- wie die Schleppkanten eingesäumt hat. Die Außenbespannung der Zelle wird dann doppelt auf die freien Kanten der Stoffspeichen gesteppt. Vier Garnituren von Zellenspannern werden an jedem Ende mit einem Metallstift durchbohrt und oben und unten in jeder Zelle zwischen die doppelten Längsholme geklemmt, um die Zellen offen zu halten (unten). Die zusammengebaute Drachenform wird durch sechs (nicht eingezeichnete) diagonale Spannschnüre stabilisiert, die über die ganze Länge von vorn nach hinten verlaufen.

## Bells vielzellige tetraedrische Drachen

Bespannung: Seide.
Rahmen: Hartholz-Flachstäbe.
Waage: Zweischenklig.
Schwanzlos.
Wind: Mäßig bis frisch.

Die Größe eines tetraedrischen Drachens ist — natürlich innerhalb vernünftiger Grenzen — nicht wichtig, wiewohl Alexander Graham Bell zu einer Norm von 25 cm tendierte. Der Einzel-Tetraeder allerdings bedarf einer sinnvollen Größe: Eine Spanne von etwa 1 m nach allen Seiten verleiht dem Einzeller gute Tragfähigkeit.

Thermoplastisches Rohr ist ideal für die vielzellige Version: Da es ein ausgezeichnetes Stärke-Gewicht-Verhältnis aufweist, lassen sich seine Enden durch Erhitzen leicht abflachen und fest mit einem Epoxidharzkleber verbinden. Hat man zuerst den äußeren oder Haupt-Tetraeder konstruiert, lassen sich nacheinander die Einzelzellen des Gebildes einkleben. Plastikfolie ist ein perfektes Bespannungsmaterial für tetraedrische Drachen, da sie durch ihre Luftundurchlässigkeit eine maximale Tragfähigkeit verleiht und nicht jede Bespannung eingesäumt werden muß. Außerdem läßt sie sich leicht mit wasserfestem Klebeband am Rahmen befestigen.

Beim Zuschneiden der rhombenförmigen Bespannungen gebe man an

den entsprechenden Seiten einen geeigneten »Einschlag« zu.

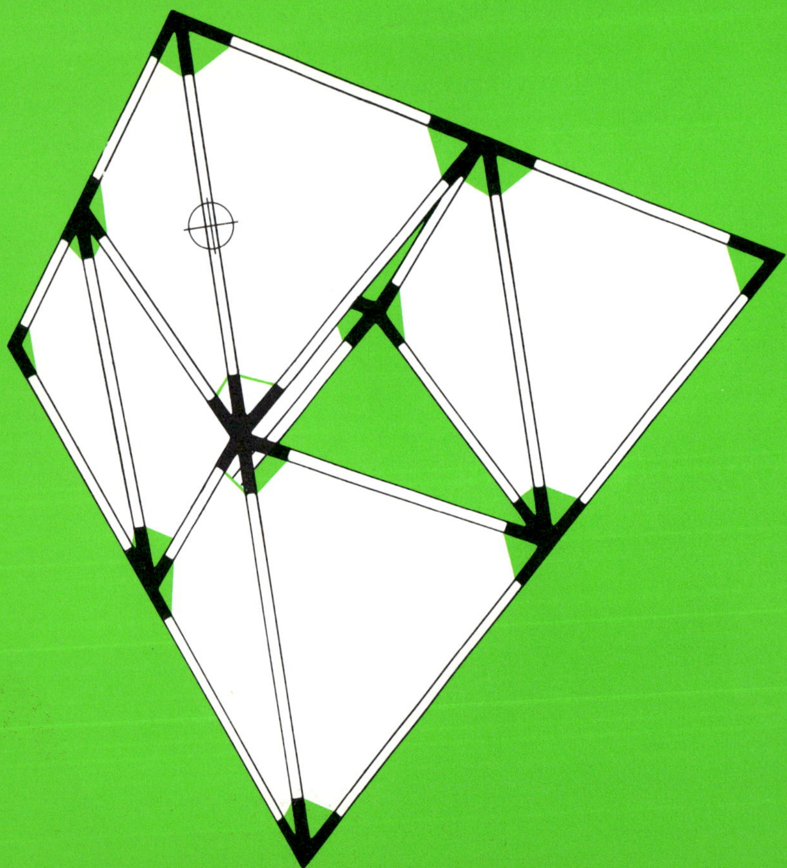

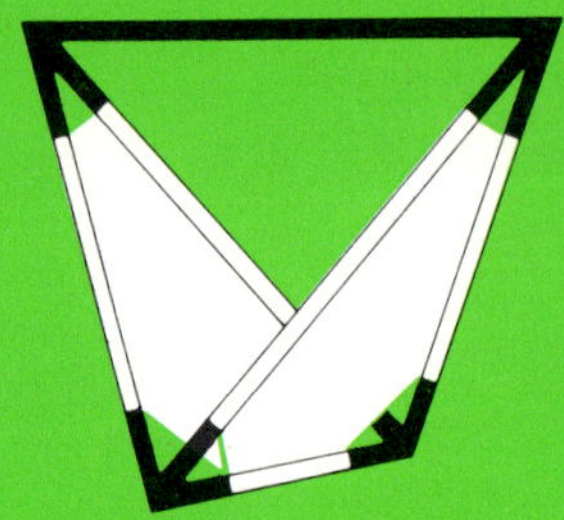

Einzelliger tetraedrischer Drachen.

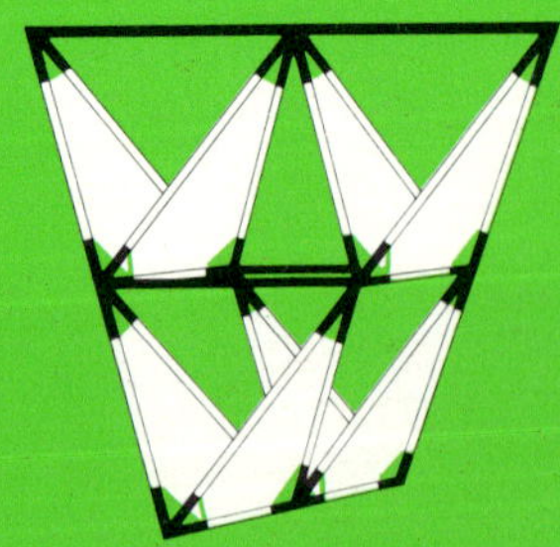

Vierzelliger tetraedrischer Drachen.

Ist kein thermoplastisches Rohr verfügbar, kann man auch geformte Aluminiumbefestigungen benutzen, um die Stabenden wirksam zusammenzuhalten. Man kann sie vernieten oder mit Nylonschnur aneinanderbinden. Danach wird das Innengestell der Stäbe mit Urea-Formaldehydharz zusammengeklebt und mit Plastik-, Tyvek- oder Nylon-Bespannung überzogen.

Aluminiumrohr wird abgeflacht und am Ende durchbohrt.

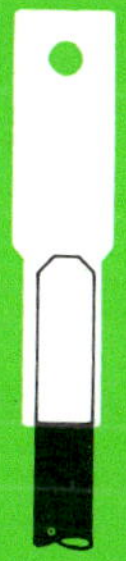

Jede Eckeinheit besteht aus drei solchen Stücken, von denen zwei in einem 30-Grad-Winkel gebogen sind.

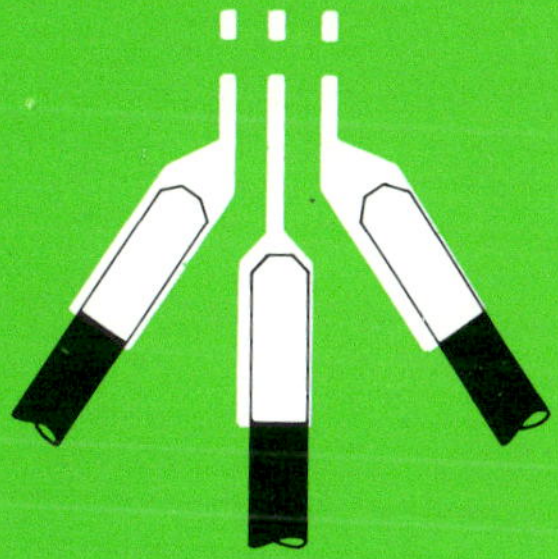

Zieht man das Mittelstück um 60 Grad hoch, ist die Eckeinheit des Tetraeders gebildet.

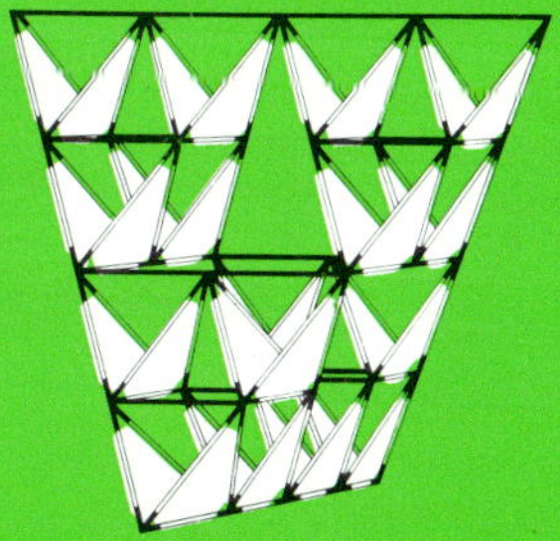

Sechszehnzelliger tetraedrischer Drachen.

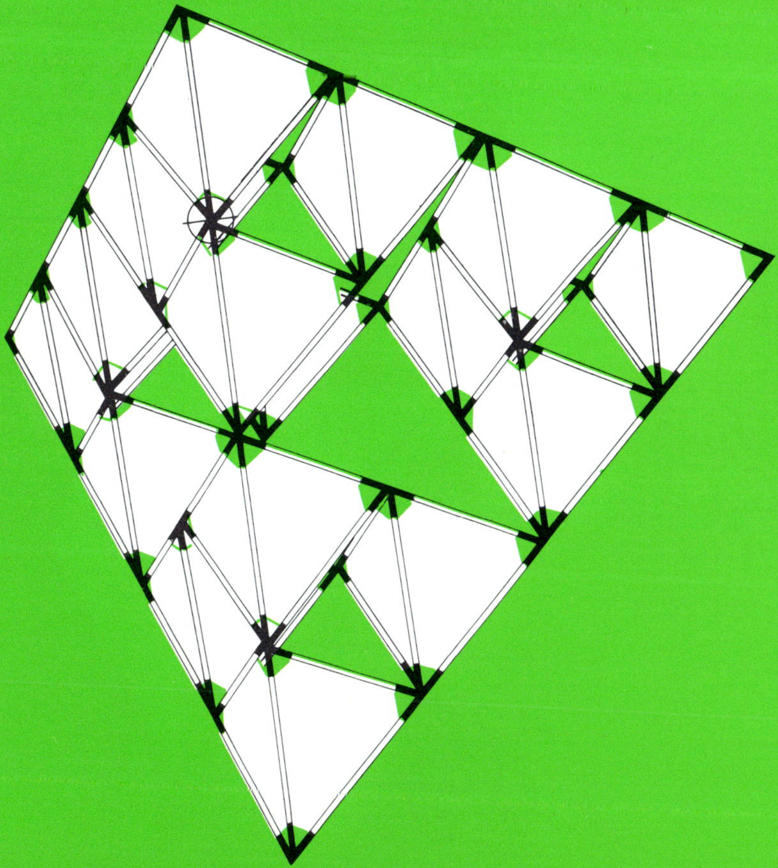

## Conyne-Drachen

Bespannung: Baumwollbatist.
Rahmen: Fichten-Flachstäbe.
Waage: Zweischenklig.
Schwanzlos.
Wind: Sanft bis frisch.

Dieser Drachen ist auch als französischer Militär-Kasten- oder Pilotdrachen bekannt. Er fliegt vorzüglich bei schlechtem Wetter. Ein leichtes Biegen des Holms sorgt für zusätzliche Stabilität.

## Doppelter Conyne-Drachen

Bespannung: Baumwollbatist.
Rahmen: Fichten-Flachstäbe.
Waage: Verbund.
Schwanzlos.
Wind: Leicht bis mäßig.

Diese auch als Doppelpilot- oder Doppelkastendrachen bekannte Version von Silas J. Conynes Erfindung ist viel tragfähiger und allgemein von besserem Verhalten als ihr Prototyp.

Einer ganzen Anzahl von Drachen, und besonders denjenigen Conynes, kann man eine variable Auftriebsfläche durch abnehmbare Windbahnen geben. Luftöffnungen lassen sich je nach den Windverhältnissen öffnen oder schließen. Damit erweitert sich der Bereich der Winde, bei denen der Drachen steigen kann. Befestigt man die Windbahnen nur leicht, werden sie herausgeweht, wenn der Winddruck auf die Drachenfläche allzu stark wird.

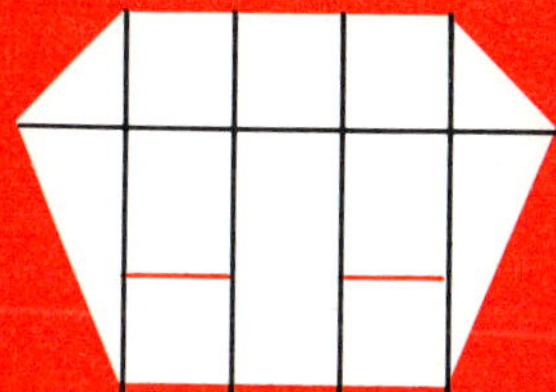

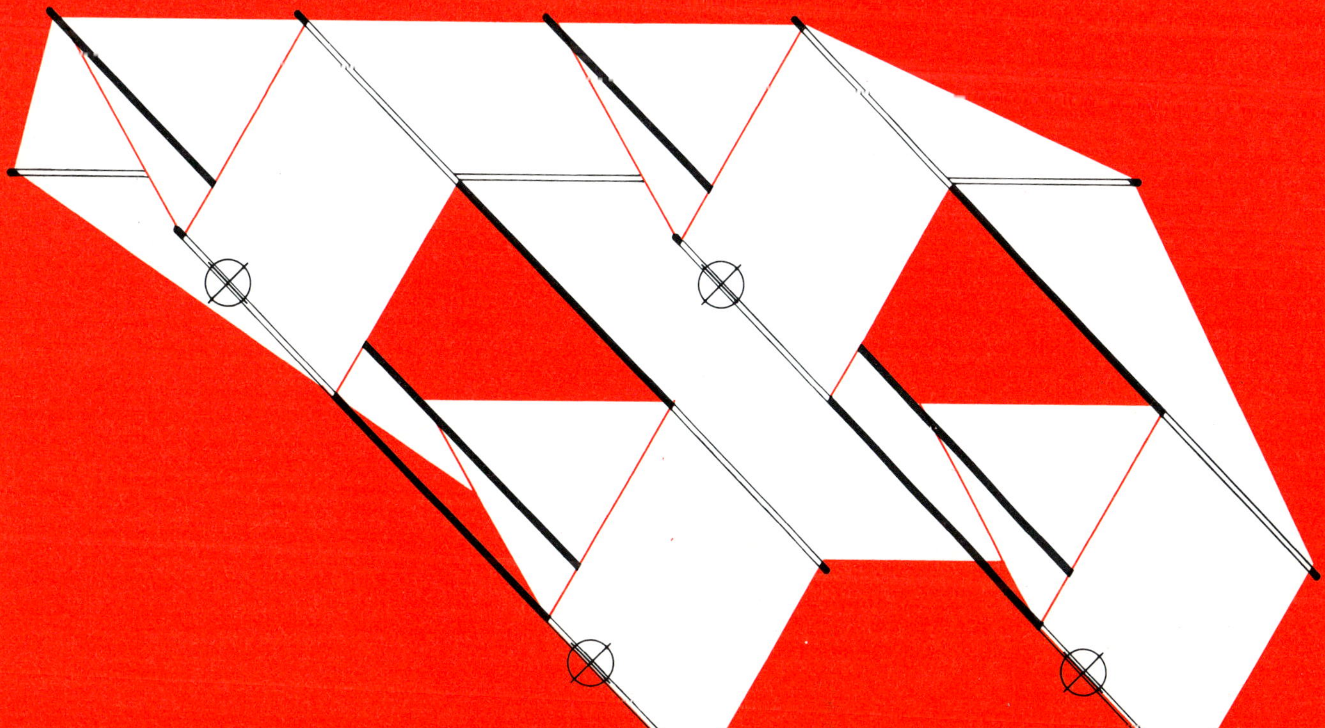

**Französischer Signal- oder Rettungsdrachen**

Bespannung: Gewachster Leinenbatist.
Rahmen: Bambus.
Waage: Dreischenkliges Tandem.
Schwanzlos.
Wind: Mäßig bis kräftig.

Der große, schwere und höchst stabile Flugkörper des Rettungsdrachens wurde vom französischen Militär für Bergungsversuche vom Schiff ans Land verwendet. Obwohl man ihn allgemein ohne Schwanz benutzte, befestigte man während der Erprobung bei besonders starkem Wind einen mit vielen Taschen versehenen Stoffstreifen am Hinterende. Die Taschen waren mit Nachrichten der Schiffbrüchigen und mit Ballast für zusätzliche Stabilität gefüllt. Bei einer Verwendung unter weniger außergewöhnlichen Umständen erzielt man jedoch zusätzliche Stabilität durch leichtes Biegen des Holms.

## Geflügelte Kastenvariante

Bespannung: Reißfestes Nylon oder Tyvek.
Rahmen: Rundstäbe.
Waage: Zweischenklig.
Schwanzlos.
Wind: Leicht bis mäßig.

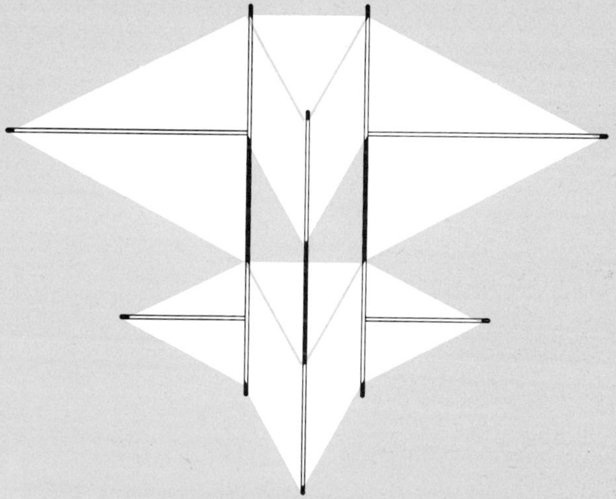

## Verbund-Fledermausdrachen

Bespannung: Seide oder Industrienylon.
Rahmen: Rundstäbe.
Waage: Zweischenklig.
Schwanzlos.
Wind: Leicht bis mäßig.

Diese Form setzt sich aus einem Dreieck-Kastendrachen und einem Segeldelta zusammen. Die Flügelspreizvorrichtung wird nur an den Kanten befestigt, nicht hingegen am Längsholm. Dadurch können sich die Flügel unabhängig heben oder senken und einen merkwürdig lebendigen Eindruck hervorrufen. Verstärkt wird die Illusion durch die Einfügung kurzer dünner Rundstäbe in die Schleppkanten der Flügel. Ihr Gewicht, das zugleich die Stabilität etwas erhöht, erzeugt einen Abschluß von der Art eines Fledermausflügels.

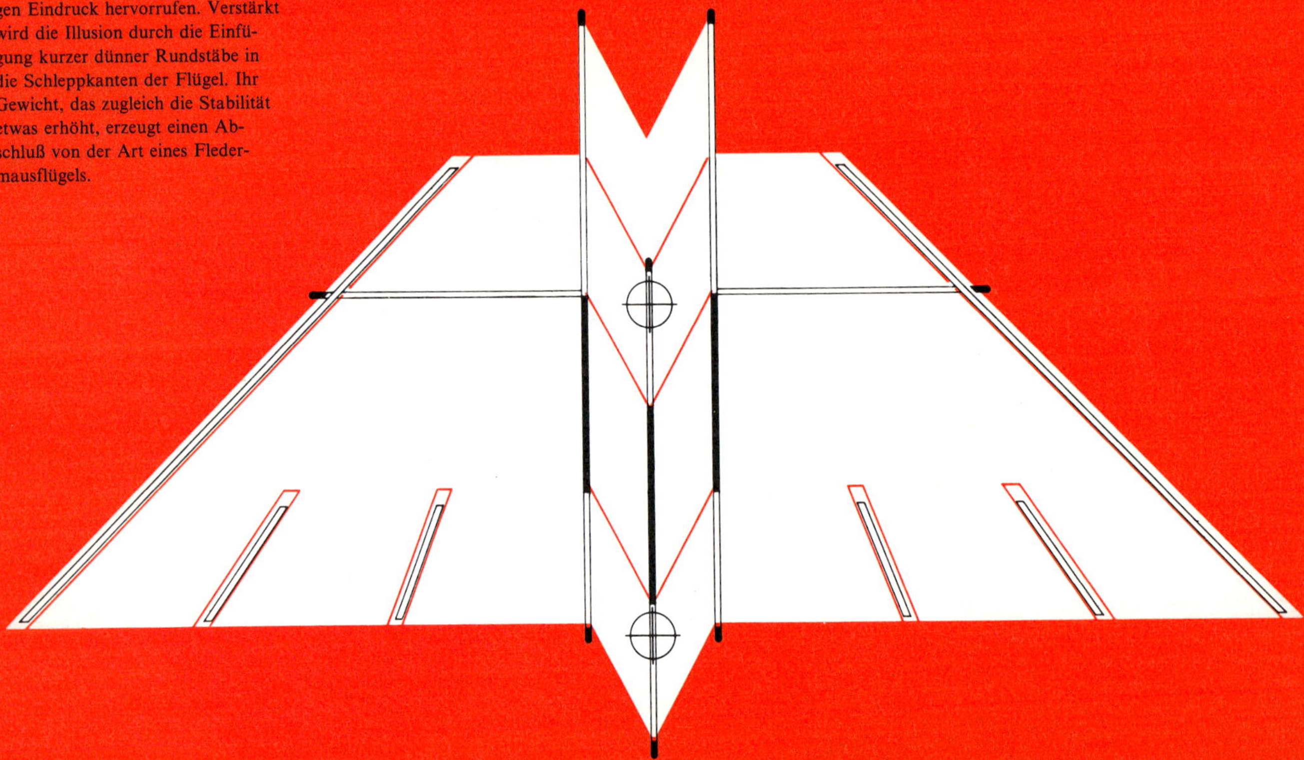

## Verbund-Vogeldrachen

Bespannung: Seide oder Industrienylon.
Rahmen: Rundstäbe.
Waage: Zweischenklig.
Schwanzlos.
Wind: Leicht bis mäßig.

Wie beim Fledermausdrachen gegenüber sind die Flügel des Vogeldrachens so verspannt, daß ihnen beim Flug eine beträchtliche Bewegungsfreiheit bleibt. Dies ist ein besonders eleganter Drachen, zumal wenn er aus Seide besteht. Die diagonalen Flügelverstrebungen sind nicht auf die Flügel aufgenäht, sondern werden nur durch Taschen gehalten.

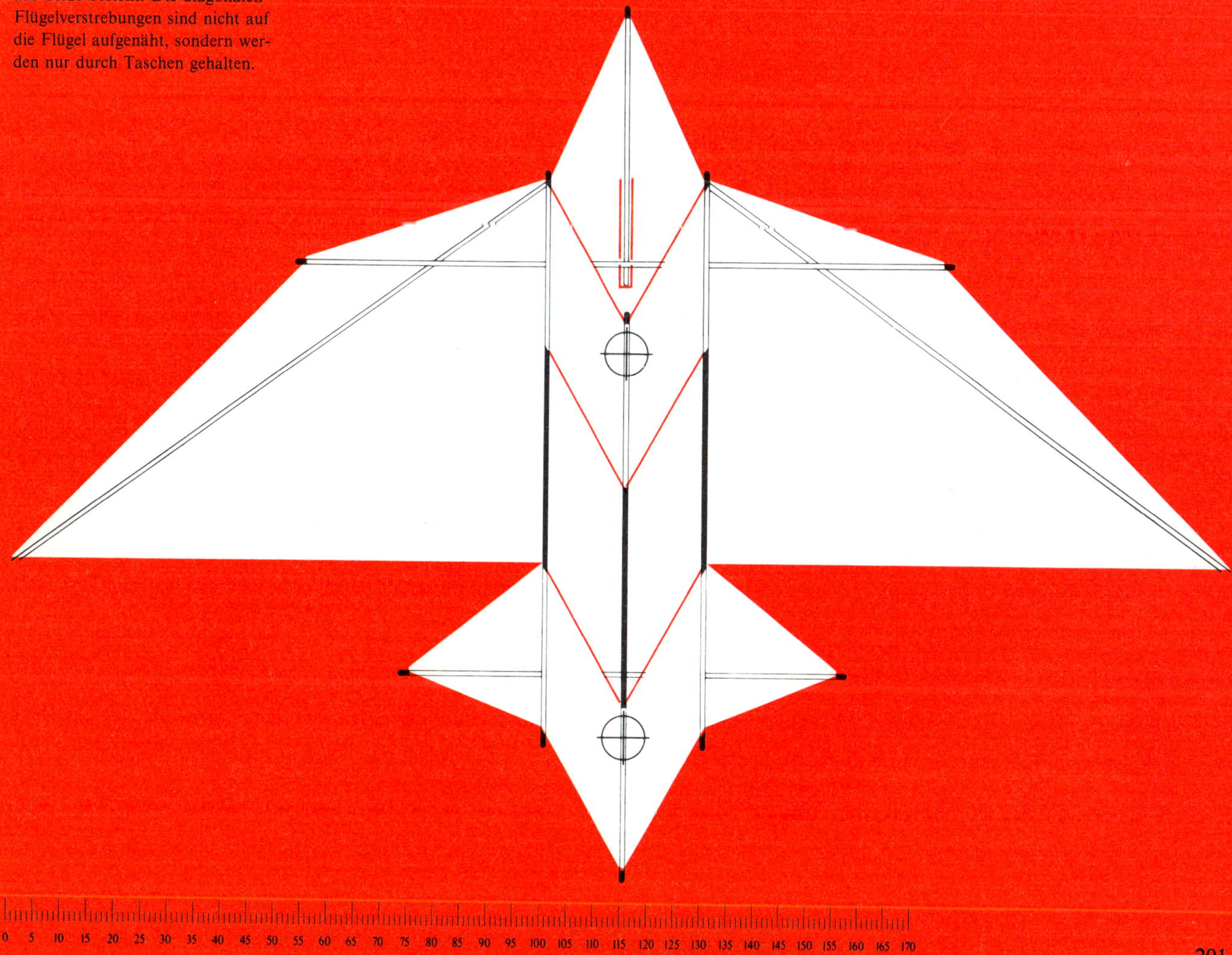

## Klüverdrachen mit Marconi-Takelung

Bespannung: Baumwolle oder Industrienylon.
Rahmen: Rundstäbe.
Waage: Vierschenklig.
Schwanzlos.
Wind: Mäßig bis frisch.

Klüverdrachen, die ihren Namen der Jacht mit Marconi-Takelung verdanken, waren in den vierziger Jahren verbreitet. Wie beim Segeln lassen sich die beiden Klüver auf eine Vielzahl von Windgeschwindigkeiten einstellen. Bei wenig Wind werden sie zum Anluven locker gesetzt, bei stärkerem Wind hingegen straffer. Der nach vorn gerichtete Kiel verleiht durch seine Stellung zwischen den Klüvern ausgezeichnete Richtungsstabilität. Wichtig ist, daß das Hauptsegel und die Leitkanten der Klüver stets straff sind; dies erreicht man, indem man das Kantenband verlängert und Schlaufen bildet, die man an den Enden der Querstrebe und der Längsrippe befestigt.
Die Waage der Marconi-Takelung ist bekanntermaßen schwierig anzubringen, obgleich man, wenn ein günstiges Flugverhalten erreicht ist, Knoten zur Waagenregulierung an die richtigen Stellen kleben kann, da die weiteren Anpassungen an Windveränderungen von den Klüvern allein vorgenommen werden.

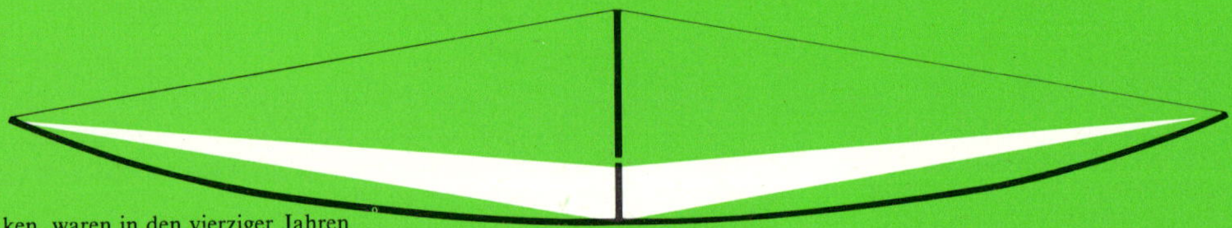

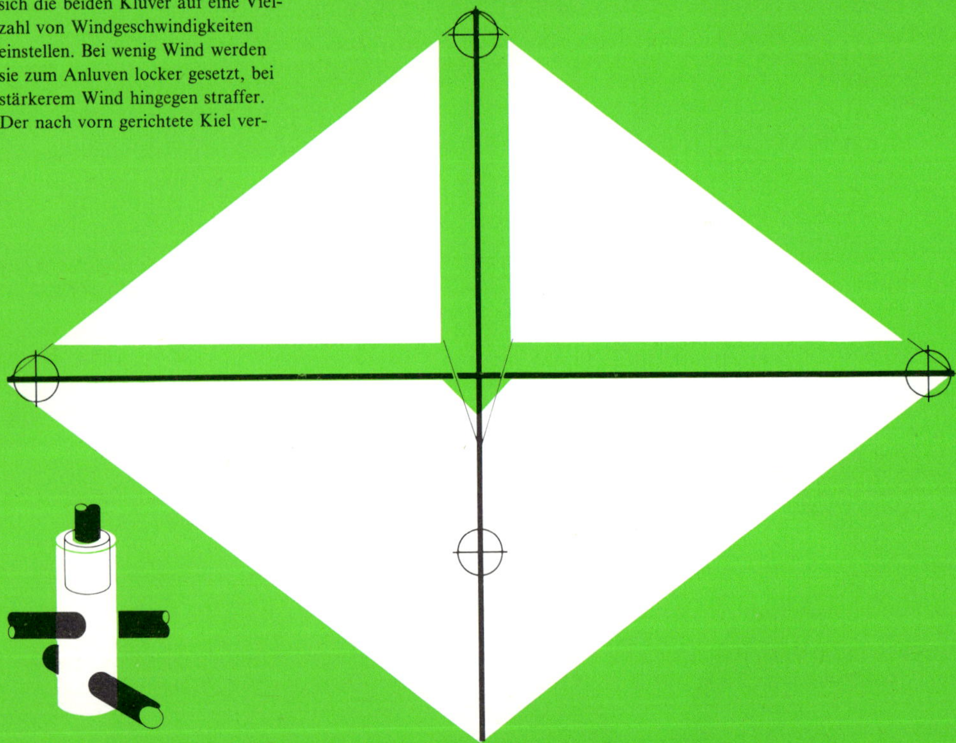

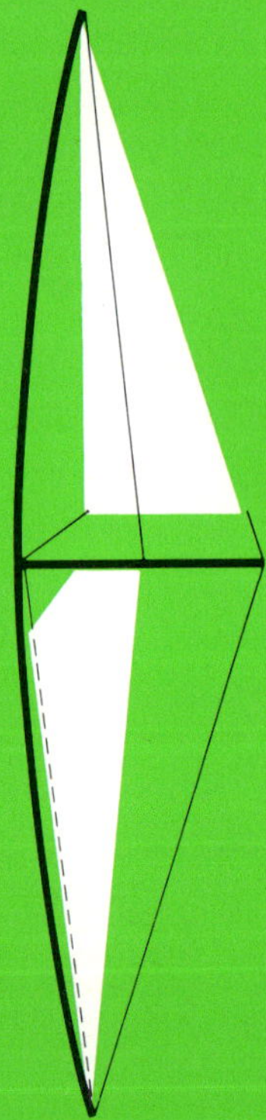

Ein Drei-Richtungs-Verbindungsstück läßt sich aus einem passend gebohrten, stabgerechten Thermoplast- oder Aluminiumrohr anfertigen. Gut eignet sich aber auch ein Block aus Balsaholz.

Die Klüver sind der Übersichtlichkeit halber weggelassen (oben).

## Brogdens sechsflügliger Drachen

Bespannung: Baumwollbatist.
Rahmen: Fichten-Rundstäbe.
Waage: Dreischenklig (siehe unten).
Schwanzlos.
Wind: Leicht bis mäßig.

Die Originalausführung von Charles Brogdens preisgekröntem Drachen war 5,18 m lang und hatte die Proportionen dieser Vorlage. Ursprünglich war der Drachen aus einem Teil eines experimentellen Flugapparats hervorgegangen, den Brogden 1890 gebaut hatte und mit dem er offenbar über ebenem Boden Gleitflüge bis zu 7 m in einem Satz machte.

Die Schleppkante jedes Flügels ist mit der Leitkante des Flügels darunter verbunden, wobei die Richtungsstabilität durch die Längenregulierung der Verbindungsschnüre zustande kommt. Brogden behauptete, die Längsrippe müsse am Hinterende des Drachens leicht nach vorn gekrümmt sein. Das sollte offenbar der Stabilität dienen. Jedenfalls zielte die ungewöhnliche Methode der Waagenanbringung darauf ab, diese Krümmung zu halten.

**Doppelsegel-Rolloplan**
**Rolloplan mit Luftöffnung (rechts)**

Bespannung: Reißfestes oder Industrienylon.
Längsrippe: Aluminiumstab.
Querstreben: Rundholz.
Waage: Gleitwaage (s. S. 135).
Schwanzlos, mit Flosse und Seitenruder.
Wind: Leicht bis sanft.

Rolloplane sind äußerst elegante Drachen mit gutem Flugverhalten, ausdrücklich für leichten Wind geschaffen. Beide Streben jedes Drachens sind flächenwinklig angebracht.

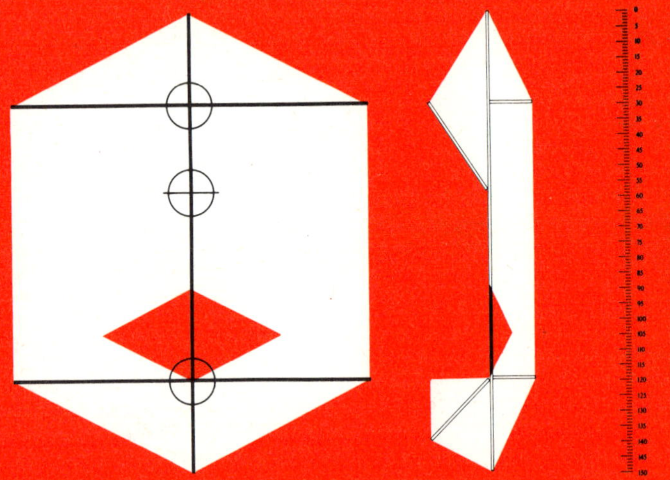

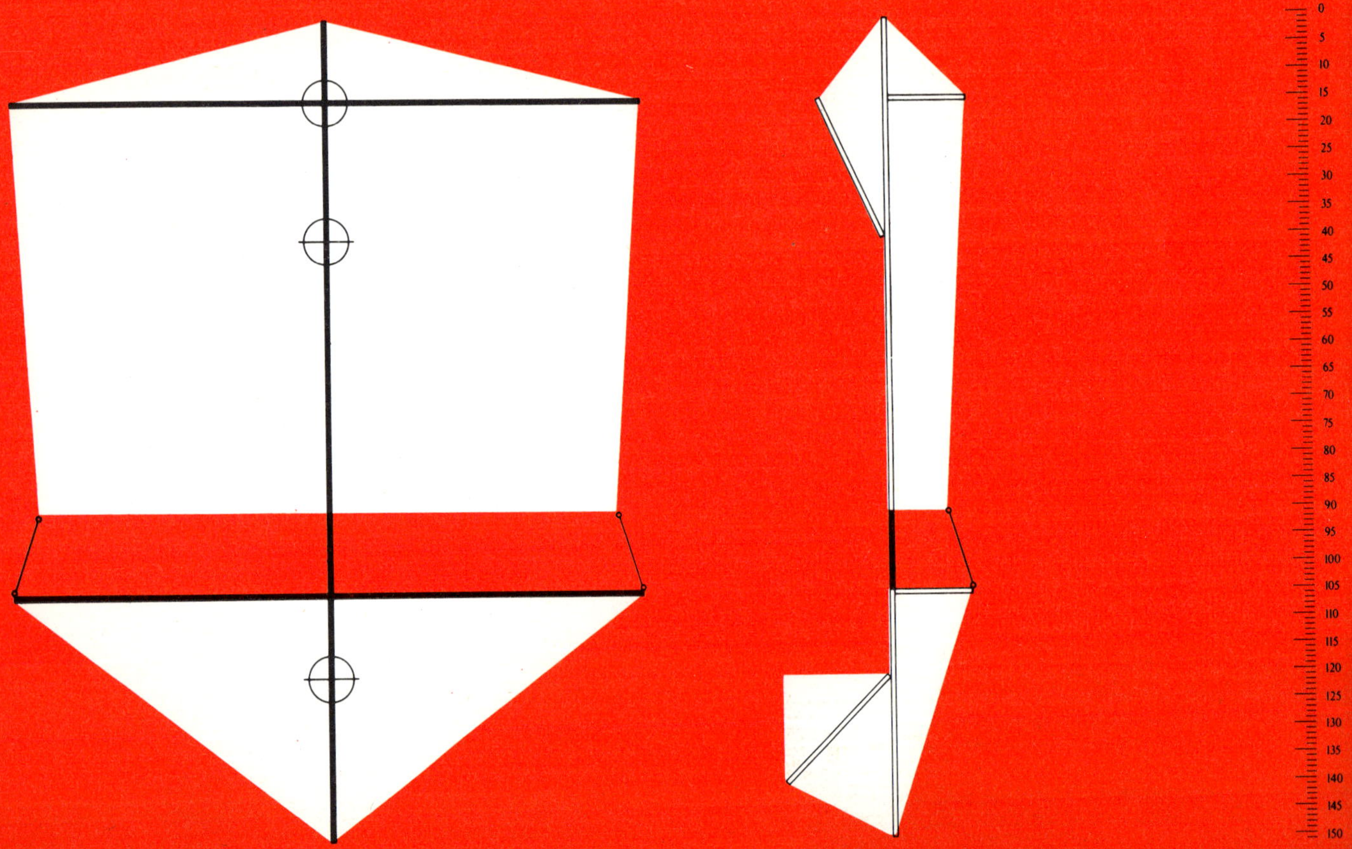

## Sechseckiger Rolloplan

Bespannung: Reißfestes oder Industrienylon.
Längsrippe: Aluminiumstab.
Streben: Rundstäbe.
Waage: Dreischenklig.
Schwanzlos, mit Seitenruder.
Wind: Leicht bis sanft.

Beide diagonalen Streben sind flächenwinklig angebracht. Die Richtungsstabilität wird durch die Anordnung der Verspannungsschnüre bestimmt, die die Flügelspitzen mit der Schwanzfläche verbinden.

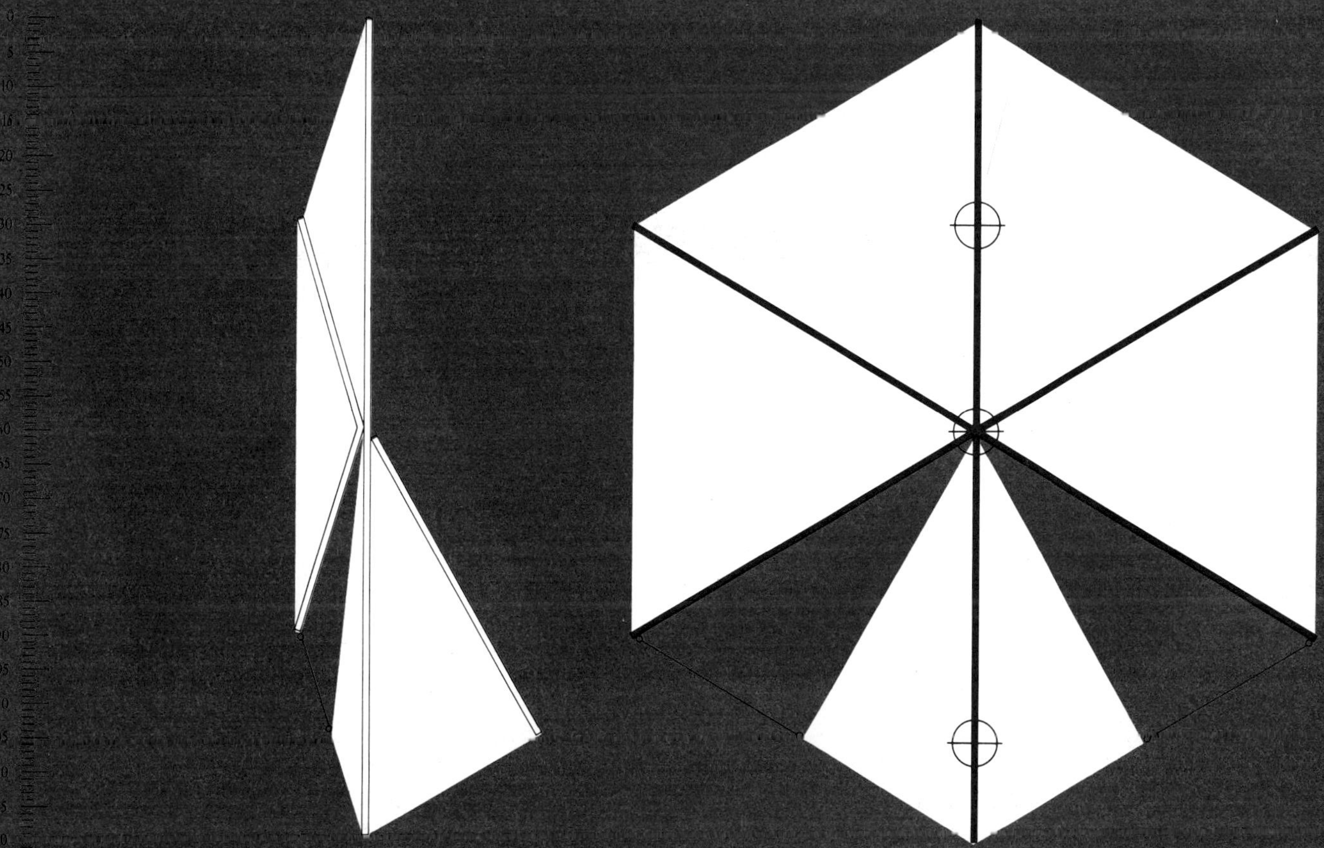

## Vielfach gebauschter Drachen

Bespannung: Leichtes reißfestes Nylon.
Rahmen: Thermoplastische Rohre.
Waage: Zwölfschenklig.
Schwanzlos.
Wind: Leicht bis sanft.

Der vielfach gebauschte Drachen, vorzüglich geeignet für ein Segeln in großen Höhen, sollte leicht gebogen fliegen. Er nimmt einen extrem steilen Winkel ein und entwickelt selbst bei leichtem Wind beträchtlichen Auftrieb. Der Sammelpunkt der Trageleinen sollte etwas vor der Querstrebe liegen. Ist kein thermoplastisches Rohr verfügbar, läßt es sich für die Längsholme durch 6 mm starke Balsa-Rundstäbe und für die Querstrebe durch einen 8 mm starken Rundstab ersetzen.

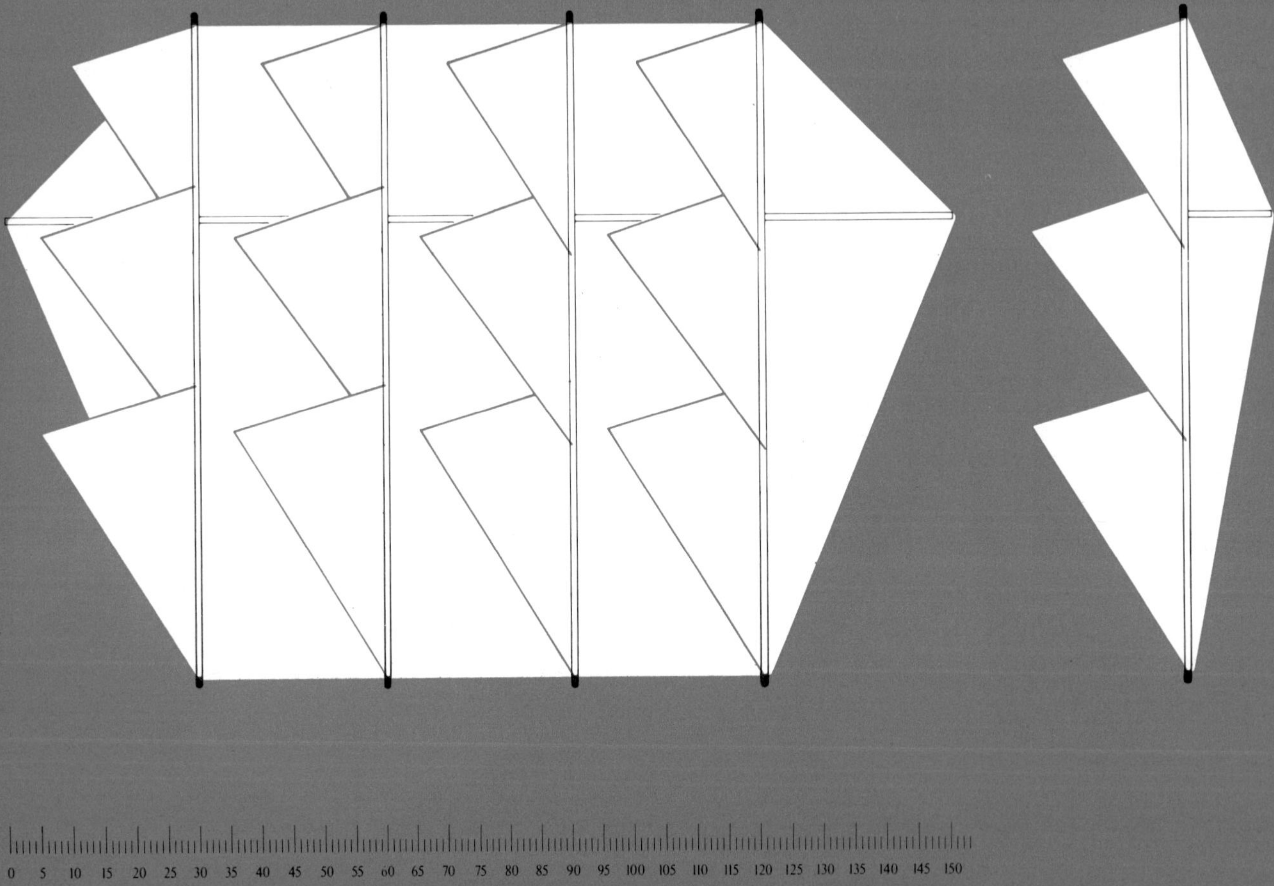

**Gebauschter Drachen**

Bespannung: Leichtes reißfestes Nylon.
Rahmen: Thermoplastische Rohre.
Waage: Vierschenklig.
Schwanzlos.
Wind: Leicht.

Diese leichtgewichtige Mischform fliegt mit gebogener Querstrebe und sollte bei einer Windgeschwindigkeit von mehr als acht Stundenkilometern mit einem Schleppsack ausgerüstet sein. Der gebauschte Drachen ist nur für sehr leichten Wind geeignet, da es schon bei mäßigem Wind schwierig ist, ihn wieder zu bergen.

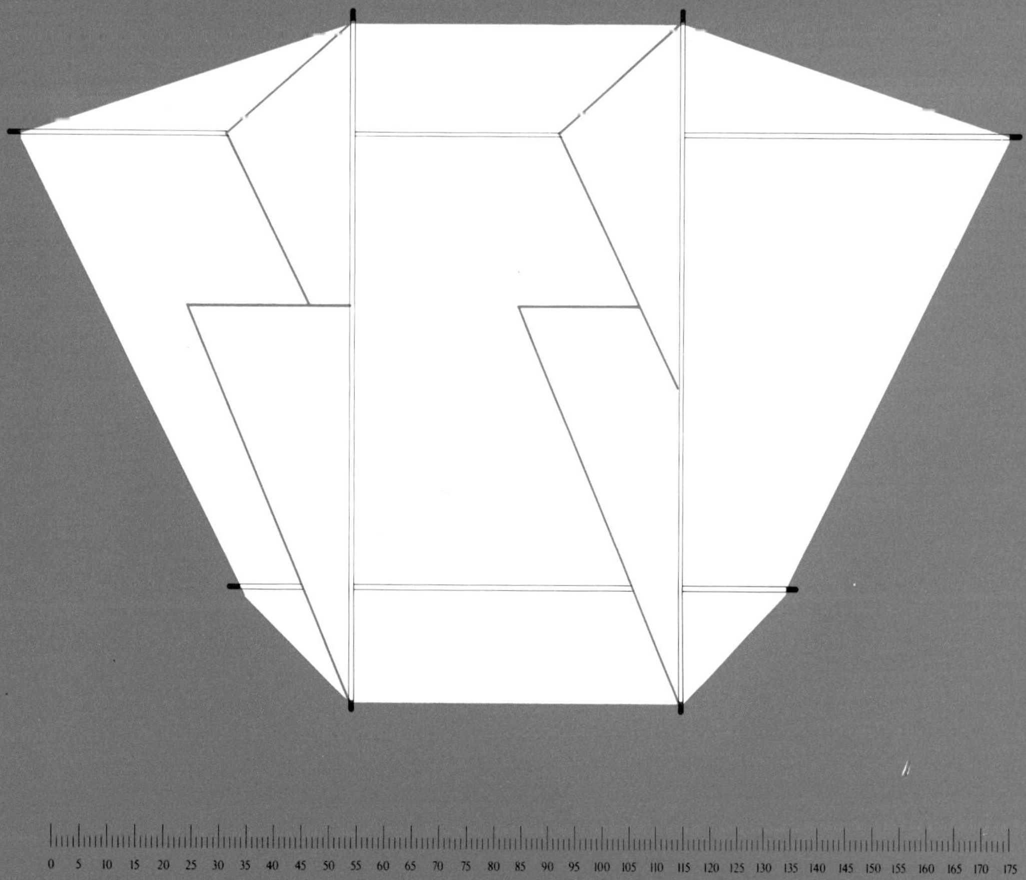

## Stunter-Drachen

Bespannung: Mittelstarke Plastikbahn.
Rahmen: 6-Millimeter-Aluminiumrohre.
Waage: Zweischnürig.
Schwanzlos.
Wind: Leicht bis kräftig.

Dies ist ein sehr leistungsfähiger Doppelschnur-Drachen für Flugkunststücke. Dank seiner flexiblen Querstrebe kann er in einem weiten Bereich von Windgeschwindigkeiten fliegen, wiewohl er um so besser auf die Steuerung reagiert, je kräftiger der Wind ist. Die Waagen dieses Drachens müssen für verschiedene Windgeschwindigkeiten nicht eigens eingestellt zu werden.
Der Federstahldraht, der den Mittelteil der Querstrebe bildet, sollte einer maximalen Wirkung wegen in einem spannungsfreien Winkel von 15° angebracht sein. Alle Verbindungen und Befestigungen bestehen aus Polyäthylenrohr. 60 m sind eine sehr handliche Leinenlänge; gesteuert wird der Drachen einfach dadurch, daß man für eine Rechtsschwenkung an der rechten Leine zieht und umgekehrt. Anfängern sei ein Start mit einem Helfer empfohlen.

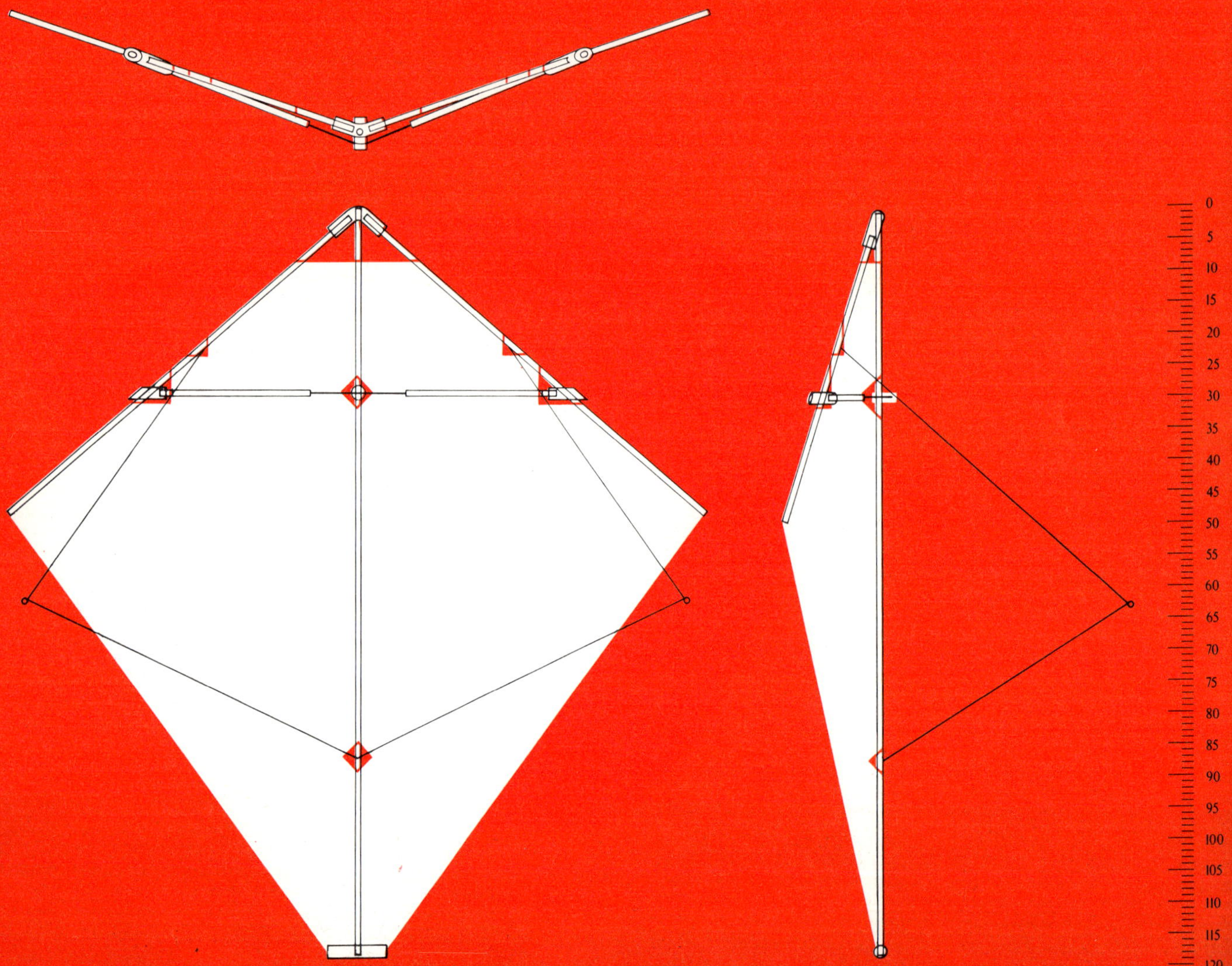

## Rogallos Flexibler Drachen

Bespannung: Kräftiges Mylar oder ähnlich flexibles Gewebe.
Rahmenlos.
Waage: Sechsschenklig.
Schwanz: Mylar-Schlange.
Wind: Leicht.

Die Längsachse des Drachens ist nichts als ein diagonaler Knick, von den beiden Mittelschenkeln der Waage in seiner Position gehalten. Verwendet man leichtes Material, verstärkt man es gewöhnlich durch einen dünnen Kartonbogen oder durch Plastik. Für Waage und Flugleine reicht Knopfzwirn aus. Die Waage wird mit Klebestreifen befestigt. Der Schwanz mißt 2,5 x 80 cm.

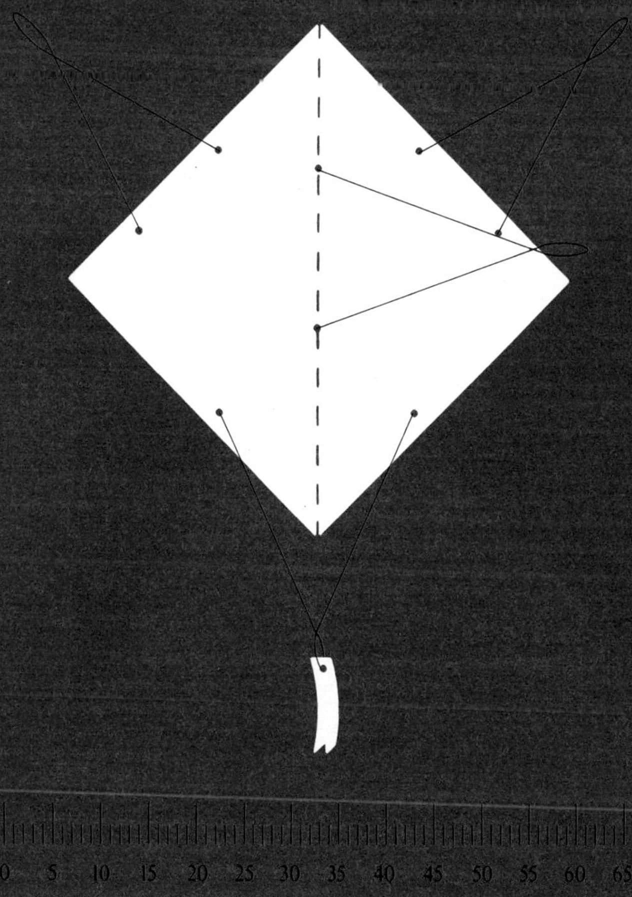


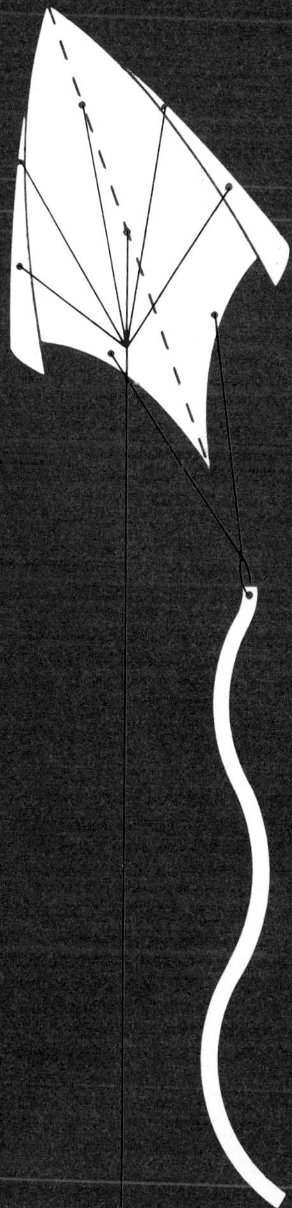

## Halbflexibler Segeldrachen

Bespannung: Mittelstarkes Plastik oder Tyvek.
Rahmen: Rundhölzer.
Waage: Kiel.
Schwanzlos.
Wind: Leicht bis mäßig.

Dieser leistungsfähige Drachen ist in seiner Plastikversion leicht zu bauen und vollführt in leichtem Wind höchst elegante Bewegungen. Die Flügelspreizvorrichtung sollte nicht an der Längsrippe befestigt werden, sondern frei beweglich sein, so daß die Flügel unabhängig Druckveränderungen auf ihren Flächen ausgleichen können. Wiewohl im Grunde ein Drachen für leichten Wind, läßt er sich doch auf einen weiten Bereich von Windgeschwindigkeiten einstellen, wenn man eine flexible Flügelspreizvorrichtung verwendet.

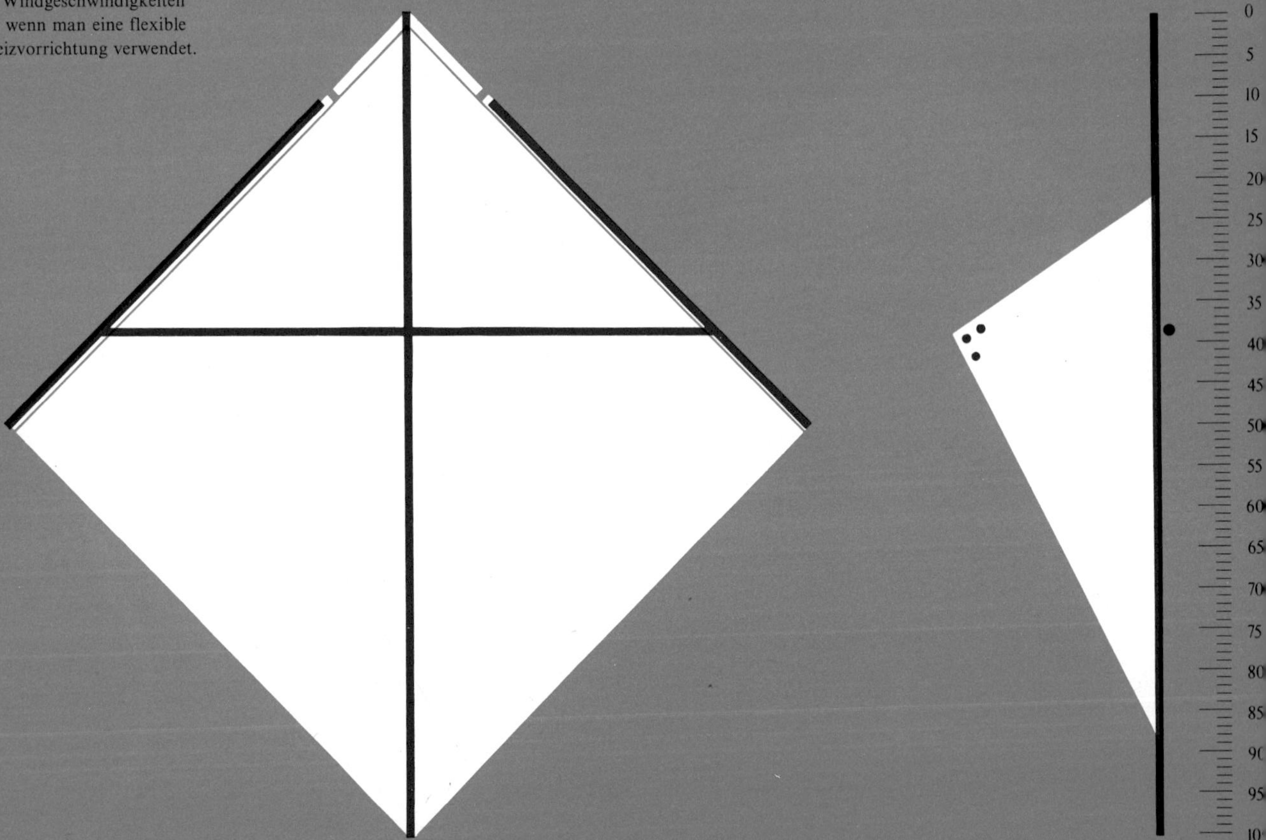

## Russell Halls Drachen

Bespannung: Mittelkräftiges Plastik oder Tyvek.
Rahmen: Rundstäbe.
Waage: Zweischenklig.
Schwanz: Plastikschlange.
Wind: Leicht bis frisch.

Die doppelten parabolischen Kammern des Hall-Drachens schaffen eine vorzügliche Stabilität, und mit einer elastischen oder federbestückten Waage versehen, kann er in einem weiten Bereich von Windgeschwindigkeiten fliegen. Außerdem tendiert dieser Drachen zu einem sehr steilen Flugwinkel.

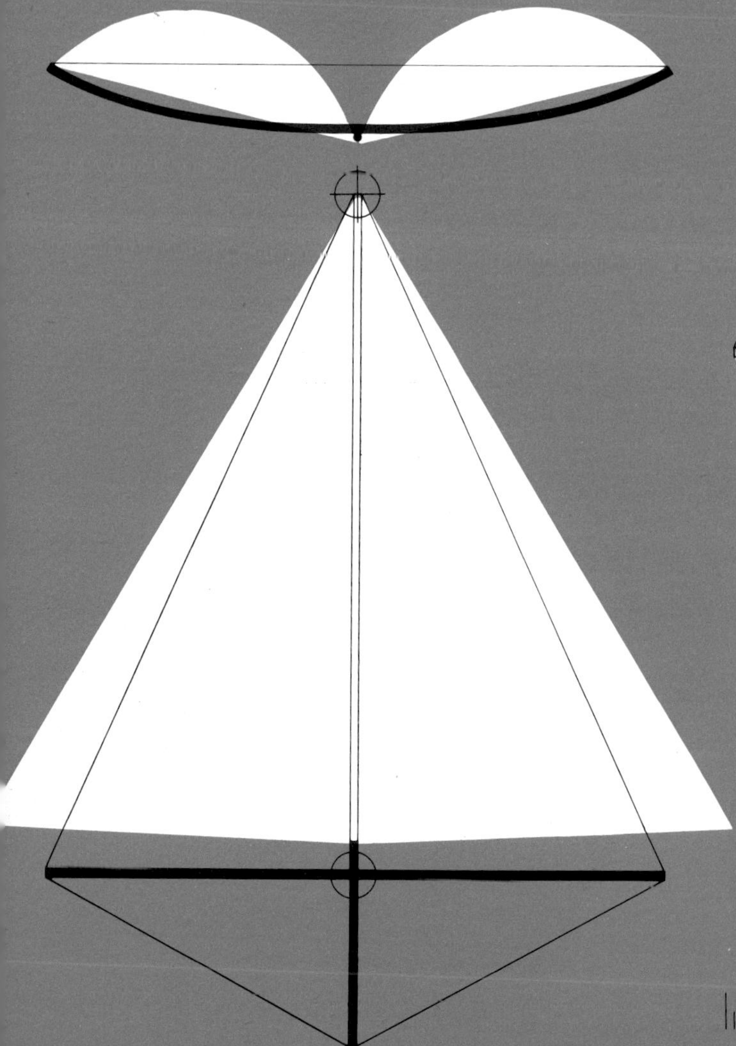

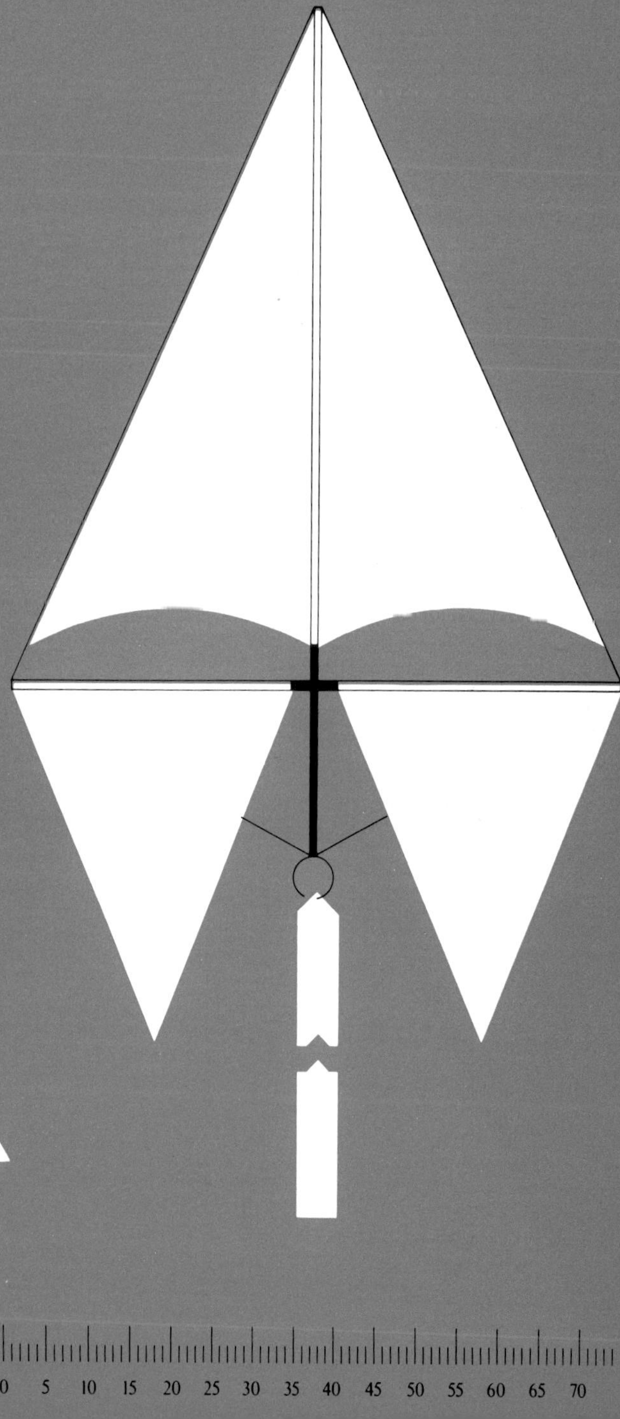

## Modifizierter Deltadrachen

Bespannung: Plastik, Tyvek oder Nylon.
Längsrippe: Aluminiumrohr.
Querstrebe: Rundholz.
Waage: Kiel.
Schwanzlos.
Wind: Leicht bis sanft.

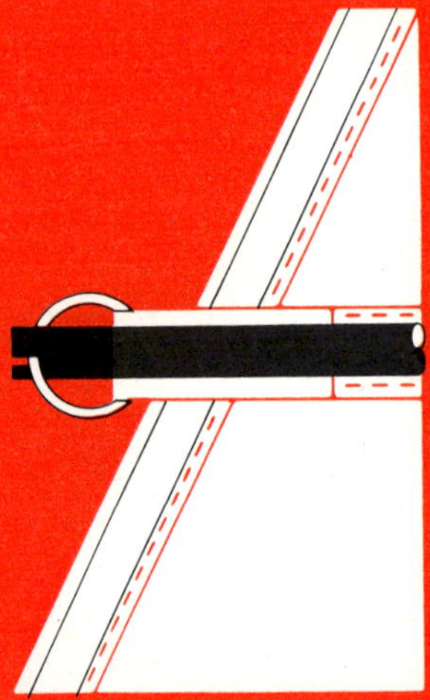

Detail der Befestigungsmethode für die Flügelspreizvorrichtung des Deltadrachens.

## Segel-Deltadrachen

Bespannung: Plastik, Tyvek oder Nylon.
Längsrippe: Aluminiumrohr.
Querstrebe: Rundholz.
Waage: Kiel.
Schwanzlos.
Wind: Leicht bis sanft.

Der Delta ist ein prächtiger Thermiksegler. Er ist kein starrer Drachen, da sich seine Flügel beim Flug selber einstellen. Der Deltadrachen entwickelt in mäßigem Wind einen guten Auftrieb. Da er bei schwierigen Bodenwinden zur Launenhaftigkeit neigt, ist eine Aluminium-Längsrippe zu empfehlen; seine Tendenz, sich beim Start und bei der Landung auf die Nase zu stellen, kann bei der Verwendung einer hölzernen Längsrippe zu einem Bruch führen.

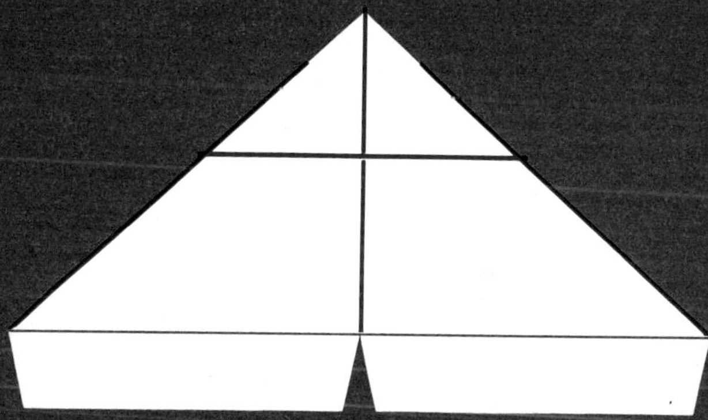

Um höhere Stabilität zu erzielen, wird der Segel-Delta zuweilen mit einem losen »Schurz« oder mit Fransen an der Schleppkante versehen.

## Schlittendrachen

Bespannung: Plastik, Tyvek oder Mylar.
Rahmen: Rundstäbe.
Waagen: Zweischenklig.
Schwanzlos.
Wind: Leicht bis mäßig.

Der rasch aus einer Plastikbahn zurechtgeschnittene Schlitten gehört zu den am leichtesten anzufertigenden Drachen. Bei schwachem Wind können Schlitten ohne Luftöffnungen fliegen, wiewohl sie bei zunehmender Windgeschwindigkeit zur Unberechenbarkeit tendieren. Die von dem bekannten amerikanischen Drachensportler und -entwerfer Ed Grauel entwickelte Form der Luftöffnung verleiht in einem weiten Bereich von Windgeschwindigkeiten ausgezeichnete Stabilität, so daß der Schlitten sich als Erstlingsdrachen empfiehlt. Die Rundhölzer sowie auch die Waagenpunkte werden mit wasserfestem Klebeband befestigt. Diese Punkte sollte man außberdem mit Ösen versehen, um ein Ausreißen zu verhindern. Die Waagenschenkel sollten jeweils etwa anderthalbmal so lang sein wie der Drachen. Der Doppelschlitten hat eine dreischenklige Waage. Runde Luftöffnungen lassen sich leicht aus einer Polyäthylenbahn oder aus Mylar ausschneiden, wenn man die Bespannung flach ausspannt und mit einem Stechzirkel rings um die Mittelpunkte Kreise einritzt.

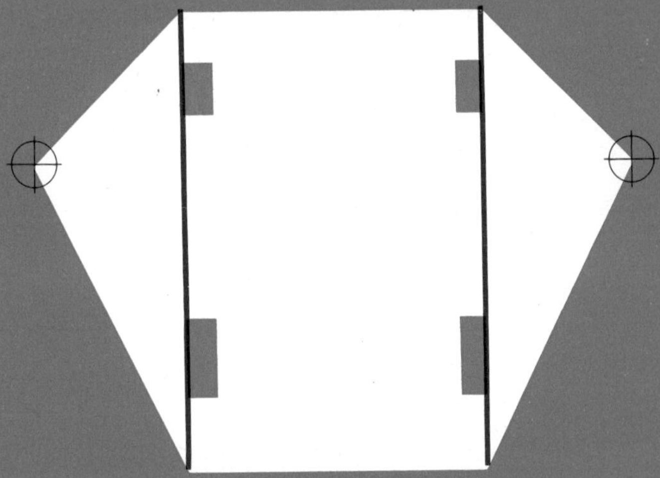

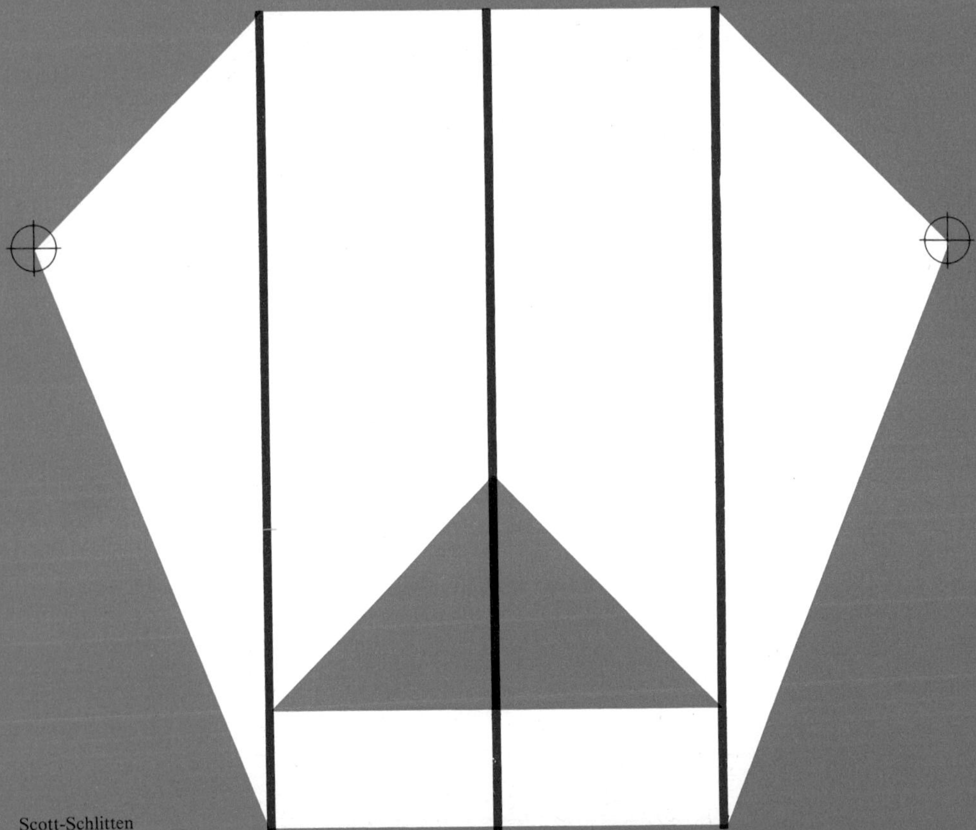

Scott-Schlitten

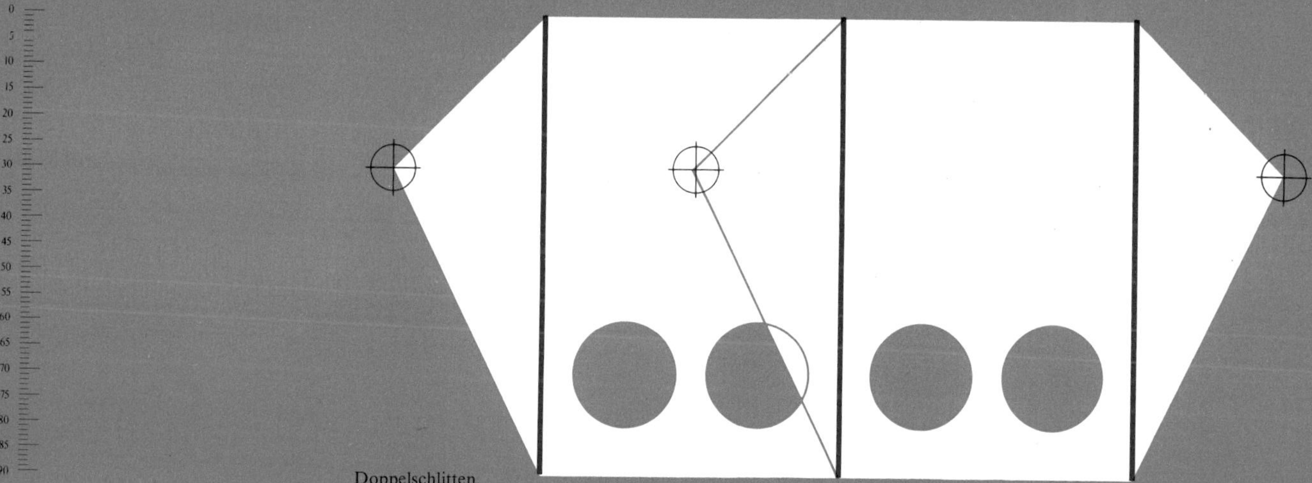


Doppelschlitten.

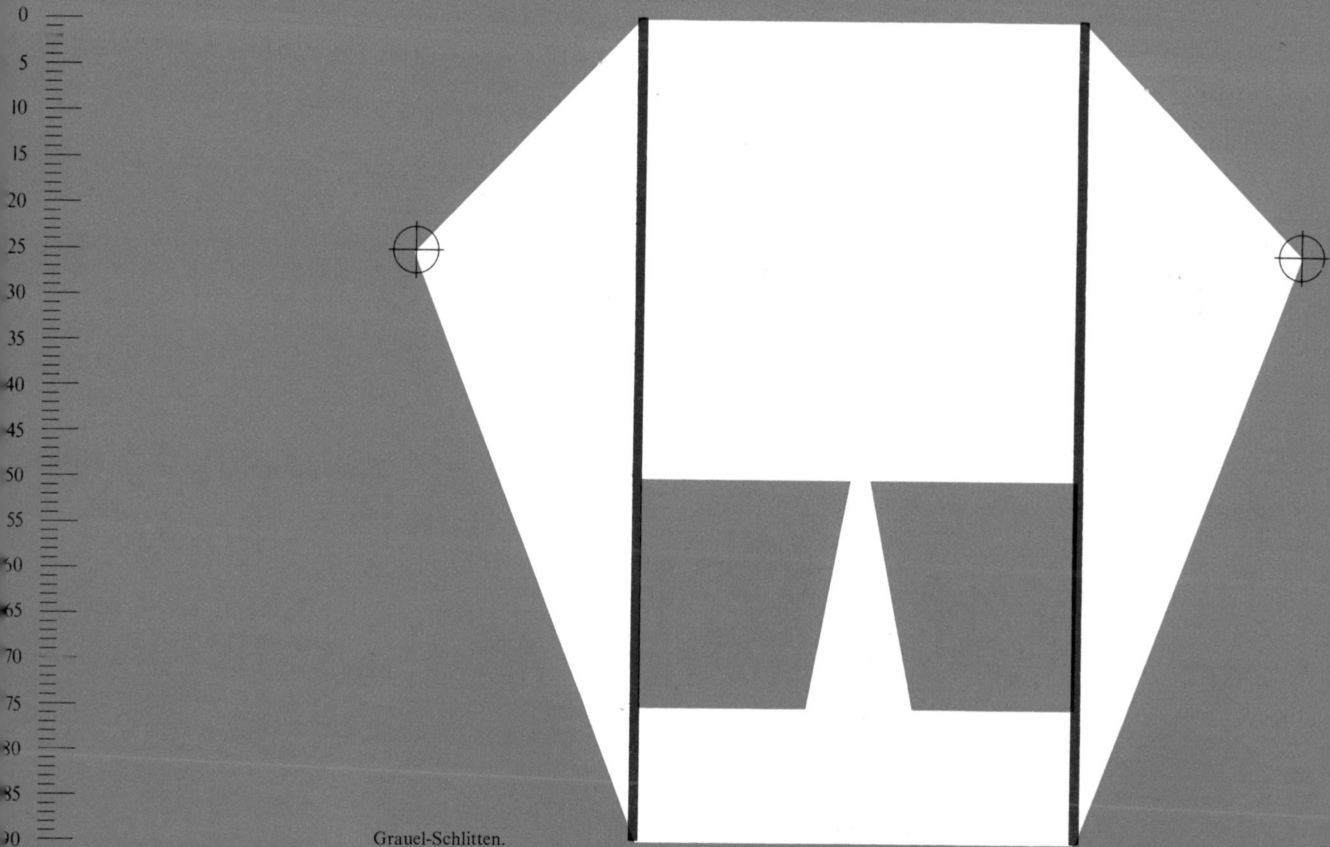


Grauel-Schlitten.

## Jalberts J-7,5 Parafolie

Körper und Bauchflossen oder Ausbauchungen der Parafolie sind völlig aus reißfestem Spinnakernylon angefertigt; und jedes Stück, einschließlich der inneren Zwischenstücke, ist vor dem Zusammensetzen sorgfältig einzusäumen. In diesem Stadium sollte man außerdem die Bauchflossen mit Befestigungsschlingen aus Band versehen. Alle Nähte der Parafolie müssen fest sein, da der Wind beharrlich nach schwachen Stellen sucht; und sollte sich innerhalb der Zellen eine Naht lösen, ist das ganze Gebilde für die erforderlichen Reparaturen auseinanderzunehmen. Zuerst werden die Zwischenstücke auf die Oberseite des Drachenbauchs genäht. Dann näht man entsprechend die Bauchflossen an die Unterseite. Nach gründlicher Überprüfung aller Säume wird die obere Fläche Zelle um Zelle von der einen Seite der Parafolie bis zur anderen angesteppt. Schließlich schlägt man die Schleppkante um, näht einen Saum und befestigt eine Schleppsack-Zugschleife an ihrem Mittelpunkt. Die Parafolie kann nun angeleint werden.

## Große Parafolie

Die vermutlich einfachste Methode, die Parafolie anzuleinen, besteht in der Verwendung durchgehender, geflochtener Nylonschnüre, die von einer Bauchflosse zu ihrem Gegenüber führen. Bei der Befestigung dieser Schnüre — man benutzt dazu einen Zimmermannssteck — gibt man ein Schnurstück am Befestigungspunkt zur späteren Feineinstellung zu. Am leichtesten ist das Anleinen, wenn man die Parafolie auf die Rückseite legt und sie beschwert, so daß sie flach liegt. Die Mittelpunkte aller Schnurstücke sollten dann auf der mittleren Längsachse des Drachens vereinigt und einfach verknotet werden, und zwar an einem Punkt unmittelbar vor der Vorderkante des Drachenbauchs. Dadurch entsteht eine Schlinge, die zum Schlepp-Punkt der Parafolie wird.

Große Parafolien läßt man am besten in mäßigem Wind steigen; man startet sie, indem man auf dem Zugpunkt die Leitkante aufhält, so daß der Wind in die Zellen strömt. Ist das geschehen, faßt man den Zugpunkt und gibt allmählich die Leine frei, die straff bleiben muß; läßt man sie durchhängen, ist das Luftstromprinzip außer Kraft gesetzt, und die Parafolie verliert ihre Form. Sollte sie seitlich wegziehen, verkürzt man die äußeren Leinen an der entgegengesetzten Seite.

Die Jalbert-Parafolie ist in aller Welt durch Patente geschützt.

0
5
10
15
20
25
30
35
40
45
50
55
60
65
70
75
80
85
90
95
100
105
110
113
120
125
130
135
140
145
150
155
160
165
170
175
180
185
190
195
200

## Papierfaltdrachen

Zahlreiche einfache Papierfaltdrachen lassen sich in wenigen Augenblicken aus gutem Schreibpapier herstellen und können an Baumwoll- oder Knopfzwirn fliegen. Man faltet ein Blatt DIN-A-4-Schreibpapier in der Mitte (A) und markiert eine Diagonale (B), die 1 Zentimeter vom Rand abgesetzt ist. Man schlägt die obere Blatthälfte entlang dieser Linie nach oben (C) und die untere Hälfte nach hinten (D), um zwei Flügel und einen Kiel (E) zu bilden.
Man klammert nun den Kiel zusammen und bohrt Löcher in seine Kante. Eine kleine Bambusstrebe hält die Flügel flach (F). Sowie durch etwas Probieren der richtige Waagenpunkt gefunden ist, wird der Drachen in sanftem Wind sehr gut fliegen, zumal wenn er gebogen ist.

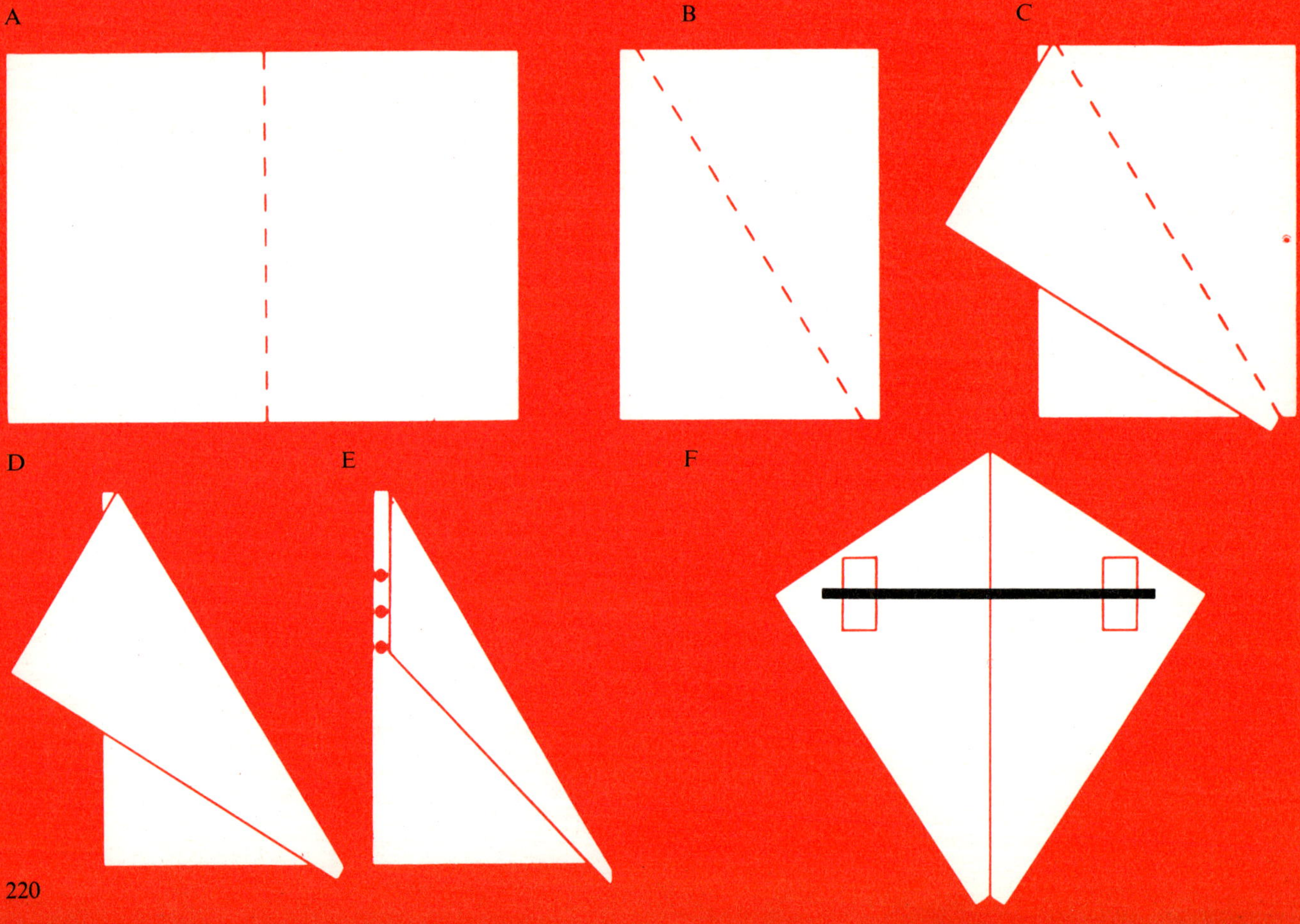

## Flexibler Papierfaltdrachen

Man schlägt eine Kante eines DIN-A-4-Bogens so ein, daß man ein Quadrat erhält (A). Der diagonale Kniff wird festgedrückt und das überschüssige Stück abgeschnitten (B). Man glättet das Quadrat wieder und legt es diagonal (C), indem man die Außenkanten so einschlägt, daß sie auf den Mittelkniff treffen (D). Nun faltet man die horizontalen Kanten gegen die Außenkanten (E). Man stellt den ursprünglichen Kniff wieder her und schneidet oben und unten je 5 mm ab (F). Das abgetrennte Stück (B) zerschneidet man in vier gleich große Streifen, verbindet sie mit Zellulosebänd und hängt das Ganze als Schwanz an (G). Der Mittelkniff bildet nun den Kiel; man heftet eine Knopfzwirnwaage an, und der Drachen ist fertig.

A

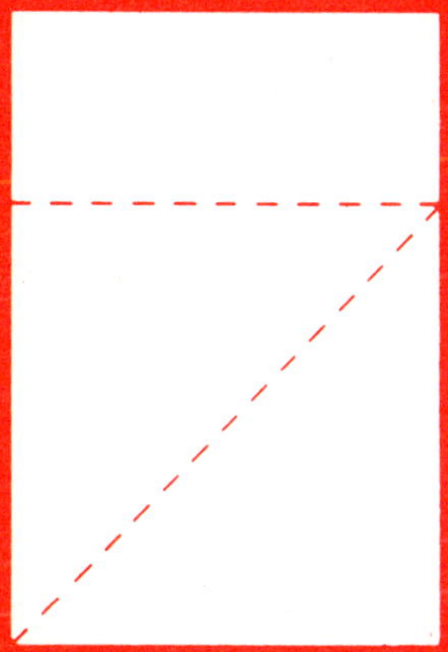

B

C

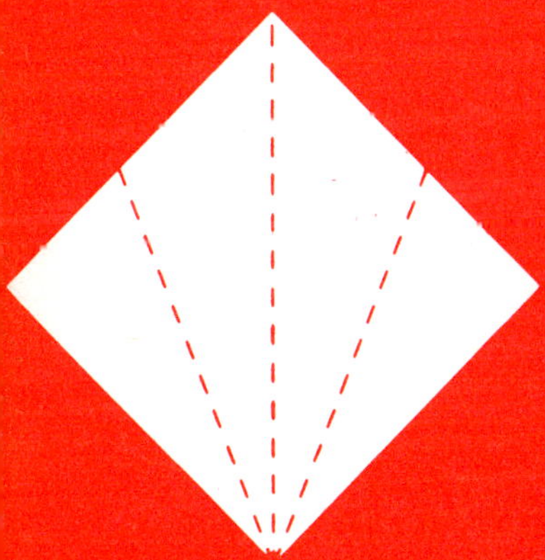

D

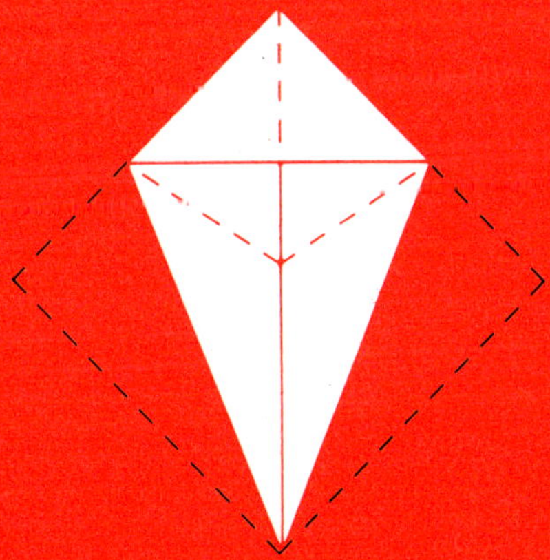

G

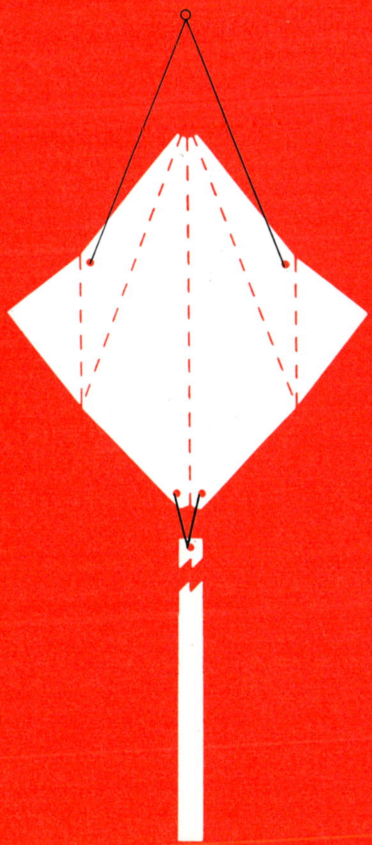

E

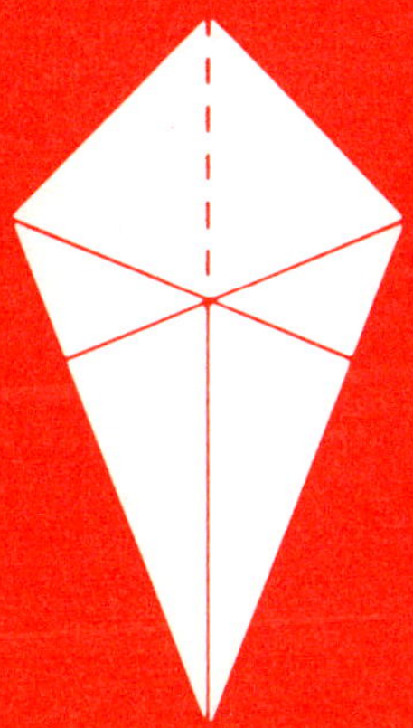

F

## Auswahlbibliographie


Bromfield, G. A.
*Pioneer of the Air: the Life and Times of Colonel S.F. Cody,*
Gale & Polden, Aldershot, 1953.

Denk, F.
*Bibliographie des Flugdrachens,*
1949

Franklin, Benjamin
*The Papers of Benjamin Franklin* (Bd. 4),
hrsg. von L. W. Labaree, New Haven, 1961.

Geddes, Keith
*Guglielmo Marconi: 1874—1937,* H.M.S.O., 1974.

Gibbs-Smith, Charles H.
*Aviation,* H.M.S.O., 1970.
*Sir George Cayley (1773-1857),* H.M.S.O. 1968.
*Sir George Cayley's Aeronautics, 1796—1855,* H.M.S.O., 1962.
*The Wright Brothers,* H.M.S.O., 1963.

Halle, G.
*Otto Lilienthal und seine Flugzeugkonstruktionen,*
1962.

Hart, Clive
*Kites: An Historical Survey,* Faber & Faber, 1967;
Frederick A. Praeger, New York, 1967.
*The Dream of Flight,* Faber & Faber, 1972;
Winchester Press, New York, 1972.

Houard, G.
*Les Ascensions en cerfs-volants.* Librairie Aéronautique, Paris, 1912.

Jouin, Colonel (Hrsg.)
*L'Aviation Militaire Française 1909—1969,*
Ministère de la Défense Nationale, Paris, 1969.

Jue, David
*Chinese Kites,* Charles E. Tuttle, Rutland, Vermont und Tokio, 1967.

Lecornu, Joseph
*Les Cerfs-volants,* Librairie Nony, Paris, 1902.

Lee, Arthur Gould
*The Flying Cathedral: The Story of Samuel Franklin Cody,*
Methuen, 1965.

Lilienthal, O.
*Der Vogelflug als Grundlage der Fliegekunst,*
1889.

Needham, J.
*Science and Civilisation in China.* (Bd. IV, Teil 2),
Cambridge University Press, 1965.

Penrose, Harald
*British Aviation: The Pioneer Years,* Putnam, 1967.

Plischke, H.
*Alter und Herkunft der europäischen Flächen-Drachen,*
in: Nachrichten von der Gesellschaft der Wissenschaften zu Göttingen, 1939.

Pocock, George
*The Aeropleustic Art, or Navigation in the Air by the Use of Kites, or Buoyant Sails,* 1827.

Polo, Marco
*The Description of the World* (Bd. 1),
Einführung von A. C. Moule, George Routledge, 1938.

Poujoula, R.
*Le Cerf-volant de sauvetage,* Librairie Aéronautique, Paris, 1913.

Romain, C.
*Les Cerfs-volants observatoires,* Librairie Militaire, Paris, 1913.

Saconney, J. T.
*Les Cerfs-volants militaires,* Berger-Levrault, Paris, 1909.

Streeter, Tal
*The Art of the Japanese Kite,* John Weatherhill, New York, 1974.

Walker, Percy B.
*Early Aviation at Farnborough,* Macdonald, 1971.

Woglom, Gilbert T.
*Parakites,* G. P. Putnam, New York, 1896.

**Fotonachweise**

18 Foto: Hans Namuth
19 Foto: Hans Namuth
63 Fotos: David George McCurdy
65 Fotos: David George McCurdy
70 Foto: J. H. Lartigue
71 Foto: J. H. Lartigue
73 Foto: J. H. Lartigue
76 Foto: Paul Hilder
81 Foto: Trevor Wood
81 Foto: Alfred Eisenstaedt/Time-Life Books © Time Inc. 1975
83 Foto: Humphrey Sutton
85 Foto: Mark Ellidge: Topix
90 Foto: Paul Hilder
90 Foto: Paul Hilder
91 Fotos: Harri Peccinotti
92 Fotos: Humphrey Sutton
92 Foto: Harri Peccinotti
93 Foto: Humphrey Sutton
93 Foto: Harri Peccinotti
97 Foto: Jim Enyeart

## Register